공급사슬관리 SCM

공급사슬관리
SCM

한동철 | 저

www.sigmainsight.com

● 머리말

 2000년대에 들어서면서 우리나라 산업경쟁력의 핵심기반으로 떠오르고 있는 공급사슬관리(Supply Chain Management: SCM)에 대하여 국내의 많은 기업들이 관심을 보이고 있다. 또한 우리나라 정부도 공급사슬관리의 기본이 되는 산업별 표준화 작업을 적극적으로 지원하고 있다. 1980년대부터 본격적으로 시작된 미국의 공급사슬관리가 1990년대의 미국 산업호황의 원동력이 된 것으로 알려지고 있다. 공급사슬관리를 주도했던 미국 할인점업계의 경쟁력이 미국 산업발전의 제1의 원동력이되었고, 컴퓨터를 기반으로 인터넷 시대를 개척한 미국 정보통신업계의 경쟁력은 미국 산업발전의 제2의 원동력이었다. 이에 반하여, 우리나라에서는 공급사슬관리가 1990년대 중반부터 시작되었다고 할 수 있다. 그러나 미국계 컨설팅업체와 정보기술업체를 통해 국내에 소개된 공급사슬관리의 핵심적인 사항과 주요한 내용들이 우리나라에서는 아직까지 많이 알려지지 않고 있다. 그저 여러 가지 단편적인 개념들이 산발적으로 소개되고 있을 뿐이다. 필자는 앞으로 우리나라 산업경쟁력의 제1의 원동력이 될 것으로 확신하는 공급사슬관리의 핵심적인 내용들을 체계적으로 소개하고 싶었다. 구체적으로 다음의 세 가지 사항이 이 책을 집필하게 된 본격적인 계기가 되었다.

 첫째, 필자는 1990년대 후반부터 매년 몇 차례씩 우리나라를 방문하는 어느 미국인 공급사슬관리 교수와 자주 이야기를 나누게 되었다. 미국에서 수십 개 대기업이 참여하고 있는 어느 SCM 컨소시엄의 Director인 이 미국인 교수와의 대화를 통해 현재 미국의 공급사슬관리 추진상황과 앞으로의 발전방향에 대하여 이해할 수 있게 되었다. 필자는 그분에게 미국식 공급사슬관리 이론들이 우리나라에서는 많은 한계를 가지고 있음을 지적하였다. 그분과 공동으로 공급사슬관리 학술논문도 집필하면서, 필자는 그분으로부터 들은 미국식 공급사슬관리에 대한 많은 이론들을 한국에 소개할 필요가 있다고 생각하였다. 둘째, 대한상공회의소와 산업자원부가 공동으로 운영하는 한국SCM민관합동추진위원회에 필자가 추진위원으로 참여하면서 많은 분들을 만날 수 있었다. 수십여 개의 제조업체, 유통업체, 정보업체의 CEO들이나 중역들로부터 한국의 공급사슬관리 실행상황에 대하여 많은 것을 들을 수 있었다. 또한 필자는 다양한 업체들이 공동으로 추진중인 많은 업무에 관여하면서 필자가 알고 있는 많은 것들을 설명할 수 있었다. 필자는 그들이 2000년대의 최첨단 공급사슬관리 기법들에 대해 궁금증을 가지고 있다는 것을 알게 되면서 공급사슬관리의 최신 핵심개념들을 국내에 소개할 필요가 있다고 생각하였다. 셋째, 국내 진출을 도모하는 어느 일본계 공급사슬관리 정보업체의 CEO가 우리나라를 방문하여 필자를 찾은 적이 있었다. 그 일본인 CEO와 대화를 나누면서 일본의 공급사슬관리 상황에 대해 파악할 수 있었다. 그 후 이미 국내에 진출한 미국계와 유럽계의 공급사슬관리 정보업체들이 필자에게 접근하였다. 그들은 자기 회사의 공급사슬관리 솔루션을 필자에게 소개하였는데 의외로 그들이 자사의 솔루션 이외에 현재 1,000여 개가 훨씬 넘는 전 세계 솔루션들에 대한 지식이 적은 것을 알았다. 그들은 공급사슬관리의 수준이 현재 어느 정도이고 또한 앞으로 어느 방향으로 나아갈 지에 대하여 필자의 의견을 물은 적이 있었다. 필자는 그들의 궁금증을 풀어주기 위해 공급사슬관리의 최신 개념들을 소개할 필요가 있다고 생각하였다.

 이와 같은 세 가지 이유 때문에 필자는 공급사슬관리 책을 저술해야겠다는 생각을 굳히고 그 동안 필자가 보고 듣고 수행했던 대부분의 것들을 통합시킬 필요성을 느꼈다. 현대그룹 경제연구소의 경영실장 재임 당시부터 그리고 그후 현재까지 서울여대 경영학과 교수를 하는 동안에, 필자가 우리나라의 수많은 제조업체와 유통업체의 많은 공급사슬관리 업무에 관여하면서 느낀 점들과 공급사슬관리 업무를 수행하는 사람들과 대화하면서 느낀 것들을 종합하였다. 본서에는 미국에서 2002년 현재 활용되고 있는 개념과 기법들이 부분적으로 소개되었으나, 전체적으로는 필자 나름대로의 목차와 논리에 의하여 완전히 새로운 각도에서 저술되었다.

필자가 공급사슬관리 업무에 여러모로 관여할 수 있게 해주신 산업자원부와 한국유통정보센터의 관계자들께 감사드린다. 또한 필자에게 공급사슬관리의 현실을 알게끔 해주신 우리나라의 수많은 제조업체, 유통업체, 물류업체, 정보업체, 컨설팅업체와 한국SCM학회의 관계자들께도 감사한 마음을 전한다. 필자의 글을 활자화해주신 (주)시그마인사이트컴에게도 감사드린다.

약 3년쯤 후에는 공급사슬관리의 수준이 현재보다 훨씬 더 발전할 것이며, 우리나라의 수준도 많이 발전할 것이다. 본서가 독자들로부터 좋은 반응을 보여 본서보다 적어도 2배 이상의 높은 수준의 개정판을 다시 쓸 기회가 주어지기를 바란다. 본서는 2001년도 서울여자대학교 사회과학연구소 학술연구비 지원에 의해 연구된 것임을 밝혀 두는 바이다. 나이 마흔 다섯에 여섯 번째의 책을 출간할 수 있게 된 것을 하나님께 깊이 감사드린다.

2002년 1월

한 동 철

● 차례

머리말 | 4

제1부 — 공급사슬관리의 기본

제1장 | 공급사슬관리의 개요 | 17
1. SCM의 기본개념 | 17
2. SCM의 역사 | 22
3. SCM의 중요성 | 24
   (1) 공급사슬 연계의 중요성 | 24
   (2) SCM과 유통관리 | 27
   (3) SCM과 정보기술/비정보기술 측면의 중요성 | 28
4. SCM의 목적 | 31
   (1) 소비자 요구에 제품공급과정 일치 | 31
   (2) 소비자만족 극대화를 통한 판매활성화 도모 | 33
   (3) SCM상의 총가치 극대화 | 34
   (4) SCM 최적화를 통한 수익성 극대화 | 35
5. SCM의 효과 | 37

제2장 | 공급사슬관리의 특성 | 40
1. SCM의 구조 | 40
   (1) 공급측면과 수요측면의 구조 | 40
   (2) 역유통 | 41
   (3) Push형과 Pull형의 구조 | 43

(4) Bar-Code와 POS시스템 ｜ 45
　2. SCM의 성격 ｜ 47
　　　(1) SCM의 핵심개념인 Bullwhip Effect ｜ 47
　　　(2) Bullwhip Effect의 생성요인 ｜ 49
　　　　(가) 개별기업 관점에서의 주문 ｜ 49
　　　　(나) 불규칙적인 주문량과 판매량 ｜ 51
　　　(3) 채찍효과(Bullwhip Effect) 관리방식 ｜ 54
　　　　(가) 공급망상의 목표와 인센티브 조정 ｜ 54
　　　　(나) 정보의 정확성 향상 ｜ 56
　　　　(다) 운영효율성의 증대 ｜ 59
　　　　(라) 가격전략 수립 ｜ 60
　　　　(마) 리드타임 단축 ｜ 61
　3. SCM의 환경 ｜ 63
　　　(1) 국내 SCM의 환경 ｜ 63
　　　(2) 국내 SCM의 발전을 위한 전제조건 ｜ 66
　　　　(가) 공급망상의 정보의 수집과 활용 ｜ 66
　　　　(나) 소매업체에서의 POS 사용 ｜ 67
　　　　(다) 유통업체와 제조업체간의 EDI구축 ｜ 68

제 3 장 ｜ 공급사슬관리의 분류와 활용성 ｜ 70
　1. SCM에 대한 다양한 관점에서의 분류 ｜ 70
　　　(1) SCM의 기능적 관점에서의 분류 ｜ 71
　　　(2) SCM의 도구적 관점에서의 분류 ｜ 73
　2. SCM의 통합 ｜ 75
　　　(1) 통합분석의 틀 ｜ 75
　　　(2) 통합관점의 특징 ｜ 76

제 2 부 ── 공급사슬관리의 이론

제 4 장 | 공급사슬관리의 기능적 관점 - 제조 중심 | 83
1. SCM의 제조업 중심의 성격 | 83
2. 제조업 중심의 SCM 운영방식 | 86
3. 제조업 중심의 SCM 기법 | 91
4. 국내 SCM의 실제 사례: 제조업 중심의 가전제품 판매 | 94
   (1) 가전제품 판매방식 | 94
   (2) 가전제품 공급망의 새로운 변화방향 | 95

제 5 장 | 공급사슬관리의 기능적 관점 - 유통 중심 | 101
1. SCM의 유통업 중심의 성격 | 101
2. 유통업 중심의 SCM 운영방식 | 106
3. 유통업 중심의 SCM 기법 | 107
4. 국내 SCM의 실제 사례: 유통업 중심의 백화점 판매 | 110
   (1) 백화점 판매방식 | 110
   (2) 국내 백화점의 SCM 추진시의 개선점 | 114

제 6 장 | 공급사슬관리의 도구적 관점 - 조직 중심 | 118
1. SCM에서의 조직간 관계의 중요성 | 118
2. SCM에서의 조직간 관계의 형성 | 122
3. SCM에서 조직변화의 실제 사례: ECR | 124
4. 조직간에 중복되는 업무적 낭비의 제거 | 126
5. 조직구조의 변화 | 128

제 7 장 | 공급사슬관리의 도구적 관점 - 정보 중심 | 131

  1. SCM에서 활용되는 정보기술의 중요성 | 131

  2. SCM의 기본 정보기술 | 133

    (1) SCM의 출발점인 POS와 Bar-Code | 133

    (2) SCM의 기본 정보기술 | 138

      (가) EDI | 138

      (나) Internet | 140

      (다) Decision Support System | 142

      (라) Unit Control | 143

      (마) Geographic Information System | 144

  3. SCM의 응용 정보기술 | 146

    (1) SCM 응용기술과 수행업체 | 146

    (2) SCM의 응용기술 | 148

      (가) CRP | 148

      (나) VMI | 148

      (다) CMI | 150

      (라) CAO | 151

      (마) CPFR | 151

      (바) QR | 153

      (사) ECR | 154

제 3 부 — 공급사슬관리의 실천

제 8 장 | 공급사슬관리 구축시의 기본 준비사항 | 161

  1. 경영전략으로서의 SCM | 161

2. SCM과 기업환경의 영향 | 163
    3. SCM 실제 적용시의 전제조건 | 165
        (1) SCM 의식의 고취 | 165
        (2) 정보인프라의 개선 | 165
        (3) 표준화 | 166
        (4) 신뢰 | 167

제 9 장 | 공급사슬관리의 실제 구축 준비단계 | 170
    1. 공급망 관련 기업들간에 공동목표수립과 이행 | 171
    2. SCM에 참여할 준비상태의 파악 | 176
    3. 공급망에 참여할 외부조직의 선정 | 182
    4. SCM에 참여하려는 업체간의 신뢰도 평가 | 189
    5. 공급사슬 전체를 위한 일관적이고 실행 가능한 설계 수행 | 192

제 10 장 | 공급사슬관리의 실제 구축 실행단계 | 196
    1. SCM 구축에 필요한 시스템 구축업체 선정시 고려요인 | 197
        (1) SCM에 필요한 컴퓨터업체 선정시 고려요인 | 197
        (2) SCM의 특성을 고려한 업체선정 | 200
        (3) SCM을 실행하기 위한 구체적인 정보기술 | 201
    2. SCM 구현시스템 선택과 공급업체 선정 | 203
        (1) SCM 구현시스템 선택 | 203
        (2) SCM 시스템 공급업체 선정 | 205
    3. SCM 시스템 구축과 통합 | 207
        (1) SCM 시스템 구축 | 207
        (2) 공급망 구축후 통합 데이터베이스 구축 | 209
        (3) 통합 원가관리시스템 구축 | 210

제 11 장 | 공급사슬관리의 실제 구축후 운영단계 | 213

  1. 시스템 구축후 운영방식 - 힘의 논리 | 213
     (1) 공급사슬관리상의 힘의 균형 | 213
     (2) 공급사슬관리상의 힘의 종류 | 216
  2. SCM의 지속적인 혁신 | 218
  3. SCM 운영시의 결정사항 | 222
     (1) 판매예측과 발주시점의 선정 | 222
     (2) 재고관리와 비용절감 | 223
     (3) 배송조건과 가격조건 | 227
     (4) 외부물류의 활용 | 232
  4. SCM의 목표달성 여부에 대한 평가시스템 | 234
     (1) SCM 참여업체에 대한 활동측정과 보상체계 확립 | 234
     (2) SCOR 모델의 개념과 활용 | 239
     (3) SCOR 모델의 응용단계 | 241
  5. SCM 운영상의 문제해결 | 243

제 12 장 | 공급사슬관리의 실제 구축후 확대단계 | 248

  1. e-Marketplace의 의의와 중요성 | 248
     (1) 기업전략으로서의 중요성 | 248
     (2) 산업정책적인 중요성 | 250
  2. e-Marketplace의 종류와 운영방식 | 251
     (1) e-Marketplace의 종류 | 251
     (2) e-Marketplace의 운영방식 | 252
  3. e-Marketplace의 성공요인 | 255
  4. e-Marketplace의 미래 | 258

참고문헌 | 262

제 1 부

공급사슬관리의 기본

제1장 공급사슬관리의 개요
제2장 공급사슬관리의 특성
제3장 공급사슬관리의 분류와 활용성

제1장 공급사슬관리의 개요

I. SCM의 기본개념

공급사슬관리(Supply Chain Management: SCM)란 제품의 생산 단계에서부터 소비자에게 최종적으로 판매될 때까지의 모든 과정을 연결시켜 관리하는 것을 의미한다. 많은 제조업체들은 원재료 공급업체로부터 납품을 받아 제품을 생산하는 것에 치중하여 이러한 제품을 도소매업체에게 넘기는 것만으로 끝나는 경우가 많다. 도매업체는 제조업체로부터 받은 제품을 소매업체에게 전달하고, 소매업체는 이 제품을 소비자에게 판매하는 데에만 치중하여 제조업체나 도매업체와는 별도의 연관성을 갖지 않는 경우가 대부분이다. 이렇게 원재료 공급업체, 제조업체, 도매업체, 소매업체가 별개로 분리되어 활동하게 되면 비효율적인 일들이 많이 발생할 수 있다.

예를 들어, 제조업체는 도매업체에게만 판매를 하고 도매업체는 소매업체에게만 판매하는 경우에 제조업체는 한 단계 건너의 소매업체에서 실제로 어떻게 판매활동이 일어나고 있는지를 정확히 알지 못한다. 또한 제조업체가 도매업체에게 전달한 제품이 또 다시 소매업체로 전달되어 실제로 얼마만한 물량이 소비자에게 판매되었고, 그리고 얼마만한 물량이 소매업체의 창고와 매장에 남아있는지 알 수 없게 된다. 만약 소매업체의 창고에 물건이 쌓여 있는데 이 사실을 제조업체에서 모른다면 그 제품에 대한 실제의 소비자 수요와는 상관없이 계속해서 제품을 생산하게 된다. 이렇게 생산된 제품이 시간이 흘러도 거의 대부분 판매가 이루어지지 않으면 제조업체는 장기적으로 상당한 곤란에 처하게 된다.

우리나라에서 컴퓨터 소모품은 이와 같은 복잡한 과정을 거치면서 제조업체와 도매업체 혹은 소매업체에서 별개로 운영되고 있는 실정이다. 컴퓨터 잉크나 토너와 같은 컴퓨터 소모품은 외국계 업체인 Hewlett Packard나 한국계 업체인 삼성이 주요 제조업체이고 그 외에 몇개의 소규모 업체들이 있다. 이 업체들은 자사의 공장으로부터 대형 도매상인(Main Dealer)들에게 배송을 담당하는 몇 개의 총판을 두고 있는데, 이들은 제조업체가 생산한 제품을 단순히 대형 도매상인들에게 배송해주는 역할만 할 뿐 판매는 하지 않는다. 대형 도매상인들은 지역별로 수 십개씩 있는데 이들은 중소형 도매상인(Sub-Dealer)들에게 제조업체의 총판으로부터 구매한 컴퓨터 잉크나 토너를 판매한다. 중소형 도매상인들은 전국에 흩어져 있는 컴퓨터 소모품 소매상인 각종 컴퓨터 전문점이나 문구점에 공급을 해주며, 소비자들은 이들 소매점을 통해서 각종 컴퓨터 소모품을 구입할 수 있다. 컴퓨터 소모품의 유통과정에 참여하는 대형 도매상인이나 중소형 도소매상인 그리고 소매점들은 대부분이 영세하다. 일년에 백억 원 이상의 매출을 올리는 대형 도매상은 몇 개에 불과하고 대부분의 중소형 도소매상들은 몇 억이나 몇 십억 정도의 매출을 올리고 있다. 또한 제조업체-총판-대형도매상-중소형도매상-소매점들로 제품이 공급되지만 실제로 자신이 판매한 제품이 한 단계 건너 어디로 판매되는지는 거의 알지 못한다. 따라서 컴퓨터 제조업체로부터 총판, 대형도매상, 중소형도매상, 소매점들 상호간에 잘 연결이 되지 못하고 별개로 분리되어 있는 상황이다.

이와 같은 현상은 도매업체와 거래하는 소매업체에 대한 정확한 정보(예: 소매업체의 제품별 판매상황, 점포별 판매상황 등)를 제조업체에서 정확히 알 수 없기 때문에 발생한다. 제조업체가 도매업체를 통해서 소매업체에 대한 정확한 정보를 얻을 수 있다면, 제조업체는 현재보다 훨씬 더 많은 경쟁력을 가지게 될 것이다. 그러나 일반적으로 도매업체에서는 제조업체가 소매업체와 직접적으로 연결되는 것을 별로 원하지 않기 때문에 도매업체가 소매업체 정보를 제조업체에게 제공하는 일은 거의 발생하지 않는다. 따라서 제조업체로서는 도매업체를 통하지 않고 직접 소매업체로부터 정보를 얻기위해 노력하게 된다.

그렇다면 제조업체가 소매업체의 정보를 정확히 아는 것이 가능할까? 만약 제조업체에서 소매업체에 대한 정보를 정확히 알게 되어 예상 판매량만큼만 생산하여(다시 말해서, 초과생산을 거의 하지 않음) 이익을 얻게 된다면 이러한 이익을 제조업체에서 모두 가져도 되는가? 과연 소매업체는 제조업체로부터 정보제공에 대한 대가를 받지 않아도 계속적으로 제조업체에게 정보를 제공할 것인가? 제조업체가 소매업체로부터 정보를 제공받아 얻은 이익 중에서 공평한 분량만큼을 소매업체에게 전달해야만 제조업체와 소매업체는 지속적으로 이러한 관계를 유지할 수 있을 것이다.

이와 같이 제조업체와 도매업체 그리고 소매업체가 강력하고 신뢰성 있는 연계관계를 유지하는 것이 과거처럼 개별적으로 활동하는 것보다 모든 구성요소(제조업체, 도매업체, 소매업체)에게 도움이 될 경우에 3자가 연계관계를 형성할 것이다. 이러한 과정을 거쳐 성립된 3자간의 제품공급과 대금지급의 전체적인 관리를 공급사슬관리라고 부른다. 영어로 Supply Chain Management라고 하는데 이것은 우리말로 공급사슬관리, 공급연쇄관리, 총공급망관리와 같은 여러 용어로 번역되고 있다. 필자는 이 중에서 공급사슬관리가 원어에 가장 충실한 것으로 판단하였다. 그 이유로는 원재료 공급업체에서 제조업체로, 제조업체에서 도매업체로, 도매업체에서 소매업체로 그리고 소매업체에서 소비자에게 흘러가는 하나의 과정이 공급사슬(Supply Chain)이라고 전통적으로 불려지고 있기 때문이다.

전 세계에서 가장 먼저 공급사슬관리라는 개념을 개발한 미국의 전문가들 중에서 소수가 Supply Chain Management보다는 Supply Chain Integration이 더 적절한 표현일지 모른다는 의견을 제시한다. 필자도 제조로부터 유통을 통해 소비자까지를 하나의 연결체의 관점에서 볼 때는 Supply Chain Integration이 더 적합하다고 생각한 적도 있다. 또한 공급사슬관리가 어떤 기업 단독으로 가능한 것이 아니라, 다른 여러 기업들과 연결하여 생성되고 유지된다는 관점에서 어느 기업 내에 국한된 관리(Management)라는 단어가 조금 어색하다는 생각도 든다. 그러나 현재 대부분 기업들의 경영전략기법들이 3가지 영어 단어로 표현되어 주로 맨 마지막에 Management를 쓰는 것이 유행인데, 실제로 CRM(Customer Relationship Management), SCM(Supply Chain Management), SEM(Strategic Enterprise Management)이 모두 Management로 끝나고 있다. 또한 용어 자체가 중요한 것이 아니라 얼마나 많은 사람들에게 공유되고 있는가가 더 중요한 측면이기도 하다. 따라서 미국의 대부분 기업들이 사용하고 있으며 유럽과 아시아로 전파되고 있는 Supply Chain Management라는 말을 그대로 사용하기로 하였다.

최근에는 공급사슬관리의 핵심인 여러 기업들간의 가치사슬(Value Chain) 연결이라는 개념이 인터넷의 등장으로 확산되고 있다. World Wide Web의 확산에 부응하여 최근에는 가치사슬(Value Chain)이라는 단어보다는 가치웹(Value Web)이 더 확산되고 있다. 또한 현재까지 개발된 공급사슬관리의 가장 발전된 형태인 Digital Marketplace가 최근에 나타나고 있다. Digital Marketplace 혹은 e-Marketplace라고 불리는 공급사슬관리 형태는 여러 공급업체와 수요업체가 인터넷의 가상공간에 하나의 시장을 만들어 여기에서 각종 주문과 배송관련 업무를 처리하는 형태이다.

Digital Marketplace나 e-Marketplace의 형태에는 하나의 대형업체와 이의 공급업체들로 구성되는 Private Marketplace와 이와 경쟁관계에 있는 대형업체들과 이들의 공급업체들로 구성되는 Public Marketplace가 있다. 현재는 Private Marketplace가 발전을 하고 있는 반면에, Public Marketplace는 어려움을 겪고 있다고 할 수 있다. 이와 같이 전통적인 공급사슬관리의 개념(제조업체-도매업체-소매업체와 같이 하나의 단일 연결선상에 있는 다수업체의 관련성)은 현대적인 공급사슬관리의 개념(복수의 공급업체와 수요업체가 상호간에 복잡한 관계로 얽혀있는 형태)으로 급속히 발전해 나가고 있다.

2. SCM의 역사

공급사슬관리는 언제부터 나타났을까? 공급사슬관리는 1980년대에 미국에서 생성되어 현재까지 발전되어 온 개념이다. 지금까지 공급사슬관리(SCM)라는 큰 개념 아래에서 많은 하위 기법들이 개발되어 사용되고 있다. 1980년대와 1990년대에 개발된 공급사슬관리의 기법들에는 ECR(Efficient Consumer Response), QR(Quick Response), CAO(Computer-Assisted Ordering), CRP(Continuous Replenishment Program), CFAR(Collaborative Forecasting and Replenishment), CPFR(Collaborative Planning, Forecasting and Replenishment) 등이 있다. 그리고 이와 같은 기법들을 컴퓨터시스템으로 구현할 수 있는 소프트웨어가 약 1,300여 개 이상 개발되어 사용되고 있다. 대부분의 공급사슬관리시스템 업체들은 주로 미국계로서 대표적으로 i2 Technologies, Manugistics, AspenTech, J. D. Edwards 등이 있으며, 그 외에 캐나다(Webplan), 일본(에꾸제), 독일(SAP), 프랑스(인플루) 등이 있다.

공급사슬관리 개념은 미국에서 생성되어 유럽(영국, 프랑스, 독일, 네덜란드 등)과 아시아(일본, 한국, 싱가포르 등)로 전파되었고 현재는 전 세계적으로 퍼져나가고 있다. 미국에서 공급사슬관리 전문 정보업체와 컨설팅업체들이 관련 솔루션과 컨설팅의 판매에 적극 나서면서 공급사슬관리는 미국 산업에서의 새로운 흐름으로 자리잡기 시작했다. 현재 이와 관련된 많은 단체들(Council of Logistics Management, American Production and Inventory Control Society 등)이 활발하게 움직이고 있다.

현재 공급사슬관리는 주로 제조업체와 유통업체에 초점이 맞추어지고 있지만, 앞으로는 서비스업체(금융, 보험, 의료, 연예)로 확산되면서 고객의 다양한 요구를 충족시키기 위해 공급사슬관리의 전체적인 최적화를 도모하는 방향으로 진행될 것이다. 예를 들면, 1990년대 식품제조업체와 식품유통업체간의 공급사슬관리의 한 형태였던 ECR(Efficient Consumer Response)가 더욱 발전되면서 현재는 의료업계의 공급사슬관리의 한 형태인 EHCR(Efficient Healthcare Consumer Response)로 진보되고 있다. 따라서 앞으로는 공급사슬관리가 다양한 서비스업체로 확산될 것으로 미국의 공급사슬관리 전문가들은 예견하고 있다.

현재 미국의 각종 기업에서 공급사슬관리와 관련된 업무를 수행하는 직책이 43개인 것으로 알려지고 있는데, 이것은 공급사슬관리가 미국 기업들에게 현실적으로 많은 영향을 미치고 있음을 보여주는 것이다. 더불어 미국에서 공급사슬관리가 하나의 중요한 산업발전 이론과 기법으로서 각광을 받고 있다.

1990년대 중반에 미국계 컨설팅업체와 정보업체들이 우리나라에 공급사슬관리의 개념을 소개하기 시작하였다. 1990년대 중반 이후에 제조업체의 운영효율화를 연구하는 생산관리 혹은 산업공학 전공의 교수, 실무전문가, 컨설턴트, 정보업체들이 제조 측면에서의 공급사슬관리 실행에 나섰다. 또한 1990년대 후반 이후로는 소매업체의 영업효율화를 연구하는 유통관리나 소매관리 전공의 교수, 실무전문가, 컨설턴트, 정보업체들이 유통 측면에서의 공급사슬관리 실행에 나섰다. 미국과 마찬가지로 우리나라에도 공급사슬관리와 관련된 단체들(한국SCM민관합동추진위원회, 한국SCM학회 등)이 활동을 하고 있다.

3. SCM의 중요성

(1) 공급사슬 연계의 중요성

공급사슬관리는 왜 중요한가? 어느 특정 기업의 관점에서는 공급사슬관리가 하나의 경영전략 툴로서 활용될 수 있다. 기존의 많은 경영전략의 툴(Total Quality Management, Customer Satisfaction, Vision Making, Business Process Reengineering, Enterprise Resource Planning, Customer Relationship Management)과 마찬가지로, 공급사슬관리도 기업 전체의 경영효율화를 추진하면서 기업생산성을 향상시키는 방안이라고 할 수 있다. 1800년대부터 산업사회의 가장 핵심적인 경쟁 수단이었던 분업화가 기업경영에 도입되면서 각 기능별(생산, 판매, 조직, 재무, 회계)로 운영되어 왔다. 그러나 1980년대와 1990년대에 접어들면서 기업 전체적인 관점에서 경쟁을 하게 되었고, 또한 한 국가의 범주를 넘어 글로벌화를 지향하게 되면서 다양한 형태의 경쟁상황에 직면하게 되었다. 예를 들면, 국내의 동종기업과 경쟁하면서 동시에 비관련 업종과도 경쟁을 하는 상황에 처하게 된 것이다. 세계적인 외국계 기업이 국내에 진출하게 되면, 국내 1위를 하는 기업이 막강한 외국기업과의 경쟁에서 상대적으로 열위에 빠지는 현상에 직면하게 된다.

다시 말하면, 어느 특정 기업 자체적으로 완전한 경영효율화를 기하는 데에는 한계가 있다. 예를 들면, 자전거를 생산하는 특정 기업이 내부적으로 완전한 효율화를 이루어 자동생산을 하고 품질수준을 향상시킬지라도 이러한 자전거를 도매상이나 판매처(소매상)까지 운송하는 시스템이 잘 구축되지 못하면 효율적인 판매가 이루어질 수 없게 된다. 여기에서 판매의 비효율화는 제조업체 자신의 잘못이라기보다는 제조된 제품을 도매상이나 소매상에게 배송해주는 물류시스템(자사의 배송파트나 외부의 별도 배송업체)이 잘 구축되어 있지 못해서 제품 자체의 판매경쟁력이 떨어지는 것을 의미한다. 그렇기 때문에 자전거를 얼마나 잘 만들었는지가 중요한 것이 아니라, 소비자가 실제 구매를 하는 장소(주로 자전거 판매소매상)에서 자전거 판매의 효율화가 이루어져야만 판매경쟁력이 강화되는 것이다.

이것은 지금까지의 사고와는 전혀 다른 것을 강조하고 있다. 예를 들면, 과거에는 단순히 자기 회사만이 여러 가지 경영효율화(생산효율화, 판매효율화)를 이룩하면 그 자체로서 경쟁력이 있었다. 그러나 이제는 자기 회사가 그다지 경쟁력이 높지 않아도 다른 업체들과의 아웃소싱이나 전략적 제휴 그리고 파트너십 등을 통해 연계관계를 강화하거나 효율적으로 활용하면서, 자사를 포함한 전체 제품공급라인을 효율화시키는 것이 경쟁력 강화라는 사실을 기업들이 깨닫기 시작한 것이다. 또한 이러한 모든 것은 소비자로부터 시작되어야 함을 절감한 것이다. 자기 회사가 아무리 효율적인 공급라인을 구축하더라도 그것이 소비자의 욕구(제품을 구매하고 싶은 욕구)를 충족시키지 못하면 별 의미가 없게 된다. 과거와 같이 제조업체에서 도매상을 거쳐 소매상으로 그리고 마지막으로 소비자에 이르는 공급라인이 아니라, 소비자로부터 시작해서 소매상을 거쳐 도매상 그리고 제조업체로 올라오는 공급라인의 중요성을 인식한 것이다. 제조업체 중심에서 소비자 중심으로 사고를 변화하는 것이 공급사슬관리의 핵심요소이다.

이와 같은 사실을 제조업체들이 절실히 깨닫게 되면서 제조업체 자체의 생산효율화도 중요하지만, 각 판매처까지의 배송과 실제 판매처에서의 판매방식도 중요함을 인식하게 되었다. 물론 제조업체의 입장에서는 판매방식 외에도 각종 공급업체로부터 필요한 원재료나 도구를 적시에 적절한 양으로 매입하는 과정(이를 보통 Purchasing이라고 함) 또한 중요하다. 제조업체 자체의 생산경쟁력도 중요하지만 얼마나 저렴한 원가로 우수한 품질의 원재료나 각종 공구를 구입해서 생산과정에 활용할 수 있는지도 중요하다. 이와 같이 제조업체에서도 공급업체들(Raw Material Providers)과의 연계방식의 중요성을 함께 인식하게 된 것이다. 어느 특정 제조기업의 관점에서 볼 때, 이와 같이 전방(제조업체의 판매업체 측면)과 후방(제조업체의 공급업체 측면)을 동시에 연계시키면서 운영하는 것이 기업전략의 핵심사항으로 부각된 것이다. 1980년대와 1990년대에 이러한 연계방식의 중요성을 미국기업들이 인식하게 되면서 공급사슬관리가 하나의 중요한 경영전략 툴로서 부각되었다.

그렇다면 산업적인 측면에서 이렇게 중요한 공급사슬관리가 왜 지금에서야 부각된 것일까? 거의 모든 새로운 전략들은 탁월한 창조력과 통찰력을 가진 몇몇의 혁신 주체들에 의해서 생성된다. 공급사슬관리도 마찬가지로 1980년대에 생산과정의 효율화 도모방식(Just-In-Time Production, Lean Production)과 1990년대에 판매방식의 효율화 추진방식(Quick Response, Efficient Consumer Response)들이 어우러지면서 하나의 중요한 전략으로 새롭게 부각된 것이다. 이러한 개념들은 각각의 필요성에 따라 독립적으로 생성되어 활용되다가 1990년대 중반에 접어들면서 하나의 통합된 명칭이나 주제하에 공급사슬관리(Supply Chain Management)로서 결집되었다. 다시 말하면, 공급사슬은 1800년대 이후 산업사회로 들어서면서 항상 존재해 왔으며, 1980년대에 들어서서 미국의 전략전문가들이 공급사슬을 기업의 관점에서 새롭게 인식하기 시작하면서 경영전략의 툴로서 창안하게 된 것이다. 또한 컴퓨터가

Mainframe에서 PC 위주로 변화되면서 경영전략과 정보기술이 접목됨에 따라 새롭게 등장한 것이다.

(2) SCM과 유통관리

전통적으로 제조업체로부터 도매상, 소매상을 관장하는 학문이 경영학의 유통(Channels of Distribution) 분야였다. 1990년대에 공급사슬관리가 산업 전체를 총괄하는 하나의 경쟁전략으로 부각하자 미국의 유통전문 교수와 컨설턴트들은 불안감을 가지기 시작하였는데, 이러한 불안감은 공급사슬관리의 큰 틀 안으로 유통관리가 흡수되지 않을까 하는 것이었다. 그러나 공급사슬관리가 유통관리를 포함하는 측면이 있는 것은 사실이지만 서로 다른 차이점도 약 50%는 된다.

공급사슬관리가 기본적으로 제조업체의 생산효율성과 유통업체의 판매효율성을 기반으로 하는 데 반하여, 유통관리는 제조업체의 생산효율성에는 큰 비중을 두지 않고 유통업체의 판매효율성에만 주로 치중하고 있다. 또한 공급사슬관리는 도매상과 소매상을 공급사슬관리의 연결체로서 인식하고 있는 데 반하여(다시 말하면, 제조업체와 소비자를 연계하는 역할로서 도매상과 소매상을 인식), 유통관리는 공급사슬관리에서 취급되지 않는 도매상과 소매상의 많은 부분들(예를 들면, 소매상이 자체 생산한 PB브랜드를 유통시키는 측면, 소매상이 대형화되면서 제조업체를 하청생산업체로 관장하는 측면)을 다루고 있다.

유통전문가들은 공급사슬관리가 갑자기 부각된 것이 정보기술의 발달 때문이라고 생각한다. 미국에서 1900년대 초반부터 수많은 유통학자들이 학문적으로 유통을 연구하기 시작한 이후 현재까지 상당한 유통지식이 축적되어 왔다. 그러나 이와 같은 지식들이 기업현장에서 잘 활용되지 못한 측면도 있는데, 근본적인 이유는 미국의 유통전문 교수들이 유통현장의 욕구를 충족시키지 못했기 때문이다. 이에 반하여, 공급사슬관리는 현장의 실무자와 컨설팅업체, 정보업체들이 공동으로 노력한 것이므로 상당히 현장 지향적이다. 현재 미국에서 공급사슬관리를 강의하거나 연구하는 교수의 수는 수 천명에 달하지만 이 중에서 공급사슬관리로 박사학위를 받은 사람은 한 명도 없는 실정이다. 다시 말하면 생산, 유통, 물류, 정보 분야로 박사학위를 받은 교수들이 공급사슬관리의 발전에 따라 공급사슬관리 전공교수로 변신한 것이다. 유통관리는 주로 대학의 교수들이 주도하였고 공급사슬관리는 현장의 실무자들이 주도하였는데, 이것이 산업현장에서 공급사슬관리가 폭 넓게 인정을 받는 근본적인 이유이다.

(3) SCM과 정보기술 / 비정보기술 측면의 중요성

산업 전반의 공급사슬을 연계하는 것이 각각의 개별 기업 단독으로 추진하는 것보다 더 효율적이라는 것이 인식되면서 공급사슬관리가 하나의 새로운 주류를 이루게 되었다. 현실에 있어서 공급사슬관리를 개념적으로 분석하고 실천하는 것도 가능하지만, 공급사슬관리를 부각시킨 근본적인 요인은 정보기술(Information Technology)의 발전으로 볼 수 있다. 컴퓨터의 처리속도가 급격히 빨라지고 인터넷과 모바일 시스템들이 급속도로 발전되면서 공급사슬관리 추진 이론가나 전략가(교수나 컨설턴트)들이 개념적으로 상상하던 것들이 현실적으로 가능해진 것이다. 정보기술의 지원이 없는 공급사슬관리는 가능할까? 물론 가능하다. 그러나 엄청난 양의 자료를 처리하여 효율적인 의사결정을 가능하게 하는 정보기술의 직접적인 도움이 없었더라면 공급사슬관리는 현재와 같이 부각되지 못했을 것이다. 그렇다면 정보기술이 공급사슬관리의 근간이라고 할 수 있는가? 그것은 아니다. 제조업체를 중심으로 이의 전후방을 연결시키는 시스템에 대한 개념적 구상이 실제 시스템 구축보다도 훨씬 더 중요하다. 마찬가지로 소매업체를 중심으로 이의 후방(소매업체는 기본적으로 소비자에게 직접 판매를 하는 곳이므로 전방이 없음)을 긴밀하게 연계시키는 방식에 대한 개념적 판단이 어떠한 형태의 시스템 구축보다 더 중요하다.

정보시스템을 직접적으로 활용하는 기존의 경영전략 툴(Business Process Reengineering, Enterprise Resource Planning, Customer Relationship Management)의 성공과 실패는 정보기술을 얼마나 잘 활용하였는지에 좌우되는 것이 아니라, 비정보기술적인 측면(개념적 구상, 조직의 활용, 보상기준의 선정, 성과의 공정한 배분)에 달려있다. 정보기술이 사용되는 기반(Software, Hardware, Telecommunication Facilities 등)에는 그다지 큰 차이가 없다. 실제로 차이가 생기면 예산의 허용범위 내에서 더 좋은 툴들을 활용할 수 있으며, 언제든지 교환이나 통제가 어느 정도 가능하다. 그러나 정보기술적인 것은 아니지만 실제로 기업경영에서 중요한 위치를 차지하는 각종 인간적이고 조직적인 비정보기술적인 측면들은 교환이나 통제가 쉽지 않다. 왜냐하면 물질적인 정보기술들이 경영전략 수립과 실행의 객체이면서 인간에게 반기를 들지 않는 데 반하여, 인간적이면서 비정보기술적인 측면들은 경영전략 수립과 실행의 객체이면서 경우에 따라서는 반대도 하고 실행사항을 잘 준수하지도 않는 주체로 둔갑하는 경우도 많기 때문이다. 이러한 것에 대한 면밀한 통찰력 없이(다시 말해서, 기업의 전후 사정을 면밀하게 고려하지 않고) 그저 정보기술에 근거한 시스템을 천편일률적으로 설치하게 되면 많은 실패를 불러온다.

우리나라에서 기존 정보시스템 구축이 실패로 끝난 많은 사례들을 면밀히 분석해보면 실패한 원인의 대부분이 이러한 비정보기술적인 측면에 기인하고 있다. 비정보기술적인 측면과 정보기술적인 측면을 동시에 고려하면서 하나의 통일된 유기체로서 정보시스템을 구축해야만 경영전략이 실제로 성공할 수 있다. 이러한 점에서 SCM도 예외가 아니다. 2002년 현재 우리나라에서 많은 관심을 받고 있는 2개의 경영전략 기법은 공급사슬관리(Supply Chain Management: SCM)와 고객관계관리(Customer Relationship Management: CRM)이다. 현재 미국에서 알려진 바로는 전체 구축된 SCM시스템 중에서 약 40%는 실패하였고, CRM시스템의 경우에는 약 30%가 한 번도 사용되지 않고 있다고 한다. 이것은 무엇을 의미하는가? 현장을 정확히 분석하고 창의적인 전략을 수립한 후에 시스템 구축에 들어가지 않는다면, 대부분의 시스템들이 실패하고 만다는 것이다.

많은 경영컨설팅 업체나 컨설턴트들이 몇 개월 동안 컨설팅을 한다고 하지만 단순히 프레젠테이션을 하고 보고서를 발표하는 것만으로는 기업에게 실제적인 영향을 주기는 무척 힘들다. 조직원들과 함께 조직원들의 생리를 파악하면서 그들에게 적합한 시스템을 구축하여 임플랜트(Implant)하는 것이 앞으로의 효율적인 경영컨설팅 전략으로 대두될 것이다. 이와 같은 것을 감안해서 공급사슬관리를 수행해야만 진정한 의미의 효과를 보게 될 것이다.

4. SCM의 목적

(1) 소비자 요구에 제품공급과정 일치

공급사슬관리를 수행하는 기본적인 목적은 소비자의 다양한 요구에 제품공급과정을 일치시키는 것이라고 할 수 있다. 물론 이것은 다양한 고객의 욕구를 충족시키면서 가능한 한 재고수준을 낮추고 단위당 비용을 최소화하는 등의 여러 항목들에 대한 균형을 맞추면서 일치시켜나가야 한다. 공급사슬관리의 개념 중에서 가장 중요한 것 중의 하나가 일치(Synchronization)인데, 이 단어는 미국의 공급사슬관리와 관련된 수많은 서적과 자료에서 가장 많이 언급되는 단어이다. 무엇과 무엇을 일치시키는가? 소비자를 가장 잘 이해하는 소매점이 소비자의 욕구에 자신의 활동을 일치시키고 또한 소매점에 물건을 공급하는 도매상이 소매점의 욕구에 자신의 활동을 일치시키는 것이다. 더 나아가 제조업체가 도매상의 욕구에 자신의 활동을 일치시키고 그리고 원재료 공급업체가 제조업체의 욕구에 자신의 활동을 일치시키는 것이다. 이와 같은 지속적인 일치의 과정을 거치면서 전체의 공급라인이 일치하게 된다. 이것이 공급사슬관리의 핵심이자 가장 중요한 개념이라고 할 수 있다.

더 쉽게 설명하면, 어느 특정 제품을 판매하는 공급사슬관리는 한 가정집의 수도파이프와 동일하다고 생각하면 된다. 예를 들어, 필자가 거주하는 동네에는 집안으로 들어오는 수도선(인입선)이 대로변의 수도파이프와 연결되어 있다. 이 대로변의 수도파이프는 수도사업소의 수도파이프와 연결되어 있고, 이것은 또한 서울시 전체의 수도파이프와 연결되어 있다. 이와 동일한 이치로 필자 동네의 어느 슈퍼마켓에서 필자가 맥주를 사려고 할 경우에는 선호하는 브랜드의 맥주를 찾는다. 이 슈퍼마켓에 맥주를 공급하는 모 벤더는 슈퍼마켓에 맥주가 떨어지지 않도록 항상 알아서 배달해준다. 그리고 이 벤더는 특정 맥주제조업체의 물류창고에서 맥주를 받아오는데 이곳에는 맥주제조업체의 지방공장으로부터 항상 맥주가 배달된다. 앞의 사례에서 수도파이프의 연결이 부실하면 수도가 누수되는데, 가정집의 대문 안에서 수도가 새면 가정집에서 수도요금을 더 지불하게 되지만 가정집의 대문 밖에서 물이 새면 서울시 수도사업소에서 수도관을 교체하거나 아니면 그냥 누수가 된다. 수도파이프의 누수현상을 파악하면 이에 대한 대처가 가능하다. 이처럼 공급사슬관리의 연결고리가 부실하게 되면 어딘가에서 비용이 더 들게되거나 손해를 보게 된다. 모든 제품별로 형성되는 수많은 공급사슬관리의 연결망들을 새지 않는 수도파이프처럼 밀접하게 연결시키려는 것이 공급사슬관리의 기본 목적이다.

  미국에서 공급망의 효율적인 관리 사례로 자주 언급되는 DEC이라는 회사는 전 세계의 고객들에게 각종 서비스와 관련 제품을 적시에 배달하면서 회사 주주의 가치를 최대화시키려고 노력하였다. DEC은 고객들의 의견을 잘 수렴하여 그들의 욕구를 제품화시키는 방향으로 사업을 전개하면서 시장의 우수성을 달성시키기 위해 온갖 노력을 하였다. 또한 기업의 전체적인 성과를 향상시키기 위해서 달성한 업적들을 객관적으로 측정해왔다. 전 세계적으로 공급사슬관리 우수기업들은 고객의 말을 잘 귀담아 듣고 그들의 행동을 이해하려고 최선을 다하였다. 고객의 욕구를 기업에서 현재 가지고 있는 원재료와 기능들로 충족시킬 수 있는 공급망을 구축하려고 노력하였으며, 자체적으로 충족시킬 수 없는 경우에는 다른 관련기업과 전략적 제휴를 맺어서 이러한 고객의 욕구를 충족시키기 위해 노력하였다.

(2) 소비자만족 극대화를 통한 판매활성화 도모

공급사슬관리는 하나의 기업철학이라고 간주할 수 있다. 공급사슬관리는 공급업체로부터 소매점까지의 연결망을 하나의 시스템(System)으로 간주한다. 시스템이란 개념은 1970년대에 미국과 유럽에서 생성되어 기업현장에서 많이 사용되고 있다. 하나의 목적을 이루기 위하여 모든 구성요소들이 서로 통일되어 그 목적을 달성하기 위해 노력하는 것은 모두 시스템이 될 수 있다. 정부, 학교, 군대, 종교기관, 기업체, 인간의 몸도 시스템으로 간주할 수 있다. 공급업체로부터 소매점까지의 각종 연결망들을 하나의 시스템으로 간주해보면, 그 목적은 소비자 만족을 극대화시키면서 소비자로부터 최대의 구매를 유도해 내는 것이다. 이러한 목적을 달성하기 위해서는 공급사슬관리의 모든 구성요소(원재료 공급업체, 제조업체, 도매업체, 소매업체)가 유기적으로 결합되어 통일감 있게 움직여야 된다. 그렇지 못한 경우에는 시스템으로서의 공급사슬관리가 잘 유지되지 못할 것이다. 이러한 관점에서 공급사슬관리는 각각의 여러 구성요소들(원재료 공급업체, 제조업체, 도매업체, 소매업체)이 개별적이 아닌, 하나의 통일된 관점에서 밀접하게 움직여가는 것이라고 볼 수 있다. 공급사슬관리의 기본 개념은 업체간의 협력(Partnership)을 뛰어넘어 다양한 공급자로부터 최종소비자까지의 제품의 전체적인 흐름을 관장하는 것이다. 이와 같은 의미에서 공급사슬관리란 공급망상의 여러 기업간의 통일된 집합체 즉, 시스템인 것이다.

공급사슬관리는 기본적으로 소비자로부터 시작한다. 소비자가 자신의 욕구를 충족하기 위해서 소매점에서 제품을 구매하게 되면, 소매점은 도매점에게 발주하고 도매점은 제조업체에게 완제품을 발주하며 제조업체는 원재료 공급업체에게 각종 원재료를 발주하게 된다. 이와 같이 소비자로부터 시작해서 소매점, 도매점, 제조업체, 원재료 공급업체로 각종 주문이 진행되는 것이 공급사슬관리의 핵심이다. 따라서 공급사슬관리 상에서 흘러 다니는 각종 정보, 자금, 제품의 흐름을 명확하게 파악하는 것이 중요하다. 이와 같은 의미에서 기존의 공급사슬관리를 다르게 부르는 경향이 나타나고 있는데, 예를 들어 최근 미국에서 Supply Chain Management가 소비자로부터 생성된다는 의미에서 Customer Chain Management라고 부르기도 한다. 또한 공급사슬관리에서 실제로 소매점은 여러 도매점을 탐색하면서 거래하고 제조업체 역시 다양한 형태의 원재료 공급업체와 거래하는 경우가 많은데, 이와 같은 의미에서 Supply Chain Management를 Supply Network 혹은 Supply Web이라고 부르는 경향도 있다. 그러나 수천 명에 달하는 미국의 공급사슬관리 전문가들이 가장 많이 사용하는 용어가 Supply Chain Management이므로 이것을 그대로 따르고자 한다.

(3) SCM상의 총가치 극대화

공급사슬관리의 목적은 공급사슬관리상의 총가치를 극대화시키는 것이다. 공급사슬관리의 총가치란 공급사슬관리에 투입된 총비용과 이로부터 생성된 총수익과의 차이를 의미한다. 공급사슬관리상의 총비용은 공급사슬관리에 관여되는 각종 업체들(원재료 공급업체, 제조업체, 도매업체, 소매업체)이 사용한 비용들의 총합을 의미한다. 공급사슬관리 상의 총수익은 공급사슬관리의 최종 산출물인 제품을 구매한 소비자가 지불한 가격의 총합을 의미한다. 즉, 공급사슬관리 상에서 획득되는 유일한 수익원은 소비자가 지불하는 가격이다. 이것이 높으면 높을수록 공급사슬관리는 효율적인 업무수행을 했다고 볼 수 있다. 물론 공급사슬관리 상에서 투입된 비용의 합이 소비자로부터 받는 가격의 총합보다 높으면 공급사슬관리는 적자를 본다. 소비자로부터 벌어들이는 총가격과 공급사슬관리에 투입된 전체 비용의 합계를 차감한 것을 공급사슬수익성(Supply Chain Profitability)이라고 부른다. 이러한 공급사슬의 수익성은 공급망상의 각각의 개별업체가 자사의 이익을 최대화시키려고 노력하는 것만으로 성립되는 것은 아니다. 관련업체 모두가 공급망상의 총가치를 극대화시키기 위해 노력해야만 달성할 수 있다.

(4) SCM 최적화를 통한 수익성 극대화

각각의 개별 업체별로 최적화하다 보면 이것이 공급망 전체적으로는 최적화가 안 될 수도 있으며 실제로 그런 경우가 많이 발생한다. 공급사슬관리의 핵심 전제조건 중의 하나가 공급사슬 전체적으로 통일된 관점에서 업무를 수행하는 것이지, 참여하는 어느 개별업체 단독으로 최적화를 추구하는 것은 아니다. 이것은 상당히 중요한 사실이지만 현실적으로는 잘 지켜지지 않고 있는 것이 문제이다. 실제로 우리나라 모 제조업체와 도매배송업체 그리고 소매업체의 어떤 공급라인에서 전체적으로 최적화가 일어나지 않은 경우가 있었다. 이 소매업체는 도매배송업체의 대주주였는데 도매배송업체를 인수하여 자회사를 만든 것이다. 이 소매업체는 자체 점포 내에 충분한 면적의 창고가 없었기 때문에 필요할 때마다 도매배송업체에게 발주하였으며 도매배송업체는 소매업체가 요구하는 대로 배송을 하게 된 것이다. 이 소매업체의 입장에서는 보관창고 비용을 줄이면서 간단한 전화발주를 통해 필요할 때마다 주문함으로써 상당한 이득을 본 것은 사실이다. 이에 반하여 도매배송업체는 소매업체에서 수시로 주문하는 것을 충족시키다 보니 엄청난 배송비용이 들게 되었다. 따라서 도매배송업체는 제조업체들에게 각종 비용을 전가시키게 되었는데, 힘이 강한 제조업체보다는 힘이 약한 제조업체들에게 배송관련

비용을 더 많이 이전시키게 되었다. 그 결과, 힘이 약한 제조업체들은 납품가격을 올리게 되었으며 최종소비자에게 판매하는 가격도 올라가게 되어 이 소매업체에서 판매하는 제품의 가격이 다른 소매업체보다 비싸지게 된 것이다. 이와 같은 악순환은 언제든지 생기게 된다. 소매업체와 도매배송업체 그리고 제조업체가 모두 함께 전체 공급망의 비용 최소화를 위해 노력해야만 전체 공급망 수익성이 극대화되는 것이다.

필자가 이 소매업체의 공급사슬관리에 관여하는 실무자 수십 명과 약 두시간 동안 집단면접을 한 적이 있었다. 면접을 시작한지 약 한시간만에 이 소매업체의 공급사슬관리 운영상에 문제가 있다는 것을 알 수 있었다. 필자는 몇 가지 사항을 지적하면서 총공급망의 관점에서 운영되어야 함을 수 차례 강조하였다. 공급사슬관리의 개념을 어느 정도 파악하고 있는 실무자들은 필자의 의견에 동의를 하였으나, 공급사슬관리의 본질적인 개념을 잘 모르는 대부분의 실무자들은 필자에게 여러 가지의 이유를 제시하였다. 그들은 제조업체에게 넘기기만 하면 된다는 식이었다. 필자는 소매업체에서 강압적으로 제조업체를 관리하게 되면 제조업체가 입는 손실이 소매업체에게로 되돌아온다는 사실을 수 차례 지적하였으나 대부분의 실무자들의 인식을 바꾸어 놓을 수 없음을 직감하였다. 필자는 새로운 개념에 대한 정확한 본질을 이해하지 못하는 상태에서 수행되는 현실의 경영전략에 많은 문제가 있음을 새삼 느꼈다.

이 때의 경험이 필자로 하여금 공급사슬관리의 본질을 우리나라의 실무자들에게 쉽고 정확하게 가르치겠다고 결심하게 한 계기 중의 하나가 되었다. 현실에 근거를 둔 학문을 가르치는 경영학 교수가 현실에서 실제 업무를 수행하는 실무자들에게 정확한 지식을 전수하는 것이 대학교수의 중요한 사회적 기능(Social Function)인 것이다. 공급사슬관리는 공허한 이론을 전수하는 상아탑의 경영전략 기법이 아니라, 하루 하루의 삶이 전쟁터와 같은 현장에서 살아남기 위한 경영전략 기법이다. 이러한 사실은 미국에서 일반화되어 있는 일이다. 필자가 최근에 미국에 갔을 때 실제로 소매점포를 운영하면서 컨설팅을 병행하는 어느 미국인 사장의 사무실을 방문한 적이 있었다. 그 사장의 사무실 문에는 'War Room(전쟁을 치르는 사무실)'이라고 붙어 있었다. 필자는 그에게 웃으면서 미국이나 한국이나 유통업은 매일의 전쟁(Daily War)라고 이야기했으며, 그 또한 크게 웃으면서 전쟁의 승자만이 발전할 수 있다고 덧붙였다.

5. SCM의 효과

2002년 현재 미국에서는 과거 1980년대와 1990년대 초반의 전통적인 형태의 공급사슬관리가 성공을 거두었고, 1990년대 후반 이후 디지털 시대에 인터넷을 기반으로 하는 공급사슬관리도 성공한 것으로 평가하고 있다. 과거의 전통적인 공급사슬관리란 1980년대부터 1990년대 중반까지 미국에서 시행되었던 것으로서 유통비용의 감소를 위한 도소매 통합의 형태를 의미한다. 미국에서는 1982년부터 1996년까지 전통적인 공급사슬관리를 통해서 국가 전체적으로 물류비의 약 3분의 1 정도를 절감한 것으로 전해지고 있다. 또한 1960년대부터 1990년대 중반까지 미국 국방성에서만 주로 활용되던 인터넷이 1990년대 중반 이후부터 비즈니스 목적으로 활용되기 시작하면서 현재는 디지털 기반의 공급사슬관리가 주도되고 있다. 이와 같은 디지털 기반의 공습사슬관리는 물류비용 축소와 같은 소극적인 측면에 치중하는 것이 아니라, 산업 전체적으로 정보와 제품의 전달을 정확하고 빠르게 수행하면서 소비자의 욕구 충족과 만족을 지향하고 있다.

현재까지 이러한 디지털 기반의 공급사슬관리 효과에 대한 국가 전체적인 관점에서의 보고서는 많지 않으나, 미국 공급사슬관리 전문가들의 판단에 의하면 전통적인 공급사슬관리보다 훨씬 더 폭발적인 효과를 나타낼 것으로 예견하고 있다. 현재 우리나라의 공급사슬관리 수준은 개념적으로는 미국과 약 2~3년의 격차를 두고 따라가고 있으나, 현실적으로는 미국과 적어도 20년 이상의 격차가 있는 것으로 보여진다. 현재의 GNP 대비 13%대를 넘어서는 국가 전체의 물류비가 약 3분의 1 정도 감소되어 미국처럼 GNP 대비 10% 미만으로 떨어지려면 국가 전체적으로 큰 노력이 필요하다. 현재 물류비 인하를 위해 산업자원부와 건설교통부 그리고 재정경제부와 국세청에서 추진하는 일들이 약 5년이나 10년 이내에 결실을 보게 될 것이다. 그 때쯤이면 현재의 디지털 기반의 공급사슬관리가 우리나라에서도 현실적으로 많이 활용될 것으로 예측된다.

이와 같이 국가 전체적인 측면이 아니라 특정 산업의 측면에서도 공급사슬관리가 효과가 있는 것으로 미국에서 알려지고 있다. 미국에서 1996년도에 가구산업에 종사하는 65명의 CEO들이 응답한 결과에 의하면, 가구산업에서 공급사슬관리가 수행될 수 있는 분야는 크게 여덟 가지였다. 그것은 판매전 고객응대(Pre-sale Customer Service), 판매후 고객응대(Post-sale Customer Service), 배달속도(Delivery Speed), 배달신뢰성(Delivery Reliability), 표적시장에의 대응성(Responsiveness to Target Markets), 폭넓은 배송커버리지(Widespread Distribution Coverage), 선택적 배송커버리지(Selective Distribution Coverage), 최소유통비용(Low Total Cost Distribution)이다. 이 중에서 네 가지 분야는 공급사슬관리의 수익성과 직접적으로 관련이 있는 것으로 알려졌는데 배달속도,

배달신뢰성, 표적시장에의 대응성, 최소유통비용이 그것이다. 공급사슬관리가 수행되어 이와 같은 네 가지 분야에서 효과를 보이면서 기업전체의 수익성을 약 16% 정도 향상시켰고, 기업의 성장률을 약 28%까지 끌어올린 것으로 알려지고 있다.

전 세계적으로 공급사슬관리의 효과를 얻은 기업들을 많이 열거할 수 있는데, 이들은 공급사슬관리를 통해서 생산성과 주주가치의 최대화를 도모하였다. 공급사슬관리의 성공사례로서 언급되는 기업들은 의류업체의 공급사슬관리인 QR(Quick Response)에서 성공한 Benetton이 있고, 공급사슬관리의 비용을 최소화하는 데 성공한 Wal-Mart, 가상제조와 물류에서 탁월한 성공을 거둔 Microsoft가 있다. 또한 소비자에게 효율적으로 직접배달을 달성해낸 Whirlpool, 매스커스터마이제이션에서 성공을 한 Motorola, 홈쇼핑 공급사슬관리에서 효과를 본 Peapod 등이 있다.

물론 공급사슬관리를 실제적으로 구현하는 각종 정보기술과 통신기술에 기반을 둔 솔루션들이 모두 성공을 거둔 것은 아니다. 미국에서 지금까지 개발된 공급사슬관리의 총 솔루션은 1천여 개를 훨씬 넘는 것으로 알려지고 있는데, 이것들은 미국 기업에서 시스템으로 구현하였을 경우에 약 40% 정도는 공급사슬관리의 본래 목적을 달성하지 못하고 실패한 것으로 추정되고 있다. 그러나 이와 같은 실패의 경험에도 불구하고 산업 전체적으로 공급사슬관리가 많은 효과를 보여온 것으로 판정되고 있다. 이와 같이 공급사슬관리의 효과측면에서 볼 때 우리나라에서도 본격적으로 공급사슬관리를 도입하는 것이 바람직할 것으로 생각된다.

제 2 장 공급사슬관리의 특성

I. SCM의 구조

(1) 공급측면과 수요측면의 구조

　공급사슬관리의 핵심은 여기에 참여하는 여러 업체간의 단절된 관계를 연계시키는 것에 있다. 공급사슬관리의 구조는 크게 두 가지로 분류해 볼 수 있는데, 그 하나는 공급측면 부분(Supply Chain)이며 또 하나는 수요측면 부분(Demand Chain)이다. 공급사슬관리가 시작되는 곳을 보통 Mother Earth라고 부르는데 예를 들면, 석탄이나 목재와 같은 각종 원재료들이 공급되기 시작하는 곳을 말한다. Mother Earth에서 시작한 배송이 그 다음 단계인 제조업체로 흘러가게 되면, 이 제조업체를 통상적으로 Second-Tier Supplier라고 부른다. 즉, Mother Earth는 First-Tier Supplier로서 여기서부터 시작된 배송이 Second-Tier Supplier로 흘러가는 것이다. 이와 같이 여러 단계를 거쳐 완성된 제품은 공급망상에서 흐르게 된다. 이때 Mother Earth에서 제조업체까지를 공급측면의 부분이라고 볼 수 있으며, 수요측면의 부분은 보통 Vendor라고 불리는 도매상으로부터 일반적으로 시작된다. Vendor는 크게 다섯 가지 종류로 나눌 수 있는데 기본적으로 제조업체 자신, 제조업체의 자회사, 제조업체의 총판, 제조업체의 계약형 도매상, 제조업체와는 별개의 개별 도매상들이다. Vendor의 역할은 소매점에 제품을 전달하는 데에 있으며 Vendor와 소매상을 합쳐서 수요측면의 부분이라고 말할 수 있다.

물론 이 두 가지 부분을 확실하게 분류하는 것은 쉽지 않다. 그러나 공급측면의 부분은 원재료 공급업체와 제조업체로 볼 수 있고, 수요측면의 부분은 도매업체와 소매업체로 분류해 볼 수 있다. 보다 구체적으로 살펴보면 공급측면의 부분은 효율적인 제품취급 및 제품흐름, 수송 및 전달과 같은 것에 치중하고 있으며, 수요측면의 부분은 각종 소비자의 서비스 욕구를 충족시키고 제품공급 탄력성을 최대화하는 것에 집중하고 있다. 따라서 이와 같은 경우에는 제조업체와 도매업체 사이에 단절이 생길 수 있는데, 이러한 단절을 공급사슬관리를 통해서 연결시키게 되면 공급측면의 부분과 수요측면의 부분이 원재료 공급업체-제조업체-도매업체-소매업체로 이어지게 된다. 이와 같은 연결은 공급사슬관리의 다양한 기법들(Cross-Docking, Mixed Pallets, Advance Shipment Notifications)을 통해서 수행되고 있다.

(2) 역유통

대부분의 경우 공급사슬관리라고 하는 것은 위에서 언급된 원재료 공급업체로부터 제조업체로 흐르는 신제품을 의미한다. 이러한 신제품 공급망과는 달리, 폐기되거나 한번 사용된 제품을 다시 공급망으로 돌아오게 하는 것도 공급사슬관리의 대상이 될 수 있다. 물론 이것은 많은 경우에 있어서 신제품 공급망에 가려서 잘 언급되거나 연구대상이 되지도 않으며 실제로 기업의 실무자조차도 큰 관심을 보이지 않는 부분이다. 보통 역유통(Reverse Logistics)이라고 불리는 경우는 현실에서 그렇게 많이 발생하는 것은 아니다. 그러나 최근 들어 역유통(소비자로부터 수거업체 그리고 제조업체로 돌아가는)이 환경보호 관점에서 관심을 끌고 있다. 또한 이러한 관점이 아니더라도 제조업체에서 의무적으로 폐기물이나 재활용품을 수거해야 하는 경우도 생기고 있다. 가전제품의 경우에 제조업체들은 환경보호의 명목으로 제품을 출시할 적에 정부에게 공탁을 한다. 가전업체에서 제품을 회수하려고 노력은 하고 있지만 실제로는 잘 되지 못하고 있으므로, 국내 가전업체들이 정부로부터 공탁금을 회수 받지 못하는 액수가 수백 억 원에 달하고 있다. 이것은 다음에 출시하는 신제품의 가격에 반영되게 된다. 우리나라에서는 회수된 제품의 가치가 낮아 소비자로부터 외면을 당하고 있으나 아직도 해외 후진국으로부터 수요가 발생하는 제품들은 수출되는 경우가 있다. 우리나라에서도 1990년대 후반까지 공급사슬관리를 역유통하여(소비자-수집상-도매상-수출업자) 수집된 중고자동차가 베트남이나 캄보디아로 수출되었다. 또한 1990년대 후반에 국내에서는 거의 자취를 감춘 286PC가 수집되어 남미로 수출되었다.

일반적으로 PC에는 다이아몬드가 내장되어 있는데 이러한 다이아몬드 수거를 목적으로 중고품이 공급망을 따라 역유통되는 경우가 있다. 역유통되지 않고 그냥 밤중에 몰래 버려지는 컴퓨터는 우리 사회의 골칫덩어리로 전락하고 있는데, 컴퓨터를 그냥 땅에 버리면 약 천년이 걸려야 썩는 것으로 알려져 있다. 물론 컴퓨터 안에 상당량의 다이아몬드가 내장되어 있다면 적극적으로 수거하려고 노력하겠지만 실제로 현재와 같이 적은 양으로는 동기를 유발시킬 수 없다. 이 때문에 환경보호론자들은 Backward Supply Chain Management의 필요성을 강력하게 주장하고 있으나 역유통이 현실적인 수익성을 보장해주지 않는 한 큰 각광을 받기는 어려울 것이다. 미국이나 한국에서도 그저 전문가들에 의해서 논의만 되고 있을 뿐이다. 역유통이 확실하게 이루어지려면 신제품에 대한 맹목적인 선호도를 줄이고 중고제품의 효율성에 대한 국민 인식이 제고되어야 하며 역유통의 공급사슬관리에 수익성을 보장해 주어야만 한다.

(3) Push형과 Pull형의 구조

공급사슬관리는 다음과 같이 분류될 수도 있다. 하나는 제품을 밀어내는 공급망(Push Processes of Supply Chain Management)이고, 다른 하나는 제품을 당기는 공급망(Pull Processes of Supply Chain Management)이다. 이 두 가지 형태의 공급망의 차이는 소비자의 주문과 직접적으로 관련된다. 제품을 밀어내는 공급망은 소비자가 주문을 할 것이라는 예측을 전제로 시작되는데, 제품을 판매하기 시작하면 소비자가 이것을 구매할 것이라는 예측으로부터 움직이는 것이다. 즉, 소비자가 정확하게 주문한 것으로부터 시작하는 것이 아니다. 제조업체, 도매점, 소매점에서는 소비자가 과거에 해당 제품이나 다른 유사한 제품을 주문한 분량만큼 이번에도 주문할 것이라는 추측하에서 제품을 생산하고 공급망에서 배송을 하는 것이다. 이에 반하여, 제품을 당기는 공급망은 소비자가 실제로 주문한 것으로부터 시작한다. 소비자들이 주문을 하면 그것을 근거로 소매점, 도매점, 제조업체, 원재료 공급업체가 움직이게 되는 것이다. 즉, 제조업체나 도매점, 소매점에서 예측한 것을 근거로 하는 것이 아니라, 실제로 소비자가 구매한 자료에 기초하여 움직이는 것이다.

　제품을 당기는 공급망의 경우는 소비자의 수요가 명확하게 사전에 알려진 형태이고, 제품을 밀어내는 공급망의 경우는 소비자의 수요가 사전에 알려지지 않은 형태이다. 어떤 공급망이 더 효율적이고 바람직할까? 간단히 말하면 제품을 당기는 공급망이 제품을 밀어내는 공급망에 비하여 더 효율적이라고 볼 수 있는데, 그 이유는 소비자로부터의 실제 주문에 기반을 둔 것이기 때문이다. 그렇다면 왜 비효율적으로 제품을 밀어내는 공급망이 생성되어 운영되어 왔을까? 그 이유는 1980년대에 미국에서도 소비자의 정확한 구매자료를 알 수 없었기 때문이다. 과거에는 소비자가 실제로 제품을 구매하는 소매점에서의 POS 자료가 도매점과 제조업체로 제공되지 않았기 때문에, 소비자의 실제 구매자료에 근거하지 않고 막연한 예측으로 생산과 판매를 해온 것이다. 이것이 제품을 밀어내는 공급망이 생겨난 이유이다. 1990년대 이후 미국에서 소매점과 도매점 그리고 제조업체가 각종 정보기술을 통해 연결되기 시작하면서 소비자의 정확한 구매자료를 알 수 있게 되었다. 이에 따라서 일종의 주문생산적인 공급망이 생성되어 운영되게 된 것이다.

　현재 미국에는 제품을 밀어내는 공급망과 제품을 당기는 공급망 모두가 병존하고 있는데, 숫자적으로는 아직도 제품을 밀어내는 공급망이 압도적인 것이 사실이다. 그러나 이제 미국의 많은 기업들이 제품을 밀어내는 공급망이 비효율적이라는 사실을 인식함에 따라서 가능하면 제품을 당기는 공급망 쪽으로 전환하려고 노력하고 있다. 그렇다면 우리나라는 어떠한가? 현재 국내에는 적어도 99% 이상이 제품을 밀어내는 공급망이고, 제품을 당기는 공급망이 현실화되기 시작한 것은 불과 2, 3년 전이다. 물론 이것은 공급사슬관리 확산의 효과로 볼 수 있으며, 최근 당기는 공급망의 중요성을 인식한 몇몇 대형그룹들이 시도하고 있다.

(4) Bar-Code와 POS 시스템

우리나라는 현실적으로 제품을 당기는 공급망을 수행할 수 있는 기본적인 인프라스트럭처가 아직은 충분히 갖추어져 있지 않다. 제품을 당기는 공급망의 가장 기본적인 도구는 소매점의 POS시스템이다. POS (Point-Of-Sale System)란 제품에 바코드나 기타 각종 인식코드 (Identification Code)를 부착하여 소매점에서 고객이 구매하는 제품을 인식하는 간단한 시스템이다. 이것은 POS 단말기와 스캐너만 있으면 가능한데, 최근에는 PC 기반의 POS가 확산되어 PC(몇 십만 원짜리 소프트웨어를 내장시키면 됨)와 스캐너만 있으면 된다.

현재 국내에서 판매되고 있는 제품의 수는 몇 백만에서 몇 천만 개로 추정되고 있으며, 국내에서 유통되는 전체 제품의 수를 아는 사람은 아무도 없다. 제품수명주기(Product Life Cycle: 신제품이 시장에 나와서 없어질 때까지의 기간)가 2~3일인 패션의류에서부터, 약 6개월~1년 정도인 화장품, 평균 3~5년인 자동차에 이르기까지 유통되는 제품의 종류를 수백만 가지로 추정하고 있을 뿐이다. POS가 작동하려면 제품에 바코드(Bar-Code: 보통 13자리로 되어 있는 제품인식코드)가 부착되어야 하는데 국내에서 정식으로 발행된 바코드는 1980년대부터 2002년 현재까지 겨우 10여 만개 정도이다. 수백만 종의 제품 중에 10여 만개의 제품에서만 POS인식이 정상적으로 가능한 것이다. 물론 우리나라 대부분의 소매업체들은 자체에서 만든 특별코드(점포마다 달라서 표준화하기가 힘듦)를 사용하고 있다.

또한 POS 단말기가 1980년대 중반에 국내의 모 유명 유통업체의 점포에 처음으로 설치된 이후 현재까지 수만 개 정도가 설치된 것으로 알려지고 있는데, 대형백화점이나 할인점에만 거의 완비되어 있을 뿐 일반 중소형 점포에는 거의 전무한 실정이다. 이와 같은 상황에서 제품을 당기는 공급망을 수행한다는 것은 거의 불가능하다.

현재 미국에서는 Bar-Code가 거의 모든 제품에 부착되어 있고 POS 단말기가 상당히 많이 보급되어 있다. 최근에는 RFID(Radio Frequency Identification Device)가 개발되어 물류창고의 재고상황도 사무실에 앉아서 파악할 수 있을 정도이다. 다시 말하면, Bar-Code를 일일이 스캐너를 통해서 인식하지 않더라도 원거리에서 자동으로 인식할 수 있게 되었다.

현재 대한상공회의소와 산업자원부에서 공동으로 Bar-Code와 POS 설치를 적극 권유하고 있는 것은 우리나라의 최첨단 공급사슬관리의 터전을 마련한다는 측면에서 바람직하다고 할 수 있다. 최근 우리나라의 가장 큰 유통관련 법규인 유통산업발전법이 개정될 당시에 필자는 Bar-Code와 POS의 전국적인 확산이 절실히 필요함을 강조한 적이 있었다. 우리나라의 산업발전을 한 단계 올리는 데 필요한 몇 가지 사항들(바코드 의무화, 영수증발부 의무화, 신용카드사용 의무화, 세금계산서발부 의무화)이 전국적으로 빠른 시일 내에 확산되어야 한다. 그나마 대형업체 중심으로 제품을 당기는 공급망이 시작되었다는 사실은 우리나라 산업발전의 새로운 전기이다. 이와 같은 것들에 대한 정부의 확고한 입장과 산업현장 최고경영자들의 명확한 업무수행이 이루어져야 미래에 초일류국가를 만들 수 있게 될 것이다.

2. SCM의 성격

(1) SCM의 핵심개념인 채찍효과(Bullwhip Effect)

1980년대 이후 미국의 공급사슬관리 연구에서 대학교수들이 가장 크게 공헌한 점은 공급사슬관리에 내재되어 있는 독특한 현상을 파악한 것이다. 이것은 현실을 잘 모르는 미국 교수들이 미국 산업계에 도움을 준 가장 큰 공헌이다. 소비자들이 주문을 약간 늘리면 소매상들은 주문을 조금 더 많이 하고 도매상들은 아주 많이 하며 제조업체에서는 엄청난 양을 생산한다는 것이다. 다시 말하면, 소비자로부터 시작된 변화가 소매상과 도매상을 거쳐서 제조업체로 넘어오면서 상당히 부풀려진다는 것이다. 이러한 현상은 보통 Bullwhip Effect 혹은 Whiplash Effect라고 불리어진다. 이는 황소의 엉덩이를 살짝 치면 황소는 엉덩이에 채찍이 가해진 것으로 인해 몸을 크게 요동치면서 아주 날뛴다는 데에 착안해서 지어진 이름으로서, 미국의 공급사슬관리의 학술논문에서 가장 많이 다루어져온 주제 중의 하나이다.

미국의 몇몇 교수들은 많은 기업들이 공급사슬관리에서 주문 및 재고를 관리할 때 재미있는 현상이 나타난다는 것을 발견하였다. Bullwhip Effect는 대학교수들이 직접 만들어낸 것이 아니라 실제 현장에 있는 기업들의 자료를 분석하다가 발견하여 그 현상의 원인과 대책에 대한 각종 이론적인 분석을 한 것이다. 이것은 실제로 1980년대 이후부터 2002년 현재까지 우리 인간의 생활에 존재해왔던 것이다. Bullwhip Effect는 공급망상에서 수요정보를 왜곡시키는 결과를 야기하는데 이것은 여러 단계에 걸쳐서 수요에 대한 다양한 현상이 나타나기 때문이다. 그 결과로 공급사슬관리의 조정활동이 잘 되지 않고 전체 공급망상에서 수익성이 떨어지게 된다. 소비자의 실제 수요에 대한 약간의 변화나 계절적인 변화가 소매상-도매상-제조업체-원재료 공급원의 공급량을 대폭적으로 확대시키게 되는 현상이다. 구체적으로 Bullwhip Effect는 다음의 두 가지 현상을 의미한다.
① 공급망에 있어서 소매상-도매상-제조업체의 주문현상이 실제 소비자가 구매하는 소매점에서의 실제 수요보다 더 큰 규모의 변화를 유도하는 것(수요왜곡)
② 주문량의 변화가 공급망을 따라가면서 증대하는 것(변화확산)

미국에서 P&G사는 자사가 판매하는 기저귀 공급망에서 Bullwhip Effect가 일어나는 것을 발견하였다. 자사가 기저귀 원재료 공급업체에게 주문을 내는 양이 소비자의 변화에 따라서 상당히 널뛰기처럼 증폭된다는 사실을 알았다. 물론 공급망을 내려가면서(다시 말하면, P&G의 하위업체인 Vendor나 소매상들) 소매상에서도 이와 같은 널뛰기 현상은 있었다. 그러나 그 정도가 자사에 비해서 적었으며 공급망의 맨 하단에 있는 소비자에게는 그 변화의 정도가 상당히 적다는 사실을 알아냈다. 소비자들이 기저귀를 실제로 구매하는 양에는 큰 변화가 없는 데 반하여 자사가 원재료를 주문하는 양에는 상당히 심한 변화가 있음을 안 것이다. 이 때문에 비용이 상당히 증대되었으며 소비자 수요에 대비한 공급량을 결정하는 일도 쉽지 않았다. 미국의 Hewlett Packard사도 프린터 주문과 관련하여 P&G사에서와 같은 현상이 나타난다는 것을 발견했으며, 이 때문에 적시에 주문을 충족시키기가 힘들고 또한 이로 인해 많은 비용이 든다는 사실을 알게 되었다.

그 후에 미국의 의류업체와 식품업체들에서도 이러한 현상이 나타난다는 것이 알려졌다. 심지어 이태리의 제조업체인 Barilla사는 자사의 제품을 취급하는 어느 도매상이 실제로 주문을 하는 양과 판매하는 양 사이에 엄청난 차이가 있음을 알게 되었다. Barilla의 제품을 취급하는 어느 도매상이 실제로 300개를 소매상들에게 판매하는 데 반하여 실제 판매되는 양의 20배가 훨씬 넘는 약 7,000개를 주문한 것이다. 이와 같은 Bullwhip Effect를 줄이는 것이 공급사슬관리의 핵심사항 중의 하나로 미국에서 부각되게 되었다.

(2) Bullwhip Effect의 생성요인

Bullwhip Effect는 실제적으로 공급망상의 왜곡된 정보의 전달 현상이 막대한 비효율성을 야기시켜 생성되는 것이다. Bullwhip Effect의 생성원인에 대한 명확한 이해가 Bullwhip Effect를 해결하는 방안을 찾는 데 상당히 중요한 단서가 된다. 구체적으로 Bullwhip Effect를 생성시키는 요인들에는 다음과 같은 것들이 있다.

(가) 개별기업 관점에서의 주문

공급망 전체의 관점이 아니라 개별기업의 관점에서 의사결정을 수행하게 되면 이것은 공급망 전체의 왜곡현상을 발생시킨다. 공급망상에서 어느 한쪽의 수요가 증대하면 이는 공급망의 다른 한쪽에서의 공급부족을 야기시킨다. 일반적으로 특정 의사결정자가 수요의 미약한 움직임으로 인해 제품이 부족할 것 같은 상황을 감지하게 되면, 갑자기 안전재고량을 늘려가기 시작한다. 이것은 공급망 전체의 주문폭증을 유발하여 공급망상에서 어느 쪽으로 제품이 몰리면서 생산이 늘어나기 시작한다. 제조업체측에서는 도매상과 소매상으로부터의 주문증대 현상이 실제로 소비자의 수요가 증대하는 것으로 오인할 수 있어, 생산라인을 늘려가면서 제조에 박차를 가하게 되는 것이다.

  1990년대 말기에 우리나라에서 발생한 소주사재기 파동은 국내의 Bullwhip Effect의 하나의 사례라고 볼 수 있다. 그 해 가을에 유럽의 주류제조 수출국가들의 압박으로 인해 우리나라 정부가 그 다음해 1월부터 소주가격에 세금을 더 부가하여 가격인상을 예고하자 도매상들이 소주사재기에 발빠르게 나섰다. 소주 품귀현상을 보이자 정부가 주도하여 도매상에 대한 세무조사를 실시하겠다고 경고하면서 단속에 들어간 때가 있었다. 이 경우는 소비자들이 다음해 1월부터 소주가격이 오를 것이라고 예상하여 평소보다 조금 더 구매를 늘리기 시작하자, 소매상들도 소주사재기에 나섰고 도매상들 또한 상당한 분량의 소주사재기에 나선 것이었다. 그러나 실제로는 소주 값이 그 다음해 1월부터 약간 오른다고 해서 소비자들이 소주를 미리 구매하여 몇 달씩 보관하는 경우는 그다지 많지 않았다. 단지 도매상들이 전국의 소주를 대량 구매하여 야적장에 보관하면서 재고관리를 한 것이다. 소비자의 움직임은 별로 없었으나 소매상과 도매상들이 많이 움직인 경우라고 할 수 있다.

  또한 같은 해 가을에 정부가 가전제품의 특별소비세를 다음해 1월부터 인하하겠다고 발표하자 소비자들이 다음해 1월 이후로 구매를 연기하였다. 이로 인하여 가전제품 도매상과 소매상들의 가전제품 판매가 급격히 감소하자 이들은 정부의 발표시기가 너무 빨랐다고 불만을 터뜨린 적이 있었다. 이것은 앞의 소주가격인상 예고와는 정반대가 되는 경우로서 가전제품의 가격인하 예고가 소비시장에 찬물을 부은 경우이다. 소비자들이 구매를 잠시 연기한 것이 소매상과 도매상의 판매에 상당히 큰 영향을 준 것이다. 실제로 그 당시의 소비자조사 결과에서는 구매를 연기한 소비자가 그다지 많지 않았음에도 불구하고 소매상과 도매상들은 판매가 급감한 것으로 느낀 것이다. 이것은 실제 소비자들의 구매가 줄어든 것이 아니다. 소매상과 도매상들이 일정 양의 여유재고로 가지고 있었는데, 다음해에 가격이 인하될 것으로 알려지자 이러한 여유재고가 감소하기 시작한 것이다. 다시 말하면, 소매상은 중소형 도매상으로부터 매입을 줄이고, 중소형 도매상은 대형 도매상으로부터 매입을 줄이며, 대형 도매상은 제조업체로부터 매입을 줄인 것이다. 가전제품 전체 공급사슬에서의 재고보유가 줄게 되자 소매상과 도매상들의 입장에서는 판매가 격감된 것으로 느꼈던 것이다.

이와 같이 공급망은 주로 정부의 정책변경(세금인하 혹은 인상, 보조금 지원 혹은 삭감)이나 해외의 각종 환경변화(유가인상, 수입금지)와 같은 외부변화로부터 영향을 받을 수 있다. 또한 소비자측의 각종 변화(건강에 대한 인식증대로 위생적인 식품을 구매하거나 경기침체로 인해 묶음상품이나 재활용품을 구매하는 것)가 영향을 줄 수 있다. 그 외에 제조업체 쪽에서 가격인상을 위해 의도적으로 공급을 제한하거나 혹은 자사제품 브랜드이미지 관리를 위해 한정판매를 실시함으로써 공급망을 흔들어 놓는 경우가 발생하기도 한다. 현실의 공급망은 출렁이는 줄넘기와 같아서 약간의 흔들림에도 예상보다 더 널뛰는 경우가 자주 나타난다.

(나) 불규칙적인 주문량과 판매량

많은 경우에 있어서 주문을 자주 하지 않고 한꺼번에 모아서 주문하는 경우가 발생한다. 이것은 자주 주문을 하게 되면 배송도 자주 해야 하는 문제가 발생하며 또한 주문을 모아서 하게 되면 공급처 관리가 편리해지기 때문이다. 따라서 매일 혹은 2~3일에 한번 주문을 하는 것이 아니라 주별, 월별, 분기별로 한꺼번에 모아서 하는 것이 상례라고 볼 수 있다.

이러한 이유로 Hockey Stick 현상이 자주 나타나는데, 이 현상은 특정기간(월별, 분기별) 관점에서 볼 때 초반이나 중반보다는 후반에 주문량이 증대하므로 생산부서와 판매부서에서 특정기간(월별, 분기별)에 목표량을 맞추어 관리하는 현상을 의미한다. Hockey Stick 현상은 수요나 주문을 더 많이 왜곡시키면서 Bullwhip Effect를 더 크게 초래하는 원인이 된다.

우리나라의 제품 가운데 화장품의 경우에는 월별로 Hockey Stick 현상이 나타난다. 화장품 전문점에서는 월초나 중반에 매입한 화장품 대금을 월말에 지불하여야 하므로, 자금을 마련하기 위해 덤핑시장을 포함한 여러 곳으로 화장품을 내놓으며 이렇게 마련한 자금으로 화장품 제조업체나 벤더에게 대금을 지불한다. 따라서 월말에 화장품 물동량이 전국적으로 대폭 증대하게 되고, 중소 메이커의 경우에는 시장점유율 확대를 위해 이러한 시기에 마구 밀어내는 경우도 발생한다. 가격이 문제가 아니라 일단 유통에 밀어내게 되면 제조업체에서는 판매량 증대로 시장점유율이 높아졌다고 인식하는 것이다. 따라서 화장품의 초과공급량은 벤더, 화장품전문점, 화장품덤핑시장, 카셀(자동차를 타고 다니면서 화장품을 판매하는 소형 도매상으로 현장에서는 깔새라고 부름) 등에서 유통재고를 책임지게 된다.

또한 현재 우리나라 대부분의 화장품 도소매상들은 전산화가 되어 있지 않아 소비자에게 실제로 판매되는 물량을 아무도 정확하게 알지 못한다. 단지 우리가 알고 있는 것은 화장품의 수많은 공급망상에 실제 소비자의 수요보다도 더 많은 양이 공급되어 있다는 사실이다. 실제로 이 중에서 소비자에게 판매되는 양은 그다지 많지 않으며, 단순히 유통업체끼리(소매상, 중소형 도매상, 대형 도매상) 화장품을 주고받는 경우가 대

다수이다. 이것은 화장품뿐만 아니라 PC소모품이나 각종 문구와 잡화류의 유통에서도 나타나는 현상으로서 소비자의 수요변화(수요증대나 수요감소)와는 별 상관없이 그저 유통업체간에 제품을 주고받는 현상이다. 이것은 소비자지향적인 현대의 공급사슬관리의 시각에서 볼 때 엄청난 문제이다.

이와 같은 문제를 해결하는 간단한 방법은 소량씩 자주 주문하는 것이다. 그러나 현실적으로는 주문을 한꺼번에 많이 하게 되면 제조업체나 벤더 측에서 가격을 할인해 주기 때문에 단순히 Bullwhip Effect만 줄이기 위해 주문을 자주 하라고 한다면 실제로 잘 실행되지 않을 수도 있다. 또한 주문을 자주 하게 되면 전화나 팩스 등의 통신비가 증가한다. 그러나 EDI와 같은 정보기술의 도움으로 CAO(Computer-Assisted Ordering)를 하게 되면 상대적으로 비용이 감소된다. 그러나 Van을 사용한 EDI 주문의 경우에도 상당히 많은 발주비용이 들기 때문에 우리나라나 미국의 많은 업체들은 EDI 주문을 어느 정도 모아두었다가 한꺼번에 하는 경우가 많다. 따라서 실제의 주문량이 어느 순간에는 몰리고 어느 순간에는 적어지는 경우가 나타나는 것이다. 이와 같은 문제들을 예방하기 위하여 최근에는 Web-EDI를 적극적으로 도입하는 경우가 나타나고 있지만, Web-EDI는 아직 우리나라에서는 이른 개념이다. 국내의 유통업체 중에서 Web-POS를 도입한 업체나 Web-EDI를 도입한 업체는 현재 한 두 개뿐이며 2001년에 들어서서 몇 개의 개별 점포들이 Web-POS를 도입하고 있다. 그러나 앞으로는 이러한 방향으로 추진해야만 주문과 관련된 각종 비용을 줄일 수 있게 될 것이다.

또한 미국에서는 도로망이 잘 발달되어 있고 소매점의 자체 물류창고가 잘 완비되어 있으므로 CAO를 통해 자주 주문을 하는 것이 가능하다.

그러나 우리나라에서는 특히, 교통체증이 심각한 수도권에 위치한 점포의 경우에 몇 백 평 규모의 물류창고도 거의 없으며, 현재 몇 개의 대형 유통업체만이 용인 부근에 1,000평 이상의 물류창고가 있을 뿐 대부분의 수도권에 위치한 유통업체는 물류창고가 거의 없다. 따라서 자체 점포 내의 일정공간을 창고로 겸용해야 하는 입장에 있다. 이와 같은 상황에서 자주 주문을 하게 되면 배송비용이 엄청나게 들기 때문에 현실적으로 실행이 가능한지는 생각해볼 문제이다. Bullwhip Effect의 원인을 정확히 파악하기도 쉬운 일이 아니지만, 설령 알아냈다고 해도 현실적으로 해결하는 것은 더욱 쉽지 않은 것이다. 이를 위해서는 자사 물류보다는 제3자 물류(Third-Party Logistics)를 이용하는 것이 바람직한데, 제3자 물류는 가까운 곳에 위치한 많은 공급업체로부터 가까운 곳에 위치한 많은 점포로 한꺼번에 물류를 하기 때문에 자주 배송을 할 수 있다. 미국에서는 제4자 물류(Fourth-Party Logistics: Third-Party Logistics에 또 다른 외부 컨설팅업체나 정보업체가 투자하여 독립법인을 만들어 수행하는 물류형태)까지 발전하고 있는 반면에, 우리나라에서는 제3자 물류도 현재 도입 초기단계라고 볼 수 있다. 지금까지 Bullwhip Effect가 나타나는 현상을 간략히 설명하였다. Bullwhip Effect는 공급사슬관리의 핵심을 보여줄 수 있는 중요한 기법이므로 다음에서는 Bullwhip Effect를 관리할 수 있는 방법을 5가지로 나누어서 자세히 설명하겠다.

(3) Bullwhip Effect 관리방식

앞에서 설명한 Bullwhip Effect를 줄이면서 공급망의 수익성을 올리는 방법에는 크게 다음과 같은 다섯 가지의 방법이 있다.

(가) 공급망상의 목표와 인센티브 조정

공급사슬관리에서 행해지는 의사결정은 수익성 증대에 모든 초점을 맞추어야 한다. 많은 경우에 있어서 공급망상의 관리자들은 비용을 축소시키려고 노력하지만 이것이 실제적으로는 전체 비용을 증대시키거나 혹은 전체 수익성에 부정적인 영향을 주는 경우가 있다. 또한 소매상에게 마구 밀어내는 방식을 줄이는 것 역시 공급사슬관리의 수익성을 올리는 데 기여할 수 있다. 예를 들어, 제조업체의 세일즈맨이 소매상에게 판매하는 목표를 단기적인 관점이 아니라 장기적인 관점에서 판매에 치중하게 되면 소매상에게 밀어내는 물량이 상당히 줄어들게 된다. 이것은 소매상의 Forward Buying의 양도 줄이게 되므로 공급사슬 전체 측면에서는 수익성에 도움을 준다. Forward Buying이란 제조업체의 판촉행사 때문에 도매상이나 소매상이 미리 매입하는 것을 말하며, 미국에서는 소비자에게 판매되지 않았는데도 불구하고 제조업체의 판촉행사 때문에 도매상이나 소매상에서 구입하는 양이 전체의 약 25%라고 알려져 있다. 다시 말해서, 어느 제조업체에서 125개의 제품을 도매상에 판매하면 실제로 100개 정도만 소매상과 소비자들에게 직접 판매되고, 나머지 25개 정도는 유통재고로 도매상이나 소매상의 창고나 매장에 쌓여 있게 되는 것을 의미한다.

또 다른 방식은 제조업체의 세일즈맨에 대한 업무평가를 소매상에게 판매한 실적을 기준으로 하지 않고 소매상이 소비자에게 판매한 실적을 기준으로 평가하는 것이다. 실제로 미국의 Wal-Mart는 제조업체나 Vendor로부터 제품을 수납하면 즉시 대금을 지불하는 것이 아니라, Wal-Mart의 매장에서 소비자가 실제로 구매를 한(POS에서 그 제품이 최종적으로 소비자에게 판매되는 시점) 이후에 제조업체나 Vendor에게 대금을 결제한다. 다시 말하면, 제조업체나 Vendor가 Wal-Mart에 제품을 납품하여 몇 달이 지나도 그 제품이 실제로 소비자에게 판매되지 않으면 대금을 결제하지 않는 것이다. 이것은 철저한 소비자 위주의 공급사슬관리 기법으로서 소비자에게 판매가 되는 순간이 진정한 공급사슬관리의 목표가 달성되는 순간이라는 것을 현실업무에 철저하게 반영한 것이다. 이렇게 되면 소매상에게 아무리 많이 납품하여도 실제로 판매가 이루어지지 않으면 의미가 없어지므로 세일즈맨들은 소매상이 소비자에게 어떻게 판매하는지에 더욱 관심을 갖게 되어 Forward Buying의 부정적인 측면을 대폭 축소시킬 수 있다.

(나) 정보의 정확성 향상

Bullwhip Effect가 발생한 이유 중의 하나는 공급망상의 전 구성원들이 자신 바로 앞의 구성원만을 근거로 의사결정을 했기 때문이다. 예를 들면, 도매상은 소매상에게만 의존하고 제조업체는 도매상에게만 의존하였기 때문에 Bullwhip Effect가 발생하게 된 것이다. 실제로 공급망 상에서는 소비자와 직접 연결되는 소매상이 모든 정보획득의 핵심이다. 따라서 도매상과 제조업체가 소매상의 실제 판매자료에 근거한다면 Bullwhip Effect는 상당히 줄어들게 된다(Bullwhip Effect를 완전히 없애는 방법은 없으며 어느 대형업체가 제조-도매-소매를 모두 직접 수행하더라도 Bullwhip Effect가 약간씩 나타나게 됨).

이러한 것을 실제로 현실화시키는 방법에는 몇 가지가 있는데, 첫 번째 방법은 CRP(Continuous Replenishment Program)이다. 도매상과 제조업체가 소매상의 POS 데이터에 근거하여 제품보충에 나서는 것이다. 이러한 CRP는 원재료 공급업체나 도매상 혹은 제3자 기관이 관리할 수 있다. 대부분의 경우에 CRP는 소매상의 실제 POS 데이터의 판매자료에 근거하는 것이 아니라, 소매상의 창고로부터 제품이 빠져나가는 것에 근거하게 된다. 물론 이것은 실제로 POS 데이터와 약간의 차이가 있을 수 있다. 소매상의 창고와 소매점포의 수가 동일하다면 거의 차이가 없겠지만, 실제로 소매점포는 여러 곳에 있는데 소매상의 물류창고는 하나일 경우에 도매상의 입장에서는 어느 소매점포에서 판매가 되었는지를 바로 알기는 쉽지 않기 때문이다. 미국의 경우에 500개 이상의 소매점포를 가진 회사형 소매체인이 적어도 수 십 개가 넘는다. 물론 500개 이상의 소매점포를 가지고 있다고 하더라도 실제 소매점의 물류창고는 몇 개 정도이며 많아야 십 여 개에 불과하다. 따라서 모든 소매점포의 자료를 입수하여 분석하는 것은 정보의 양이 너무 많아지기 때문에 소매점포의 물류창고에서 빠져나가는 자료를 기준으로 분석하는 것이 일반적인 관행이다.

또한 VMI(Vendor-Managed Inventory)도 이와 같은 목적으로 활용된다. VMI란 제조업체에서 도매상의 재고를 관리하고 도매상이 소매상의 재고를 관리하는 것을 의미한다. 이것은 소매상의 모든 재고관리를 궁극적으로는 그 상위 레벨(도매상 혹은 제조업체)의 업체에서 수행함으로써 소매상에서 발생하는 정확한 판매정보를 도매상과 제조업체가 공유하려는 것이다. 미국에서는 Frito-Lay의 트럭기사가 소매점포에 가서 직접 재고관리를 한다. 현재 미국의 K-Mart는 50여 개 이상의 공급업체와 VMI를 수행함으로써 계절상품의 재고회전율이 3회전에서 9회전 정도로 증가하였으며, 비계절 상품의 경우에는 12-15회전 정도에서 17~20회전 정도로 증가하였다. 미국의 Fred Meyer의 경우는 이를 통해서 재고가 30~40% 삭감되었고, 재고보충률도 98%까지 증가하였다. VMI는 기본적으로 제조업체나 Vendor에서 소매점과 협의하지 않고 단독으로 수행하며, 소매점은 자사의 POS에서 인식된 양만큼 제조업체나 Vendor에게 대금을 지불하고 있다. 제조업체나 Vendor의 재고관리 수준을 소매점과 협의하면서 수행하는 형태가 최근에 활용되고 있는데 이것을 CMI(Co-Managed Inventory) 혹은 JMI(Jointly-Managed Inventory)라고 부른다. 이것은 제조업체나 Vendor가 예측한 양을 소매점에게 보고하고 이를 소매점이 확인한 후에 재고관리가 수행된다는 점에서 VMI보다는 한 단계 더 진보한 개념이다.

 소매상이 소비자에게 실제로 판매한 양을 나타내는 POS 데이터를 도매상과 제조업체와 공유하는 것은 공급사슬관리의 조정을 원활하게 하면서 효율을 증대시키게 된다. Van을 통한 EDI나 Web-EDI 혹은 XML을 통한 각종 정보의 공유는 공급사슬관리에 관여하는 업체들의 전체 효율화에 도움을 준다. EDI(Electronic Data Interchange)를 하게 되면 정확하게 정보가 전달되면서 어느 정도의 공급량 증대는 감소시킬 수 있으며, 공동으로 협력하여 생산계획이나 판매계획을 수립할 수 있게 된다. 이것이 최근에 각광을 받고 있는 CPFR(Collaborative Planning, Forecasting and Replenishment)의 기본적인 전제조건이다. 단순히 POS 데이터를 공유하는 것만으로는 충분하지 않다. 예를 들어, 어떤 청량음료업체가 전년도 6월에 대대적인 판촉행사를 시행하였다고 하자. 작년의 POS 데이터는 판촉행사의 결과자료를 보여주는 것이다. 그런데 금년 6월에는 이 제조업체에서 판촉행사 계획이 없다면 작년도의 POS 데이터를 제조업체와 소매상이 공유한다고 하여도 공급사슬관리 전체의 효율성이 그다지 높아지지는 않을 것이다. 제조업체는 소매상에게 금년에는 판촉계획이 없다는 정보를 제공하고 공동으로 판매를 예측하는 것이 바람직하다.

 CFAR은 원래 Wal-Mart와 P&G사가 공동으로 노력한 데서 출발한 것이다. 당초 두 회사는 단순히 공동으로 예측하고 배송하는 CFAR(Collaborative

Forecasting and Replenishment)를 수행하였다. 그러나 이것만으로는 부족함을 느끼게 되자 미국에서 공급사슬관리의 확산을 위해 노력하는 VICSA(Voluntary Interindustry Commerce Standards Association)의 협조를 받아서 CFAR에 계획기능(Planning)을 추가한 CPFR(Collaborative Planning, Forecasting and Replenishment)를 만들었다. 이것은 ERP(Enterprise Resource Planning)와 APS(Advanced Planning System 혹은 Advanced Planning and Scheduling: 두 가지의 용어가 다 활용되고 있음)의 두 가지 정보기술들을 활용하여 탄생하였는데 자세한 내용은 뒤에서 설명될 것이다.

(다) 운영효율성의 증대

일반적으로 재고보충기간을 단축시킴으로써 수요의 불확실성을 줄일 수 있다. 다시 말하면, 주별이나 월별 단위의 재고보충기간을 일별이나 2~3일로 단축시키면 수요의 불확실성이 어느 정도 감소된다. 이것은 특히 계절상품일 경우에는 계절에 맞게 적절히 보충하는 데에 그 의미가 있다고 할 수 있다. ASN (Advanced Shipment Notice)는 보충될 재고량을 배송 전에 소매점에게 알리고 실제로 배송될 때 이와 대조시킴으로써 재고를 보충하기 위해 들이는 노력을 감소시킨다. CR(Cross-Docking) 또한 공급망상의 각종 관련단계(제조업체와 도매업체, 도매업체와 소매업체)간에 제품이 이동되는 보충기간을 감소시키는 데 공헌하고 있다. Cross-Docking은 간혹 Flow-Through Transportation이라고도 불려지는데 이것은 배송된 물건을 창고에 보관하지 않고 배송과 동시에 바로 소매점별로 분류하여 배송하는 시스템을 말한다. 이를 통해 물류창고에서 적체되는 시간을 감소시킬 수 있으므로 당연히 재고보충기간이 짧아지게 된다.

생산량과 발주량의 기본단위(Lot Size)를 줄이게 되면 공급망상의 Bullwhip Effect를 줄이게 된다. 물론 발주량의 기본단위를 줄이는 것은 조달, 수송, 수납과 관련된 각종 재고비용을 대폭적으로 감소시킨다. 미국의 Wal-Mart와 일본의 7-Eleven은 기본단위를 줄여 많은 제품들을 동시에 배송시킴으로써 각종 비용을 절감하고 있다. 운영효율성과 관련하여 Bullwhip Effect를 줄이는 또 다른 방법으로서는 보통 Turn and Earn이라고 부르는 것이 있다. 이것은 현재 소매점들이 주문한 양을 기준으로 공급하는 것이 아니라, 실제로 과거에 소매점에서 판매된 양에 따라 공급하는 것이다. 이것은 실제 판매에 기초하고 있으므로 훨씬 더 정확하다고 할 수 있다.

(라) 가격전략 수립

통상적으로 구매를 할 때 필요한 양만큼을 구매하기보다는 어느 일정 수준의 여분을 두고 발주하는 경우가 현실에서 자주 발생한다. 왜냐하면 소매상이 실제로 필요한 양만을 구매하게 되면 소매상에 납품하는 Vendor의 입장에서는 예측이 쉽지 않으며, 소매상은 소비자에게 판매한 양만큼을 구매하게 되므로 실제의 구매량이 불규칙해지기 때문이다. Vendor의 입장에서는 항상 규칙적으로 소매상에게 납품을 하게 되면 제품의 공급관리가 상당히 편리해지므로 일정한 기본단위를 설정해 놓고 이 단위 이상의 구매를 요청하면 된다. 다시 말해, 통상적인 구매량에 따라 가격을 할인해 주면 실제로 필요한 양만큼을 구매하게 될 가능성이 높아진다. 그러나 기본단위에 근거하게 되면 구매하는 기본 양이 상당히 커져 소매상의 입장에서는 당장은 필요하지도 않은데 구매해야 하는 경우가 생기는 것이다.

또한 제조업체는 자신들이 생산한 양을 전부 판매하기를 원하므로 판매가 잘 되지 않으면 대부분의 경우에 도매상이나 소매상에게 판촉행사를 하게 된다. 이때 가격할인 조건을 내걸면서 대량구매를 유도하게 되기 때문에 앞에서 설명한 것처럼 도매상들이나 소매상들은 Forward Buying을 하게 되는 것이다. 이러한 판촉행사를 없애고 제조업체가 일정하게 판매를 하게 되면 Bullwhip Effect는 상당히 감소하게 된다. 이러한 방식 중에서 현실에서 사용되고 있는 것이 EDLP(Every Day Low Pricing)이다. EDLP란 소매상이 일년 내내 항상 최저가로 제품을 구매하여, 소비자에게도 일년 내내 항상 최저가로 제품을 판매한다는 방식으로부터 나온 가격전략이다. 소매상이 Vendor에게 일년 내내 항상 최저가로 구입을 하겠다고 요청하면 Vendor의 입장에서는 판매촉진을 할 여지가 상당히 줄어들게 된다. 미국에서는 Wal-Mart나 K-Mart와 같은 할인점들이 EDLP 전략을 애용하였으나 국내에서는 미국식 EDLP가 완전히 정착되지 못하고 있다. 미국의 할인점들은 일년 내내 최저가로 판매를 하므로 세일이라는 것이 없다. 국내의 할인점들이 저렴한 백화점(일반적으로 양판점이라고 불리어짐)식의 각종 세일행사를 하면서 EDLP를 한다고 주장하는 것은 현실적으로는 일년 내내 최저가로 판매하고 있지 않다는 것을 의미한다. 미국의 P&G사나 Campbell Soup과 같은 제조회사가 Wal-Mart나 K-mart와 같은 할인점들과 EDLP를 수행하여 Bullwhip Effect를 많이 줄인 것으로 알려지고 있다.

(마) 리드타임 단축

리드타임을 줄이는 것이 Bullwhip Effect를 감소시키는 또 다른 방법 중의 하나이다. 리드타임이 상대적으로 긴 공급망에 있어서 충분한 양의 안전재고가 있다면 몇 주 동안의 수요에는 안정적으로 대응이 가능하다. 그러나 리드타임이 몇 주라 하더라도 어느 정도 수요가 증대하는 경우에 이것을 소비자 수요가 대폭 증대하는 것으로 오인하게 되면 주문량이 많아지면서 공급망에 일종의 허수 주문들이 나타나게 된다. 리드타임이 상당히 짧은 경우에는 제품회전 기간이 빨라지므로 대규모의 허수주문이 발생하기는 힘들다. 보통 우유나 햄과 같이 식품점으로 매일 배송(Daily Dispatching)되는 제품의 경우에는 제품이 많이 판매된다고 해서 아무리 주문을 많이 하여도 실제적으로 공급량이 갑자기 증대되지는 않는다. 그 이유는 매일 소량씩을 배송하므로 배송차량이 상당히 작아서, 소매점들이 주문량을 늘리더라도 이에 맞게 갑자기 배송트럭의 용량을 늘리기도 힘들며 배송트럭을 추가 배치하는 것도 쉽지 않기 때문이다.

또한 소비자 구매주기가 조금 긴 닭고기의 경우에 있어서도 실제적으로 공급망이 널뛰기하는 듯한 Bullwhip Effect가 나타나기는 쉽지 않다. 2001년에 영국산 소의 광우병 파동으로 인해 대체수요로서 닭이 호응을 받았다. 물론 닭고기에 대한 소비자들의 구매가 증가한 것은 사실이었지만 공급망 전체로 볼 때 허수주문이 많지 않았다. 그 당시 국내에서 닭고기 공급체인으로 유명한 어느 업체는 하루에 약 20만 마리의 닭을 내수와 수출을 하였다. 공급망상에서 주문이 늘어나더라도 닭의 생산량은 어느 정도 한정되어 있기 때문에 갑자기 공급망이 팽창하지는 않았다. 또한 닭고기의 구매주기가 2~3일에 한번 정도로 짧기 때문에 도소매점에서 닭을 보관해 둘 필요성도 상대적으로 적었다. 그러나 일반 공산품의 경우에는 특정한 이유로 인해(정부의 정책변경, 국제적인 유가변화) 품귀현상이 나타날 것을 두려워하여 수요가 일시적으로(몇 주, 몇 달) 대폭 증대하게 되면, P&G사의 기저귀 Pampers에서 나타났던 Bullwhip Effect가 우리나라에서도 나타날 수 있다. 앞의 닭고기의 경우에는 공산품이 아니었기 때문에 Bullwhip Effect가 적게 나타난 것이다.

3. SCM의 환경

(1) 국내 SCM의 환경

국내에서는 해방 후 최근까지 수십 년 간 제조업체가 유통을 지배하는 제조업자 시장(Manufacturer's Market)이었다. 2001년에 들어서서 백화점 100여 개와 할인점 210여 개를 넘어서면서 국내의 몇 개 도시에서 부분적으로 유통업체들이 힘을 발휘하는 지역이 생기고 있다. 그러나 아직도 제조업체에 종속되어 있는 대리점 체제가 우리나라의 보편적인 상황이다. 이와 같이 제조업체가 전반적으로 지배하고 있는 상황에서 백화점이나 할인점과 같은 대형유통업체들이 우리나라 특유의 독특한 현상을 여러 부분에서 보이고 있으며, 이것은 공급사슬관리의 전반적인 효율성에 상당한 영향을 미치고 있다.

1960년대부터 우리나라에 본격적으로 선을 보인 백화점은 현재의 대형백화점 건물(대부분 5,000~10,000평 내외)을 완공하고, 대부분의 매장을 자체 운영하지 않고 외부업체에게 위탁운영하는 상황에 있다. 이와 같은 운영형태는 미국이나 유럽에는 거의 없으며 일본과 우리나라에서만 특화되어 나타나고 있는데 이러한 형태를 일반적으로 특정매입이라고 부르고 있다. 백화점은 입점업체(보통 협력업체라고 부름)에게 매장을 대여해주는 대가로 협력업체에서 판매한 매출액 중에서 일정 수수료(판매액의 20~30% 정도)를 받는 형태이다. 이러한 판매형태가 백화점의 전체 판매액 중에서 약 80% 혹은 그 이상을 차지하고 있다.

이에 반하여, 1990년대에 나타나기 시작한 할인점은 초기에는 대부분 백화점과 같은 운영형태를 취하였으나 현재는 많은 대형할인점(대규모 유통업체나 외국계가 운영하는 점포)들이 약 80% 내외의 직영매장을 운영하고 있다. 할인점이 백화점과 다르게 직영화로 들어선 것은 직영매장이 특정매입 형태보다 관리하기는 복잡하지만 수익성이 훨씬 높기 때문이다. 백화점이 주로 특정매입에 의존하는 데에는 이유가 있다. 1970년대 중반에 일본에서 국내로 들어온 어느 일본계 유통인이 우리나라 최대의 백화점을 건립하면서 일본식 특정매입을 본격적으로 시행하였다. 그 당시 우리나라에는 1960년대 이전에 세워진 열악한 환경의 몇 개 백화점이 있었고, 1960년대 후반에 조금 발전된 형태의 백화점이 한 개 세워졌으며 1970년대 후반에 초대형 백화점(현재까지 국내 백화점 1위)이 설립되게 되었다. 이 초대형 백화점의 설립 당시에는 국내에서 생산되는 제품을 수출하기에도 물량이 모자라는 형편이었다. 따라서 내수에 신경을 쓰지 않는 그 당시의 일류 브랜드들을 백화점(현재와는 달리 백화점은 그다지 일류 메이커들의 눈길을 끌지 못했음) 내에 입점시키기 위해서는 특별한 혜택을 줄 수밖에 없었는데, 그것이 바로 입점업체가 자체적으로 운영하게 하는 현재와 같은 특정매입 방식이다.

물론 전 세계에서 공급사슬관리의 기본적인 개념을 창출하고 현재까지 선도하고 있는 미국에서도 한국과 같은 특정매입의 형태는 일부 있다. 제조업체가 점포에서 위탁운영을 하고 재고를 다시 반품해가는 형태(Store Operation based on Consignment)이다. 그러나 이것은 특별한 경우(해외수입품, 수공예품, 한정된 기간에만 팔리는 일반 공산품)에만 주로 활용되며 전 미국 유통업체의 판매에서 극소수(5% 이내 정도)의 비율을 차지하고 있다. 특정매입과 같은 특수한 형태로 취급되는 제품에 대한 정보는 유통업체가 아닌 입점업체에서 가지고 있으며, 이 정보가 입점업체와 백화점간에 공유되지 않고 있다. 그 이유는 몇 가지가 있다. 첫째는 백화점들이 이 정보에 대한 절실한 필요성을 아직까지 느끼지 못하고 있는 것이다. 둘째는 입점업체 측에서는 이 정보가 자신의 경쟁력이며 자신을 백화점에서 퇴출당하지 않게 하는 보호책이라고 생각하는 면도 있기 때문이다. 셋째는 실질적으로 이 정보가 전산화되어 있지 않고 단순히 수기나 기억 속에(그것도 판매원 각각에게 분산되어 있음)만 남아 있기 때문이다.

미국에서 공급사슬관리는 1980년대 중반에 제조업체(대규모 제품생산업체)들을 시작으로 1980년대 후반에는 유통업체(의류업체)들이 시작하였으며, 1990년대 초반에는 유통업체(식품업체)들도 가세를 하였다. 현재는 대형 제조업체와 유통업체들 중에서 선두를 달리는 상당수의 업체들이 공급사슬관리를 하고 있다. 공급사슬관리는 제조업체 주도형과 유통업체 주도형이 있다. 누가 주도를 하느냐에 따라서 초점이 나누어지고 있으나 원재료 공급업체-제조업체-물류업체-유통업체의 공급라인 전체가 비용최소화를 공동으로 모색한다는 측면은 공급사슬관리의 큰 틀 안에서는 별 차이가 없다.

국내에서는 공급사슬관리가 1990년대 중반에 미국계 컨설팅업체 및 정보업체 그리고 대한상공회의소의 유통정보센터를 통해 소개되기 시작했지만, 본격적인 시도는 2000년을 넘어서면서부터였다. 공급사슬관리라는 경영기법이 인터넷 및 첨단 정보기술과 결합하면서 고도화되자 국내의 많은 기업들이 관심을 가지기 시작하였다. 물론 공급사슬관리를 본격적으로 시행하는 것은 쉬운 일이 아니다. 한 기업 자체 내의 모든 기능을 프로세스 중심으로 바꾸는 BPR이나 기업 내부의 전체 자원을 통합하여 관리하는 ERP도 국내에서 성공한 확률이 50%가 넘지 않는다. 또한 공급사슬관리는 기업 내부의 문제가 아니라 기업간의 문제이므로 실제로 국내에서의 성공확률이 현재로서는 30~40%대라고 볼 수 있다. 그러나 몇 가지 조건들이 충족되면 그 확률은 60~70%대로 급격하게 증가할 것이며 그 효력 또한 엄청날 것이다.

(2) 국내 SCM의 발전을 위한 전제조건

(가) 공급망상의 정보의 수집과 활용

공급사슬관리가 현실적으로 실행되기 위해서는 정보의 수집과 이의 활용이 절대적으로 필요하다. 최종소비자에 대한 판매정보를 입수하여 이를 소매업체, 도매업체, 물류업체, 제조업체, 제조업체의 공급자들이 공유하면서 총공급망에 속해 있는 모든 관련업체들이 전체적으로 이득을 얻어야만 공급사슬관리가 효율적으로 운영될 수 있다. 이때 최종소비자로부터의 정보입수는 POS가 제대로 운영되어야 가능하다.

그러나 우리나라에서 현재 운영되고 있는 약 90~100만여 개에 달하는 유통업체 중에서 POS가 완비되어 있는 곳은 10여 만 곳이 채 안 된다. 1980년대 중반에 우리나라 대형 백화점에 POS가 최초로 도입된 이후 현재까지 10여 년의 세월이 흐르는 사이에 대형점과 체인형 업체(체인형 할인점, 체인형 슈퍼, 체인형 편의점 등)에서만 주로 사용되고 있는 실정이다. POS 없이 SCM을 할 수 없다.

POS가 도입되지 않는 이유는 몇 가지가 있다. 첫째는 POS의 실제적인 효율성에 대하여 완전하게 이해하지 못하는 유통업체 점주들이 아직도 많다는 것이다. 둘째는 POS를 도입하게 되면 점포운영에 대한 모든 자료가 노출되어 판매가액의 10%에 달하는 부가가치세를 납부해야 하고 이를 기준으로 과세되는 종합소득세도 부담이 된다. 실제적으로는 POS의 효력을 모른다기 보다는 세금부담 때문에 POS를 사용하지 않는 경우가 더 많다고 볼 수 있다.

정부가 1990년대 후반부터 유통정보화의 중요성을 인식하면서 POS 도입에 대한 인센티브를 업체에게 제공하는 계획을 추진하고 있다. POS 도입 후의 매출액 증가분에 대한 세액경감을 20%까지 올리는 등, 정부에서 많은 노력을 하였으나 업체의 입장에서는 별로 이득이 된다고 생각하지 않는 것이 유통정보화의 걸림돌이 되고 있다. 현재 부가세 신고율은 실제적인 판매의 약 절반이나 그 이하가 되는 것으로 추정되고 있다. 이러한 상황에서 POS를 도입하게 되면 매출액이 적어도 2배로 증가하게 되는데, 200% 정도도 아니고 겨우 20% 정도의 세액경감만으로는 유통업체에게 실질적인 혜택이 전혀 돌아가지 않으므로 POS 도입을 유도하기가 어렵다.

(나) 소매업체에서의 POS 사용

현재 국세청에서 강력하게 추진중인 카드복권제도의 실시는 앞으로 신용카드 사용을 확산시키면서 무자료를 유자료화 시킬 수 있는 기반을 만들어가고 있다. 또한 제품별로 POS의 기본이 되는 바코드 사용을 의무화하고 있는 곳도 있는데, 화장품의 경우 2002년 1월부터 바코드 사용을 의무화하고 있어 당연히 POS 사용 압박이 증가하고 있는 것이다.

신용카드 사용이 완전히 보편화되어 투명거래가 정착되기 위해서는 소매업체에서 POS를 사용하고 유통업체와 제조업체간에 EDI가 완벽하게 갖추어져야 한다. 물론 Web-POS가 실시되면 더 좋은 것은 사실이다. 그러나 무엇보다도 관련 기업간의 완벽한 신뢰관계가 형성되어야 한다. 자사의 자료를 타사에게 넘겨주어야 하고 그 자료를 받은 업체는 공급사슬관리 목적으로만 그 자료를 활용하고 다른 목적으로 사용해서는 안 된다. 또한 제품을 신속하게 보충해주는 대신에 결제도 이에 상응하여 신속하게 처리되어야 한다. 과거의 어음 관행을 버리고 기업간의 구매카드와 같은 신용카드 형태의 결제가 완벽하게 갖추어져야 한다.

물론 공급사슬관리가 참여업체에게 이득만 주는 것은 아니다. 참여하는 업체들간의 주도권이 어느 한 업체에게만 주어지는 것이 아니므로 협업수준이 낮아지면 별로 이득이 없게 된다. 따라서 주도권 쟁탈을 하기보다는 참여하는 전체 공급망의 비용을 최소화하여 이로부터 생기는 이득을 참여업체들에게 균등하게 배분해야만이 지속적으로 유지될 수 있다. 또 다른 예상되는 문제점은 한번 공급사슬관리망이 구축되면 단시간내에 여기에서 이탈하는 것이 쉽지 않다는 점이다. 그러나 어떠한 이유에서든 공급사슬관리망에서 어느 기업이 이탈하게 되면, 전체 시스템이 붕괴되는 위험이 나타날 수 있다. 마지막으로 새로운 기술혁신의 결과로서 신제품 혹은 신기술이 지속적으로 나타나게 되면, 참여업체들이 이러한 새로운 제품이나 기술을 선호하게 되어 공급망이 붕괴될 수 있다. 그러나 이러한 문제점들을 공동으로 극복하는 것이 더 커다란 이득을 얻는다는 것을 상기하면서 국내기업들도 한번 시도해 보는 것이 바람직할 것이다.

(다) 유통업체와 제조업체간의 EDI 구축

POS에서 더 나아가 미국식 공급사슬관리의 기본이 되는 EDI는 현재 사용실적이 아주 미비한 상황이다. 미국의 경우 대부분의 대형유통업체는 50% 이상이 EDI를 사용하고 있으나 중소유통업체의 사용률은 10% 이하인 것으로 알려지고 있다. 우리나라의 경우는 30대그룹 안에 드는 몇 개의 대형유통업체들은 EDI를 많이 사용하고 있으나(약 80~90% 정도로 알려져 있음), 일반 대형유통업체의 EDI 사용률은 현재 10% 정도이고 중소유통업체에서는 거의 사용이 전무한 실정이다. EDI를 사용하지 않고 과거와 같이 수기를 통해서 전화나 Fax로 주문하게 되면 많은 시간과 비용이 들고 정확한 발주가 이루어지지 않기 때문에 공급사슬관리를 시행하는 데 장애요인이 된다. 공급사슬관리에서는 실시간 정보교환을 통한 정확한 수요예측과 이에 대한 정확한 대응이 핵심사항이 된다. 이를 위해서는 유통정보화 인프라가 완전히 구축되어야 하며 이에 대한 정부의 지원정책이 절실히 필요하다.

제3장 공급사슬관리의 분류와 활용성

I. SCM에 대한 다양한 관점에서의 분류

공급사슬관리는 다양한 연구자들에 의해 연구되어 왔다. 지난 1980년대 공급사슬관리라는 단어가 미국의 학계와 산업계에 중요한 개념으로서 대두되기 시작한 이후부터 공급사슬관리에 대한 각각의 논리를 주창하는 논자들에 의해 단순히 분파적인 관점에서 연구가 수행되어 왔다. 공급사슬관리는 이를 연구하는 대학교수들의 전공과 관심 분야에 따라서 분류될 수 있는데, 크게는 기능적(Functional)인 관점에서의 분류와 도구적(Implementational)인 관점에서의 분류로 나눌 수 있다. 이러한 분류는 필자가 독자적으로 개발한 분류방식이다. 기능적인 관점이란 공급사슬관리의 두 가지 주요 기능인 생산과 판매에 초점을 맞춘 것이며, 도구적인 관점이란 공급사슬관리를 직접 수행하는 데 있어서의 두 가지 중요한 실행도구인 조직과 정보에 초점을 맞춘 것이다. 이와 같은 분류

방식을 필자가 창안한 이유는 미국에서 공급사슬관리를 연구하는 수천 명 이상의 연구자들이 너무나 다양하게 분파되어 있어 이를 명쾌하게 설명하기 위해서이다. 국내의 경우도 예외는 아니어서 필자가 그동안 만난 공급사슬관리 연구자들의 분야가 너무도 다양하였다. 따라서 본서를 읽는 독자들에게 우리나라 산업 전체 측면에서 공급사슬관리를 명쾌하게 분석할 수 있는 하나의 틀을 제공하는 것이 학문적으로나 실무적으로 의미가 있다고 판단되어 필자가 본 장에서 그것을 제시하려는 것이다.

필자가 분석의 기본단위로 정한 기능적인 관점의 분류와 도구적인 관점의 분류를 설명하면 다음과 같다.
① 기능적인 관점의 생산적인 측면은 경영학의 생산관리를 전공하거나 산업공학의 경영공학을 전공하는 교수들에 의해 주도된 것이다.
② 기능적인 관점의 판매적인 측면은 경영학의 유통이나 물류를 전공하는 교수들에 의해 주도된 것이다.
③ 도구적인 관점의 조직적인 측면은 경영학의 조직이론을 전공하는 교수들에 의해 주도된 것이다.
④ 도구적인 관점의 정보적인 측면은 경영학의 경영정보시스템을 전공하거나 컴퓨터공학을 전공한 교수들에 의해 주도된 것이다.
이것은 주로 실무적인 연구를 하는 사람들에 의해서도 비슷하게 분류가 된다. 각각의 방법을 자세히 설명하면 다음과 같다.

(1) SCM의 기능적 관점에서의 분류

미국에서 공급사슬관리는 원래 두 가지 흐름이 주류를 이루어 발전되어 왔다. 하나는 1980년대 초반부터 발전하기 시작한 제조업체 중심의 생산과 관련된 공급사슬관리이다. 이것은 제조업체 내부적으로 중요한 문제인 효율적인 생산(예를 들면, 생산과정의 각종 수익최대화나 비용 최소화 문제들의 해결방법을 찾는 것)을 추진하는 도중에 제조업체의 내부적인 많은 문제들이 외부와 관련되어 있다는 사실에 착안한 것이다. 제조업체에 원재료를 납품하는 원재료 공급업자나 그 원재료 공급업자의 공급업자와 같이 제조업체에게 납품하는 업체는 물론, 제조업체에서 생산된 제품을 공급하는 도매업체나 소매업체와 같이 제조업체가 공급하는 대상업체들을 제조업체가 중심이 되어 효율적으로 관리하기 위해 만들어졌다.

제조 중심의 접근방법은 생산관리나 산업공학 전공의 교수들이 주도할 경우에 나타나는 것이다. 생산관리나 산업공학의 경우에는 제품을 효율적으로 생산하는 데에 초점이 맞추어져 있으므로 실제 생산비에서 가장 많은 비중을 차지하는 것이 원재료의 조달(Procurement of Law Materials)이다. 이러한 경우에 소비자의 관심을 끌 수 있는 제품을 생산하기 위해서 원재료를 어떻게 저렴하게 구매하는가로부터 논의가 출발되어 제조업체의 구매적(Procurement) 접근방법이 탄생한 것이다.

다른 하나는 1990년대 초반부터 생성된 유통업체 중심의 판매와 관련된 공급사슬관리이다. 이것은 소매업체들이 내부적으로 중요한 관심사항인 저가격 매입을 추진하려는 과정에서 제조업체와 협조하여 구매하게 되면 매입단가를 낮출 수 있을 것이라는 생각이 기반이 되었다. 이것은 소매업체에서 주도권을 가지고 제조업체와의 협의를 통해 제조업체뿐만 아니라 제조업체에게 공급하는 원재료 공급업자까지 관리하기 위해 시행되었다.

유통업체적 접근방법은 생산된 제품을 공장에서 각종 소매창고나 점포로 어떻게 저렴하고 더 효율적으로 배송할 수 있는가에서부터 시작된다. 수많은 도매상과 소매상들이 제조업체가 생산한 제품을 상호간에 주문하고 배송하며 대금을 지불하는 과정 중에서 나타나는 여러 조직간의 문제들(협력, 갈등, 제휴 등)을 해결하려는 데에서 생겨난 것이다. 유통업체적 접근방법에서는 주로 제품의 배송과 재고관리가 주요 문제로 대두되기 때문에 일반적으로는 물류적(Logistics) 접근방법이라고도 불리운다.

이 두 가지 흐름은 공급사슬관리를 어떠한 관점에서 보느냐에 따라 차이가 있다. 실질적으로 원재료 공급업자에서부터 제조업체, 도매업체, 소매업체간에 연계의 주체가 제조업체 혹은 소매업체인지에 따른 것이다. 제조업체 주도의 공급사슬관리는 제조업체의 생산지향적인 측면에 초점을 맞춘 것으로서 이에 대한 보완을 찾으려는 측면이 강하다. 소매업체 주도의 공급사슬관리는 소매업체의 판매지향적인 측면에 초점을 맞춘 것으로서 이를 보완하려는 경향이 강하다. 실질적인 의미에서의 추진상황에서도 많은 차이점이 있으며 공급사슬관리를 실질적으로 구현하려는 컴퓨터솔루션(Computer Solution)에서도 많은 차이점을 보이고 있다.

(2) SCM의 도구적 관점에서의 분류

공급사슬관리를 실제로 적용할 경우에 어떻게 수행할 것인가에 따라 두 가지의 분류가 가능하다. 공급사슬관리를 현실에 어떠한 방식으로 적용할 것인가에 따라서 주로 조직적인 접근방법에 치중하는 것과 정보기술적인 접근방법에 치중하는 것으로 나눌 수 있다. 조직적인 접근방법은 조직이론을 전공하는 교수들이 주도하는 접근방법이고, 정보적인 접근방법은 경영정보나 컴퓨터공학을 전공하는 교수들이 주도하는 접근방법이다.

조직적 접근방법은 치열한 경쟁환경하에서 기업경쟁력을 강화하기 위한 하나의 툴로서 기업 내부적인 범주를 벗어나 다른 기업들과 전략적 제휴를 맺어 통합된 시너지 효과를 모색하는 데 초점을 두고 있다. 공급사슬관리의 수많은 개념들이 전략적인 통찰력을 가진 사람들에 의해 개발되어 현재까지 사용되고 있다. 공급사슬관리의 성과를 객관적으로 측정하기 위해 개발된 도구인 BSC(Balanced Scorecard)나 활동분석을 가능하게 만드는 ABC(Activity-Based Costing) 모두는 조직 전공의 교수들이 기존의 개념에 그들 자신의 통찰력을 부가하여 개발한 것이다.

또한 정보적 접근방법은 정보기술의 발전으로 각종 시스템 통합기술이 발전함에 따라 기업 내부의 정보자원을 통합하는 데 가장 큰 비중을 두고 있다고 할 수 있다. 시스템을 개발하기 위해 필요한 각종 정보기술이나 공급사슬관리 관련업체 간에 실시간 통신을 가능하게 만드는 각종 기법들이 정보기술 전공 교수들에 의하여 개발되었다. 물론 이를 위해서는 실무자들의 많은 도움이 있었으며 정보기술 전공의 기본 흐름인 여러 기법들(Electronic Data Interchange, Computer-Assisted Ordering)이 개발되었다.

지금까지 논의된 기능적 관점에 의한 두 가지 접근방법 즉, 제조 중심의 구매적 접근방법과 유통 중심의 물류적 접근방법과 도구적 관점에 의한 두 가지 접근방법인 조직적 접근방법과 정보적 접근방법이 통합되어야만 전체적으로 균형이 잡힌 공급사슬관리가 수행될 수 있다고 할 수 있다.

2. SCM의 통합

(1) 통합분석의 틀

공급사슬관리는 어느 특정 학문이나 실무분야에서 통일감 있게 발전해온 것은 아니다. 과거 수십 년 전부터 일어나던 것들이 최근 들어 인간의 지식이 발전함에 따라 하나의 통일된 관점(Supply Chain Perspective)하에서 체계를 갖추어 가고 있는 것이다. 앞서 설명한 SCM의 분류를 토대로 본서에서는 하나의 통합된 틀로 공급사슬관리를 분석하고자 한다. 통합결과는 다음의 〈그림 3-1〉과 〈표 3-1〉에 나타나 있다.

〈그림 3-1 통합된 공급사슬관리의 관점〉

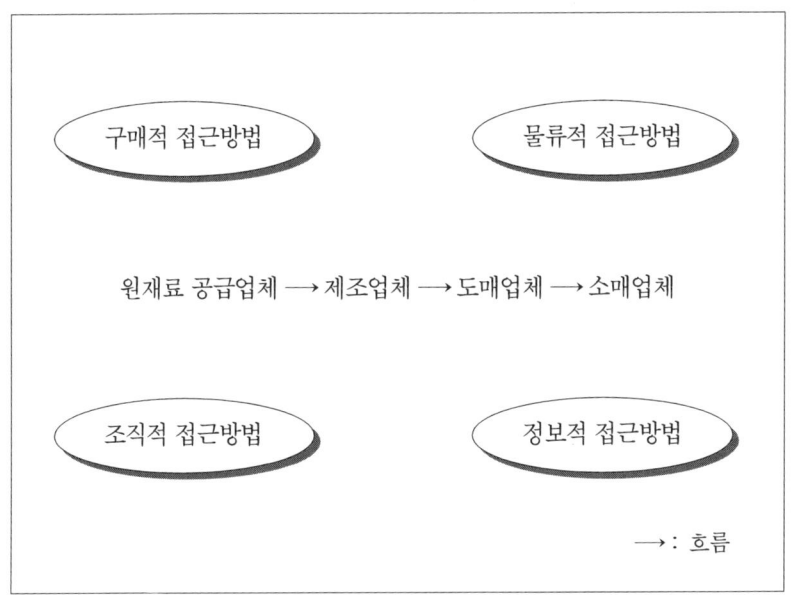

〈표 3-1 통합적인 공급사슬관리 분석〉

> **공급사슬관리의 기본개념**
> 　기업의 생산활동과 판매활동을 연계시켜서 원재료 공급업자로부터 소비자까지의 일련의 흐름(Flow)을 의미한다. 그것을 어떻게 보는가보다는 현실에 있는 것을 어떠한 방식으로 통합(Integration)하여 활용할 것인가에 비중이 더 주어진다.
>
> **공급사슬관리의 관점**
> 　여러 관점들이 논의될 수 있으나 크게는 다음과 같이 분류되어 논의될 수 있다. 구매적 접근방법(Procurement Approach)과 물류적 접근방법(Logistics Approach)으로 분류될 수 있는데 이것은 어떠한 활동들을 하느냐에 따른 분류라고 할 수 있다. 또한 조직적 접근방법(Organizational Approach)과 정보적 접근방법(Information Approach)으로 분류될 수 있는데 이것들은 어떠한 방법들을 사용하느냐에 따른 분류라고 할 수 있다.

(2) 통합관점의 특징

　본서에서 제시하는 통합관점(Integrative Perspective)은 지금까지 미국의 많은 학자들이 개별적으로 주창하여 온 것에 대한 각각의 핵심요소들을 포함하면서 이들 요소들을 논리적으로 연계하고 포괄하는 하나의 큰 틀이라고 할 수 있다. 본서에서 제시하는 통합관점의 특징은 다음과 같다.

● 본서에서 제시하는 통합관점의 핵심은 흐름(Flow)에 있다. 이것은 공

급사슬관리의 언어적인 의미와 일맥상통하고 있다. 다시 말하면, 공급사슬관리는 Supply Chain Management의 약자로서 여기서 가장 중요한 단어인 Chain은 흐름을 의미한다. 원재료 공급업체에서 제조업체로 원재료가 흘러가고, 이에 반하여 제조업체에서 원재료 공급업체로 원재료 대금이 흘러가는 것이다. 마찬가지로, 제조업체에서 완성된 제품은 물류업체로 흘러가고, 반면에 물류업체에서 제조업체로 제품대금이 흘러간다. 또한 물류업체는 제조업체로부터 전달받은 제품을 소매업체로 흘러가게 하고, 반면에 소매업체는 소비자로부터 받은 제품 판매대금의 일부를 제품 구매대금으로 물류업체에게로 흘려주는 것이다. 이와 같은 흐름이 Supply Chain Management의 핵심이다.

간혹 미국에서 Supply Management라는 단어가 사용되는데 이것은 Supply Chain Management와는 그 의미가 다른 것이다. 이것은 현대식 의미의 공급사슬관리의 한 부분으로서 제조업체가 원재료 공급업체로부터 어떻게 원재료를 원활하게 공급받는가를 의미한다. 즉 Supply Management는 공급사슬관리 전 과정에 참여하는 주체들의 흐름에 초점을 두는 것이 아니고, 단지 제조업체와 원재료 공급업체간의 국한된 관점에 해당한다고 할 수 있다. 21세기 공급사슬관리의 핵심은 흐름을 나타내는 Chain이라는 단어이다. 본서의 통합관점은 이 흐름을 가장 핵심적인 개념으로 간주한다는 면에서 20세기 후반에서부터 21세기 초반인 현재에 있어서 공급사슬관리의 주류적인 입장을 대변한다고 볼 수 있다.

◉ 본서에서 제시하는 통합관점의 범위는 지금까지 제시되었던 대부분의 것들을 포함하는 대형의 틀이라고 할 수 있다. 물론 지난 20년 가까운 세월 동안 제기되어 온 공급사슬관리에 관한 수 천명의 논자들의 연구결과나

논점을 완벽하게 포함시킬 수는 없다. 예를 들면, 몇몇의 논자들은 공급사슬관리를 기능적 접근방법(Functional Approach)으로만 해석하려는 경향이 있다. 이들은 공급사슬관리의 각 구성요소들이 독특한 자기 자신의 기능들을 보유하고 있으므로 기능적인 관점에서 공급사슬관리가 분석되고 연구되어야 한다고 주장한다. 그러나 이것은 일반적으로 공급사슬관리의 핵심인 흐름의 관점에서 보면 현대 공급사슬관리의 발전과는 역류하는 산업사회 시대의 개념이라고 볼 수도 있다. 예를 들면, 과거 19세기에서 20세기 중반까지 실제로 사용되었던 기능적 중심 경영(생산, 판매, 재무, 인사)의 관점에서는 어느 정도 타당성이 있다고 볼 수 있다. 그러나 20세기 말엽에서 21세기 현재에 주창되고 있는 공급사슬관리는 기능 중심의 분파적이고 정태적인 관점보다는 기업 외부를 넘어서는 통합 중심의 동태적인 관점에서, 자사가 보유하고 있지 못한 것을 다른 기업과 연계함으로써 긍정적인 시너지(Synergy) 창출을 목표로 하고 있으므로, 이러한 기능적 접근방법만으로는 논리적인 설득력이 적다고 할 수 있다.

또한 1990년대 초반에 미국과 국내에서 선풍을 일으켰었던 BPR(Business Process Reengineering)과 같이 과정적인 관점(Process Approach)에서 공급사슬관리를 논의하는 경우도 있다. 이것은 앞에서 논의되었던 것처럼 공급사슬관리 자체가 흐름을 중시한다는 측면에서는 BPR의 관점과 유사한 측면이 있다고 볼 수 있다. 그러나 기본적으로 BPR은 정보기술을 활용하여 어떤 특정기업 내부의 효율적인 통합을 도모한다는 것에 치중하는 데 반하여, 공급사슬관리는 어떤 특정기업이 아니라 기업간의 관련성을 효율적으로 통합시키려 한다는 점에서 다르다고 할 수 있다.

이와 유사하게, 1990년대 후반에서 현재까지 관심을 받고 있는 ERP(Enterprise Resource Planning)도 BPR과 비슷한 맥락으로 볼 때 공급사슬관리와는 다르다고 할 수 있다. ERP도 각종 정보를 통합하여 하나의 흐름의 관점에서 생산성 향상을 도모한다는 측면에서는 공급사슬관리와 비슷할 수도 있다. 그러나 BPR과 마찬가지로 ERP도 기업 내부의 관점에서 정보통합이 이루어지고, 공급사슬관리처럼 기업간에 정보통합을 이루는 것이 아니라는 측면에서는 다르다고 할 수 있다.

● 본서에서 제시하는 통합관점은 지금까지 주장되어 온 것들과는 달리 독특하면서도 균형이 잡혔다는 데에 또 다른 특징을 가지고 있다. 이것은 현재까지 발표된 미국의 수많은 공급사슬관리 관련 서적에서는 제시되지 않았던 틀이다. 또한 어느 한쪽 측면만을 강조하고 다른 측면이 상대적으로 소홀하게 취급되던 기존의 서적들과는 다르게 개념적 관점인 구매적 접근방법과 물류적 접근방법 그리고 실행적 관점인 조직적 접근방법과 정보적 접근방법을 모두 포괄하고 있다.

공급사슬관리를 실제로 수행하기 위해서는 개념적인 틀을 사용해 선행분석을 수행해야 하는데 이것은 구매적 접근방법과 물류적 접근방법을 통해서 가능하다. 또한, 개념적 분석 결과인 공급사슬관리 청사진을 가지고 실제로 공급사슬관리를 실행하기 위해서는 실행도구들을 활용하는 조직적 접근방법과 정보적 접근방법을 병행하여야 완성될 수 있는 것이다. 많은 경우에 있어서 조직을 기반으로 하지 않고 단순히 정보기술에 기반을 둔 공급사슬관리가 실행된다면 실패하게 되는데, 이것은 조직간의 전략적 제휴의 기본요소들인 신뢰구축(Trust Building)이나 권한부여(Empowerment)가 전제되지 않은데서 나타난 결과이다. 반대로 정보기술의 뒷받침 없이 전략적인 툴만을 가지고 정보전달(Information

Transmission)을 하는 것은 실제로 불가능하다. 이와 같은 현실적인 논점들을 포함한다는 점이 본서에서 제시하는 통합관점의 큰 특징이라고 할 수 있다. 다음의 2부에서는 본서에서 제시하는 4개의 부분을 각 장별로 자세히 다루게 될 것이다.

제 2 부

공급사슬관리의 이론

제4장 공급사슬관리의 기능적 관점 – 제조 중심
제5장 공급사슬관리의 기능적 관점 – 유통 중심
제6장 공급사슬관리의 도구적 관점 – 조직 중심
제7장 공급사슬관리의 도구적 관점 – 정보 중심

제4장 공급사슬관리의 기능적 관점
— 제조 중심

I. SCM의 제조업 중심의 성격

현재 미국에서는 공급사슬관리를 경영대학뿐만 아니라 공과대학에서도 주요한 연구주제로 간주하고 있다. 경영대학에서는 생산관리, 물류관리, 유통관리, 조직이론, 경영정보 전공자들이 공급사슬관리를 연구하고 있으며, 공과대학에서는 산업공학, 전자공학, 컴퓨터공학 심지어 토목공학이나 화학공학 전공자들이 공급사슬관리를 연구하고 있다. 이들이 다양한 학문적인 배경하에서 다각적인 측면을 다루다 보니 공급사슬관리에 대한 개념과 용어가 통일되지 않은 것이 사실이다. 그러나 중요한 것은 공급사슬관리라는 하나의 큰 주제 아래에서 다양한 연구방식을 통하여 다각적인 측면들을 통일시키고자 노력하고 있다는 것이다. 여기서는 이렇게 다양한 연구분야 중에서 몇 가지를 중심적으로 분류하여 분석해 보고자 한다.

공급사슬관리를 기능 수행의 관점에서 분석해 보면 제조업 중심과 유통업 중심으로 분류할 수 있다. 먼저 제조업 중심의 공급사슬관리를 설명하면 다음과 같다. 제조업 중심의 공급사슬관리는 전통적으로 경영대학의 생산관리나 공과대학의 산업공학 분야에서 개발되었다. 전통적으로 생산관리와 산업공학에서는 기업의 생산활동에 대한 보다 효율적인 수행방법을 연구해 왔으며, 생산계획이나 재고관리를 중심으로 다양한 개념들(Demand Forecasting, Aggregate Production Planning, Flexible Manufacturing System, Just-In-Time Production, Lean Production, Economic Order Quantity)이 개발되어 활용되고 있다. 제조업체의 관점에서는 기본적으로 기계와 각종 도구를 활용하여 원재료를 새로운 제품으로 창출하는 과정에서의 생산효율성을 높이는 방법을 모색하고 있다.

생산관리나 산업공학은 효율적인 생산을 위하여 생산입지최적화(Optimization for Factory Location)나 재고관리최적화(Optimization for Inventory Control)를 도모해왔다. 생산입지최적화란 최소비용으로 각종 원재료를 공급받고 제품을 생산하기 위해서는 어디에 생산공장을 위치시켜야 하는가를 말한다. 또한 재고관리최적화란 재고를 가능하면 최소화시키면서도 도매상이나 소매상의 요구에 적절하게 대처할 수 있는(다시 말하면, 도매상이나 소매상이 요청할 때에 즉시 배송이 가능하게 하는)것을 의미한다. 이와 같은 생산공장의 입지최적화 문제나 재고관리의 최소비용화 문제는 수학적인 기법들을 활용하여 수행이 가능하다.

1940년대의 제 2차 세계대전 때에 미국과 영국 군대에서 개발된 각종 수학적인 기법들을 1950년대 이후 미국 경영학에서 도입하여 활용했는데 이것을 Operations Research라고 부른다. 여기에는 다양한 수리적 기법들(Linear Programming, Mixed Linear Programming, Transportation Programming, Allocation Programming, Program Evaluation and Review Technique, Dynamic Programming, Economic Order Quantity, Simulation 등)이 개발되어 미국의 각종 산업현장에서 활용되고 있다. 이와 같은 기법들을 1990년대 이후에 컴퓨터 소프트웨어화 시켜서 현재 각종 공급사슬관리 소프트웨어로 활용하고 있다. 생산 중심의 공급사슬관리 소프트웨어 업체들인 i2 Technologies, Manugistics, Adexa, J. D. Edwards들은 각종 최적화 솔루션을 보유하고 있다. 이와 같은 대부분의 업체들은 ILOG에서 개발한 비슷한 모듈들을 내장한 여러 가지 소프트웨어를 만들어 전 세계의 공급사슬관리 컨설팅 업무에 활용하고 있는 실정이다.

이와 같은 생산최적화 문제를 해결하기 위해 그동안 제조업 중심으로 공급사슬관리가 개발되어 왔다. 그러나 최근 들어서 이와 같이 특정 제조업 중심의 공급사슬관리 즉, 특정 기업체 내부의 생산최적화 만으로서는 경쟁에서 한계가 있음이 알려지게 되었다. 즉, 생산관리나 산업공학의 관점에서만 업무를 효율화시키게 되면 다른 업무들(판매, 배송, 재고 등)과 적절하면서도 일관성 있는 연계가 안 될 때에는 전체적인 효율성이 달성되지 않을 수도 있다는 것이다.

생산관점에서의 수요예측은 과거의 자료에 근거하면 어느 정도는 가능하다. 예를 들면, 수십 년 동안의 과거자료(생산과 판매)를 기초로 시계열분석(Time-Series Analysis)을 하면 생산수요에 대한 예측이 어느 정도는 가능하다. 그러나 이러한 과거자료는 미래의 실제 소비자 수요를 반영해 주지는 못한다. 미래의 경제상황이 어떻게 변할 것인지에 대한 경제지표나 수출입동향은 물론, 실제로 소비자들이 미래에 얼마나 이 제품을 구매할 것인지에 대한 것도 반영되어야 한다.

2. 제조업 중심의 SCM 운영방식

각 국가의 기업들이 글로벌화를 추진하면서 전 세계로 진출하고 있다. 그러나 현재의 경쟁상황은 제품의 종류가 다양해지고 제품수명주기가 더욱 짧아지면서 글로벌 총공급망의 효율성을 유지하는 것이 더욱 어려워지고 있다. 또한 전 세계적으로 구축된 총공급망을 적절하게 통제하지 못하게 되면 재고관리비용, 배송비용, 제조비용이 증가하면서 당연히 고객서비스는 부실해지게 된다. 그럼에도 불구하고, 고객의 다양한 요구를 충족시켜야 하는 시장압력은 점점 더 증가해가고 있다. 이와 같은 상황을 감안하여 최근에는 다양화되는 제품을 효율적인 방식으로 관리하면서 대량생산을 통해 고객 개개인의 욕구를 충족시키는 방식(예; Mass Customization)이 바람직하다. 제조업 중심의 공급사슬관리에서 가장 중요한 부분중의 하나가 생산효율화이다.

예를 들면, Hewlett-Packard는 제품생산지연(Design for Postponement)이라는 방식을 활용하여 Mass Customization함으로써 이와 같은 복잡한 경쟁상황에 대처해 나가고 있다. 이 방식은 고객의 욕구가 정확히 알려질 때까지는 되도록 생산을 연기하다가 욕구가 확실해졌을 때 생산하는 것이다. Hewlett-Packard는 이와 같은 방식을 활용하여 새로운 시장에 침투함으로써 각 세분시장별로 고객점유율을 확대하고 생산비용, 배송비용과 재고비용을 획기적으로 감축시키며 고객만족을 크게 증대시킬 수 있었다. 이 같은 방식은 의류 산업에서도 활용되고 있는데 의류산업에서는 이것을 QR(Quick Response)라고 부른다. 이것은 Hewlett-

Packard의 제품생산지연과 비슷한 방식으로서 전년도 같은 기간의 매출실적이나 올해의 고객욕구와 상황을 파악한 후에 총 판매예상량의 약 60~70%를 대량생산하고, 나머지는 이 제품을 시판한 후 고객의 반응을 살피면서 바로 생산에 들어가는 것이다. Benetton도 이와 같은 방식을 활용하였다.

이와 같은 방식이 가능한 것은 생산을 일정기간 연기해가면서 기존 제품에 대한 고객들의 판매추이를 명확히 파악할 수 있도록 관련 정보를 획득하고 분석할 수 있는 시스템이 완비되었기 때문이다. 제품의 판매동향에 대한 기본적인 각종 자료들을 POS를 통해서 얻어 정확하게 실시간으로 분석해야만이 이와 같은 방식이 효과적으로 수행될 수 있다. 이것은 모두 큰 틀 아래에서의 공급사슬관리의 일종이라고 간주할 수 있다.

물론 생산지연방식은 여러 가지 조직적이며 기능적인 문제를 통합하면서 수행되어야 한다. 이 방식에는 여러 종류가 있는데 형태지연(Form Postponement)이나 배송지연(Logistics Postponement)이 있다. 예를 들면, 형태지연은 표준형태를 미리 설계하도록 공급업체에게 요청해 놓은 후에 각종 조사와 분석을 통해서 어느 정도 고객의 욕구가 파악되면 공급업체에게 이에 적합한 각종 형태의 생산을 요청한다. 이와 유사하게 배송지연에서도 공급업체에서 일정량만을 미리 생산하여 각 배송센터까지 배송하여 보관시켜 놓고, 만약 배송센터에 미리 준비된 것 이상으로 고객이 주문을 하면 공급업체는 즉각적으로 제품을 생산하여 배송센터까지 전달시킨다. 이러한 방식이 가능하기 위해서는 철저한 사전준비가 필요하며, 만약 이와 같은 것들이 체계적으로 수행되지 않으면 오히려 단위당 배송비용이 올라가고 고객서비스가 떨어지는 역효과를 낼 수도 있다.

제조업 중심의 공급사슬관리에서는 재고효율화 또한 중요하다. 제조업체의 관점에서 볼 때 공급사슬관리상에서 점포의 재고가 품절되는 이유 중의 하나는 제조와 유통의 입장이 서로 다르기 때문이다. 제조공장에서 제품이 생산되어 도매업체로 배송된 후 소매업체로 전달되어 소비자에게 판매되는 것이 일반적인 흐름이다. 이 과정에서 대부분의 선진국 제조업체는 토요일과 일요일에는 휴무를 한다. 우리나라는 아직까지 많은 기업들이 토요일에 근무를 하고 있지만, 앞으로 선진국처럼 주 5일 근무제가 정착되면 토요일과 일요일에 휴무를 하게 될 것이다. 반면에, 유통업체는 토요일과 일요일이 가장 바쁜 시기로서 일주일 전체 중에서 적어도 약 40%에서 많으면 50%를 훨씬 넘는 고객이 온다. 또한 일년 내내 영업을 하는 점포(예; 우리나라 외국의 편의점)들의 경우에는 하루 24시간 영업을 하고 있어서, 제조업체나 도매업체가 주로 휴무를 하는 토요일과 일요일 그리고 야간시간 대에는 제품을 공급받기가 힘들 수 있다. 이를 방지하려면 소매업체에서 자체의 대형 물류창고나 소매창고를 보유하고 있어야 하는데, 이것을 제대로 완비한 소매업체는 국내의 100만여 개 점포 중에서 천여 개도 안 된다. 따라서 대부분의 소매점포들에서는 주말에 손님이 몰리게 되면 물건이 부족해지는 현상이 나타나게 된다.

제조업 중심의 공급사슬관리에서 또 중요한 것 중의 하나가 공급망에서 요구되는 소비자 수요를 가능하면 정확하게 예측하는 것이다. 실질적으로 공급망에 관여하는 여러 조직들이 하나의 통일체를 이루어 소비자 수요를 예측하여 수행하게 된다. 공급망에서는 보통 두 가지 업무를 수행하는데 그 중 하나는 미리 사전에 주문받은 양에 대해 생산준비를 하는 것이며, 또 다른 하나는 예측생산을 하여 고객들의 구매에 대비하는 것이다. 통상적으로 공급망에서는 사전주문량과 예측생산량을 합하여 총생산량을 결정한다. 이때 사전주문량은 고정된 것이기 때문에 별 문제가 되지 않지만, 예측생산량은 언제든지 달라질 가능성이 있다. 이와 같이 예측생산량이 실제의 소비자 수요와 차이가 나는 데에는 다음 두 가지의 불확실성이 개입하기 때문이다.

불확실성 중의 하나는 생산과정에서 생산라인의 불안정성 때문에 생산이 불규칙해져서 발생하는 것이다. 다른 하나는 판매과정에서 배송라인의 불안정성 때문에 배송이 불규칙해져서 발생하는 것이다. 이 두 가지 중에서 생산과 관련된 불확실성은 공급망 내부에서 어느 정도 통제가 가능하지만, 배송과 관련된 불확실성은 공급망 외부에서 발생하는 것이므로 실제적으로 통제하기가 상당히 힘들다. 따라서 공급망 외부에서 야기되는 배송과 관련된 불확실성을 축소시키려고 노력하는 것이 상당히 중요하다. 물론 일반적으로 예측 그 자체는 생산과정에 큰 영향을 주지 않을 수도 있다. 그 이유는 예측을 통해 생산되는 양이 실제 소비자가 구매하려는 양과 차이가 생겨서 문제가 발생되는 것이지, 예측된 양을 생산하는 계획 그 자체가 문제가 되는 것은 아니기 때문이다. 공급망에 관련되는 회사들이 적어도 두 개에서 많으면 수백 개가 넘을 수 있기 때문에 이러한 회사들의 공통된 예측치에 기반하여 생산계획을 수립하는 것이 필요하다.

그렇지만 예측생산량이 실제 소비자 주문량을 엄청나게 초과하는 것은 사전에 방지하는 것이 바람직하다. 보통의 경우에 예측생산량과 실제의 주문량 간에 차이가 생기는 것은 고객의 주문량에 대한 정확한 정보가 없기 때문이다. 물론 과거의 자료를 어느 정도 참조할 수는 있으나 실질적으로 고객의 예상구매량을 정확히 예측하는 것은 상당히 어렵다. 최근 들어 소비자의 수요 예측을 지원하는 여러 가지 수학적인 기법들(예;

Regression Analysis, Moving Average Forecasting, ARIMA, Analytic Hierarchy Process 등)이 사용되고 있으나 아직까지는 정확도가 90%가 안 되는 것이 일반적이다.

이와 같이 어느 정도 소비자 수요가 예측된 자료를 기반으로 생산계획을 수립하여야 하는데 미국이나 우리나라의 현실에서는 예측된 자료들이 실제적으로 현장에서 잘 반영되지 않고 있다. 즉, 소비자 수요 예측치에 근거하여 합리적이고 복잡한 생산 스케줄링 작업을 해야 하는데, 실제로는 급변하는 현실의 시장상황을 반영하지 않고 단순히 전년과 대비하여 생산량을 증대하는 것이 일반적이다. 이렇게 정해진 목표생산량에 근거하여 여러 재무계획들이 수립되고 공급사슬관리가 운영되는 것이다. 다시 말하면, 실제의 소비자 수요 예측치에 근거하지 않고 전년대비 예측치에 근거하여 생산 스케줄링과 공급사슬관리 업무를 수행하는 것은 바람직하지 않다.

물론 어느 정도 판매예측을 잘 해서 성공하는 업체들도 있다. 예를 들면, 미국의 Warner-Lambert사와 Wal-Mart사는 인터넷을 이용해 협력하면서 판매예측의 정확도를 높이기 위해 상호간에 노력하고 있다. 이와 같이 인터넷을 통한 판매예측은 각종 지리적인 여건과 계절적인 변화들을 포함시킬 수 있으므로 점포의 각종 판매예측에 도움을 주고 있다. 즉, 제조회사인 Warner-Lambert와 유통회사인 Wal-Mart가 공동으로 노력하여 생산한 제품의 대부분이 소비자에게 판매되는 상황(다시 말하면, 예측생산량이 실제 소비자 수요와 거의 일치하는 상황)이 나타나는 것이다. 이 사례는 제조업과 유통업이 인터넷을 통해 상호간에 협력함으로써 제조업의 생산스케줄링을 원활하게 하는 하나의 좋은 방법임을 보여주고 있다.

3. 제조업 중심의 SCM 기법

앞에서 설명한 것처럼 제조업 중심의 공급사슬관리의 핵심 중의 하나는 생산 스케줄링을 소비자 수요에 얼마나 정확하게 맞추는가에 있다. 이러한 측면에서 미국의 제조업 중심의 공급사슬관리의 대표적인 기법으로 간주되는 것이 APS이다. 이것은 Advanced Planning System이나 Advanced Planning and Scheduling의 약자로서 두 가지 단어가 모두 사용되고 있다. APS는 정보기술을 활용한 분석적인 측면에서 상당히 급속하게 발전하고 있는 분야 중의 하나이다.

APS는 기본적으로 다양한 요소들(자원의 이용가능성, 공장의 생산능력, 다양한 기업목표)을 고려하면서 다양한 스케줄(어떤 제품을, 어디에서, 언제 그리고 어떻게 만들 것인가)을 계획하는 것으로서 전략적인 공급사슬관리나 재고관리계획 수립시에 각종 정보를 제공해준다. 또한 APS는 선형계획법(Linear Programming: 생산비용 최소화나 생산효율 최대화를 달성해 주는 수학적인 기법)과 같은 다양한 분석적인 방법들을 활용하고 있으며, ERP나 Legacy System에서 나오는 각종 거래자료들이 입력된다. APS를 활용하게 되면 공장의 세부적인 생산계획, 제조계획, 배송과정을 극대화시킬 수 있는 공급사슬관리 계획을 수립할 수 있다. 현재 전 세계에서 미국의 i2 Technologies가 가장 유명한 APS시스템 공급업체이다.

APS는 기본적으로 주요계획(Master Planning)이라는 틀 안에 여러 가지의 중요한 부분요소들을 포함하고 있다. APS의 주요계획은 크게 세 가지 부분으로 구성된다. 원재료 공급을 관장하는 조달(Procurement)부분의 핵심은 MRP(Material Requirement Planning)이고, 원재료를 결합해서 제품을 만드는 생산(Production)부분의 핵심은 Production Planning 과 Scheduling 이다. 그리고 생산된 제품을 소비자에게 전달하는 배송 (Distribution)부분의 핵심은 Distribution Planning과 Transportation Planning 이다.

주요계획(Master Planning)은 공급망을 따라서 흘러가는 각종 자원들을 일체화(Synchronize)시키는 것이다. 이와 같은 일체화를 통하여 공급망에 관련되는 기업들은 재고를 최소화시키려고 노력한다. 만약 공급망이 완전하게 연결되지 않았을 경우에는 참여하는 기업들이 각자 판단하여 어느 정도의 재고를 자체적으로 보유하게 된다. 그러나 공급망이 완전하게 연결되면 참여 기업들간에 중복적으로 보유하고 있는 재고가 축소되므로 공급망 전체의 재고는 감소하게 된다. 이와 같은 것이 효율적으로 이루어지기 위해서는 공급망에 참여하는 기업들이 노동력을 적절하게 활용해야 하며, 경우에 따라서는 기본적인 노동력 이외에도 초과 노동력을 투입하여야 된다. 따라서 정규 노동력과 초과 노동력의 투입 여부와 이것이 공급망에 미치는 효과를 비교하여 공급망 전체적인 측면에서 재고감소의 효율성이 평가되는 것이다. 이러한 주요계획은 공급망 전체적으로 정기적인 업데이트가 이루어지면서 통합되어야 한다. 그러나 실질적으로는 공급망과 관련된 모든 상황에 대하여 자료를 수집하고 이를 분석하는 것은 가능하지도 않으며 바람직하지도 않다. 그 이유는 공급망에 관련되는 기업들이 축약되고 종합된 정보를 얻어 실제 의사결정을 하기 때문이다.

APS의 핵심인 주요계획에는 주어진 목표를 달성하기 위해 운영관리 (Operations Research)상에서 활용되고 있는 여러 기법들이 사용되고 있다. 앞에서 설명하였던 선형계획법(Linear Programming)이나 정수계획법(Integer Programming)들을 들 수 있다. 주요계획은 선형계획법의 기법을 이용하면서 비용최소화의 목표를 달성하려고 한다. 다음의 〈표 4-1〉은 APS의 주요한 내용들을 나타낸다.

〈표 4-1 APS의 주요 내용〉

APS에서 최소화되어야 할 비용
- 생산비용: 생산량에 비례한 변동생산비
- 재고유지비용: 재고수준에 따른 재고비
- 초과생산비용: 초과생산에 따른 생산비
- 수송비용: 수송량에 따른 수송비

APS의 목표를 달성하기 위한 자료
- 매 분기별로 각 생산지역에서의 판매예측자료
- 각 생산공장별로 이용가능한 정기적인 생산가능자료
- 각 공장에서의 최대초과생산량
- 각 공장에서 생산되는 제품의 생산효율성
- 각 배송창고에서의 제품별 최소안전재고 수준

APS에서 기대되는 결과
- 각 분기별로 각 배송창고별로 각 제품에 대한 최소안전재고 수준과 계획된 재고수준간의 계절별 재고수준 차이
- 각 분기별로 각 공장에서의 초과근무 업무량

4. 국내 SCM의 실제 사례 : 제조업 중심의 가전제품 판매

(1) 가전제품 판매방식

국내에서 가장 중요한 제조업으로 간주되고 있는 산업 중의 하나가 가전산업이다. 가전산업은 1950년대 말기에 금성사(현재의 LG전자)가 뛰어든 이후에, 1960년대 말에 삼성전자가, 1980년대 초반에는 대우전자가 참여하여 가전3사 체제를 유지하여 왔다. 가전3사에서 제조는 물론 자사 제품만을 취급하는 대리점을 완전히 통제하면서 유통 또한 지배함으로써 철저하게 제조업 중심의 공급사슬관리를 유지해 왔다. 특히 자사가 생산한 제품을 자사 제품만을 취급하는 대리점에게 공급하면서 제조와 유통의 균형을 맞추어 왔다. 가전3사들은 제품을 생산하여 자사의 주요 유통망인 대리점에 공급하는 순간에 매출로 확정지었다. 다시 말해, 실제 시장에서 소비자가 구매하는 것과는 상관 없이 가전사가 대리점에 제품을 공급하는 순간에 가전사의 매출로 처리한 것이었다. 물론 대리점은 가전사로부터 제품을 공급받아서 소비자에게 판매하기 위해 노력한다. 이때 운이 좋아서 소비자에게 모두 판매하면 그 대리점은 성공을 한다. 그러나 가전사로부터 공급받은 물량을 소비자에게 모두 판매하지 못하고 남기게 되면 어느 정도는 이월시켜서 나중에 판매하기도 하지만, 시즌이 끝나거나 유행이 바뀌는 제품은 덤핑시장에 헐값에 내놓게 되는 것이 보통이었다.

이러한 제조업 중심의 공급사슬관리 체제가 지난 1950년대 이후부터 1990년대 초반까지 철저하게 유지되어 왔다. 그 당시까지 해외 가전업체(특히 일본업체)가 국내에 진출하는 것을 막기 위해서 제정된 수입선다변화정책(일본업체의 제품이 국내에 일정부분 이상 들어오지 못하게 막는 정책)이 유지되어 왔다. 국내 가전3사는 해외업체의 도전이 없는 상황에서 가전3사간에 적절하게 경쟁을 하고 타협을 하면서 시장체제를 유지해왔다. 이러한 제조업 중심의 공급사슬관리가 가능할 수 있었던 가장 근본적인 이유는 가전3사가 우리나라 유수의 재벌그룹인 것에 반하여, 가전 대리점들은 모두 직원 서너 명을 둔 영세업체였기 때문이다. 가전 대리점들로서는 가전3사의 지시를 어기게 되면 가전제품을 공급받을 수 없었기 때문에 가전3사가 시키는 대로 할 수밖에 없었다.

이와 같은 상황이 바뀌게 된 것은 1993년에 국내 최초의 미국식 할인점인 이마트가 오픈을 하였고, 1996년에 국내 유통시장의 전면 개방으로 까르푸를 비롯한 해외업체들이 진출하기 시작하였으며 또한 1998년에 수입선다변화 정책이 완전히 해제되어 일본 가전제품들이 국내에 들어오기 시작하면서부터이다. 1998년부터 2001년까지의 IMF 시대에 국내에 200여 개 이상의 할인점들이 개점하면서 국내 가전대리점들의 상당수가 위축되게 되었다. 1993년에 5천여 개로서 국내 가전유통 전체 매출액의 90%를 차지하였던 가전대리점 중에서 2001년에 실제로 제대로 영업을 하고 있는 가전대리점의 숫자가 2천여 개 이하로 줄어들면서 국내 가전유통 전체 매출액의 약 40~50%를 차지하게 되었다. 이러한 상황은 앞으로 더 가속화되어 결국 가전대리점은 약화되고 새로운 SCM이 형성될 것이다. 이와 같은 상황에서 앞으로 2010년까지 가전제품에 대한 공급사슬관리의 변화에 대해 다음과 같이 설명할 수 있다.

(2) 가전제품 공급망의 새로운 변화방향

● 앞으로의 전자유통은 기존의 대리점체제와 더불어 대형할인점이나 전자제품전문점들의 체제가 공존하게 될 것이다. 현재의 대리점들 중에서 자체

적인 경쟁력을 갖추지 못하고 있는 점포들은 상당수가 판매부진에 처해 수익구조가 점점 악화될 것이다. 또한 전자대리점들이 일년에 적어도 수십 억원 이상의 판매를 달성해야 어느 정도 바잉파워를 가지고 전자메이커들과 가격협상력을 가질 수 있다. 따라서 판매량이 이에 못 미치는 전자대리점들은 소매대리점 십여 개 혹은 수십 개의 물량을 취급하는 도매대리점을 통한 공동매입을 활용해야 한다. 그러나 이것 역시 공동매입한 물량을 보관할 물류창고가 완비되어 있거나 도매대리점에서 소매대리점으로의 배송루트가 적절하게 준비되어 있어야만 공동매입의 힘을 발휘할 수 있다. 현재로서 도매대리점은 단순배송에 치중하고 자금력도 약하며 소매대리점들간에는 단결력이 약해 실제로는 공동매입이 잘 안 되고 있다.

전자대리점을 약화시키는 것에는 전체 매장 중에서 일, 이백 평 정도를 전자제품에 할당한 할인점들을 비롯하여, 일, 이백 평 정도 규모의 점포를 가진 전자전문점들이다. 할인점들이 그동안 전자대리점을 통해서 제품을 매입하다가 최근에 전자메이커를 통해 직접구매를 할 수 있게 된 것은 그들의 엄청난 바잉파워 때문이다. 현재 국내의 주요 6개 업체의 대형할인점은 앞으로 10년 이내에 3개 혹은 많아야 4개의 업체로 재편될 것이다. 각 할인점 체인들의 점포 수는 많으면 50여 개에서 적어도 30여 개를 넘는 규모가 될 것이다. 또한 현재 2개의 전자용품 전문점들도 지금보다는 아무리 적어도 1.5배 이상의 점포 수를 보유하게 될 것이다. 이때 할인점 체인이나 전문점 체인 어느 것이든지 단일 체인에서 연간 천억 원에서 많으면 수천 억 원 정도의 가전제품 매출을 달성하게 되면 전자메이커에서 이들을 통제하기가 쉽지 않게 된다. 빠르면 앞으로 5년 정도에 할인점과 전문점 체인업체들의 가전 총 매출이 3조원 이상(전자메이커의 약 40% 이상의 매출)을 달성하게 되면 어떠한 전자메이커도 이들을 감당하기가 힘들어진다.

　전자제조업체가 할인점과 전문점에 납품하는 가격이 기존 대리점에 납품하는 가격보다 약 5%~10% 정도 저렴해지면 할인점과 전문점은 대리점과 비교해 인건비를 포함한 판매관리비가 훨씬 적어지고 또한 체인형태의 장점인 간접비 축소가 가능하다. 이렇게 되면 전자대리점은 할인점과 전문점에 가격경쟁을 할 수 없게 되어, 고객밀착형 영업(안면장사, 친밀장사, 고객정보 활용장사)으로 경쟁해야 한다. 특히 월 매출액 수억원 이상의 전자대리점은 자체적으로 경쟁해 나갈 수 있지만 나머지 대리점들은 자체 경쟁력을 갖추기가 힘들어진다. 이것을 보완하기 위하여 전자제조업체는 자사에서 강한 통제가 가능한 방식으로서 일종의 전자양판점시스템을 활용하고 있다. 자본을 투자해 법인형태로 운영하면서 기존 직원을 고용하여 인적 유대관계를 가질 수도 있다. 그러나 이것은 직접유통비용이 상당히 소요되는 방식으로 볼 수 있다. 전자제조업체로서는 현재의 전자유통의 구조를 면밀히 분석하여 미래의 발전방향에 부합하는 새로운 유통방식을 점차적으로 모색해야만 한다.

● 앞으로 전자유통 도소매업체들의 경쟁력을 강화시키기 위해서는 전자전문상점가나 집적상가의 형태로 나아가야 한다. 앞에서 언급된 것처럼 전자전문 도소매업체들의 경쟁력은 시간이 지날수록 약해질 것이다. 국세청의 카드사용 의무화가 가속화되어 무자료거래가 어려워지면서 도매대리점들의 경쟁력은 더욱 약화될 것이다. 따라서 소매대리점들은 할인점과 전문점에 비해 한 곳에 집결하여 경쟁력을 강화하기 위해 노력해야 한다. 현재 국내에 다수의 집적상가(서울용산, 서울테크노, 대전둔산, 광주금호, 대구유통단지, 부산전자상가)가 있으며, 앞으로도 이러한 형태의 집적상가가 계속해서 설립되어야 한다.

수백 개 내지 수천 개의 점포가 입점하여 대형화 집적단지를 만들면 어느 정도 효과가 나타날 수가 있다. 기존의 집적상가들은 자체 물류창고가 없고 또한 사업을 체계적으로 운영할 수 있는 여건이 되지 못했지만 앞으로의 집적상가들은 이러한 것들을 보완해야 할 것이다. 개별업체들끼리 자금을 모으는 것은 현실적으로 불가능하며 마진율이 상당히 낮은 전자유통업체에 대형자본이 들어오기도 쉽지 않은 일이다. 그러므로 정부의 적극적인 지원이 필요하다.

● 전자유통업에도 인터넷의 발전을 통한 온라인 비즈니스가 영향을 미치고 있다. 물론 우리나라에서 온라인 비즈니스만으로 수익을 얻는 업체는 현재 거의 없으며, 앞으로도 수년 동안 나오기가 힘들 것이다. 이것은 온라인 비즈니스의 창시국인 미국에서도 마찬가지이다. 그러나 새로운 전자제품에 대한 광고나 자사고객에 대한 온라인서비스 마케팅의 관점에서 온라인 비즈니스는 앞으로도 계속 수행될 것이다. 더불어 정부에서 온라인 비즈니스를 국가정책적으로 장려하는 것도 하나의 요인이었으나 작년말부터 장려의 강도가 점점 줄어들었고, 온라인 비즈니스를 통한 전자대리점 전국조직 결성도 시들해졌다.

따라서 이러한 정부지원적인 온라인 비즈니스보다는 전자제품의 오프라인 광고비나 고객관리비를 줄여 온라인으로 일대일 광고와 서비스를 한다고 가정하면 온라인 비즈니스를 하지 않을 이유가 없다. 만약 온라인 전자유통업체에서 높은 물류비용 문제를 해결해낼 수만 있다면(야간배송, 제3자 물류, 공동물류 등을 활용하여) 온라인 비즈니스 자체로서도 어느 정도의 수익을 창출할 수 있을 것이다.

● 정보기술이 급속도로 발전하면서 앞으로의 전자유통도 정보기술과 접목

되어 나가야 할 것이다. 고객관리의 효율화를 모색하는 고객관계관리(Customer Relationship Management: CRM)도 활용해야 한다. 비용이 많이 들어(수억 원에서 수십 억 원의 소요비용) 개인형 전자유통업체에서 수행하기는 힘들지만 체인형 전자유통업체(전문점 체인)의 경우나 혹은 전자메이커가 자사 도소매대리점을 위해 최종소비자 고객관리를 하는 방식은 가능하다. CRM은 최근에 유통업체의 주요 화두로서 부각되면서 앞으로는 전자유통업에도 적극적으로 도입될 것으로 예상된다.

그러나 더욱 중요한 것은 전자유통업에 공급사슬관리를 과감하게 도입하는 것이다. 공급사슬관리는 전자제조업체의 협력업체로부터 전자제조업체, 도매대리점, 소매대리점을 연계하거나 또는 전자제조업체와 할인점 혹은 전자제조업체와 전문점을 연결하는 방식으로 될 수 있다. 기존의 특정 기업체 내부의 각종 정보의 효율화를 도모하던 기법(예, BPR 등)을 넘어서서 관련 업체를 하나의 연결선으로 이어 서로 간의 신뢰를 바탕으로 재고비용과 수송비용의 최소화를 도모하면서 공급망 전체의 효율화를 모색하는 공급사슬관리를 전자유통업체들도 적극 도입하여야 한다.

전자유통업은 마진율이 너무 적어서 어느 특정업체의 노력만으로는 수익을 남기기가 힘들다. 따라서 앞으로는 자사와 거래하는 업체들(그것이 원재료 공급업체이든 도소매업체이든 간에)과 여러 가지 효율적인 방식들(Bullwhip Effect Minimization, Cross-Docking, Information Centralization, Safety Stock Control 등)을 활용하여 공급망 전체의 효율을 극대화함으로써 수익을 올리고 이를 관련업체들이 균등하게 배분하는 방식이 개발되어야 한다.

규격공산품인 전자제품의 생산합리화가 지난 세기에 어느 정도 둔화된데 이어 금세기에는 유통합리화도 둔화될 것이다. 그러면 무엇으로 전자유통업체들(전자메이커, 전자도소매 대리점, 전자제품취급 할인점과 전문점)은 수익을 낼 수 있는가? 해답은 표준화와 정보화이다. 체인형 점포의 확대를 통해 표준화를 적극 모색하면서, 타업체보다 먼저 최첨단 정보화를 구축해서 경쟁력을 강화해야 한다. 또한 이를 바탕으로 표준점포모형(Store Prototype)을 만들어 모든 점포의 개점비용과 운영비용을 최소화하고, 경쟁력 있는 정보화(Web Pos-based Supply Chain Management)를 통해서 수발주비용과 재고관리비용의 최소화를 동시에 추진하여야 할 것이다. 길은 있지만 누구나 경쟁력 있는 길을 걷는 것은 아니다. 경쟁력 있는 길을 남보다 빨리 먼저 걷는 업체만이 승리자가 될 것이다.

제5장 공급사슬관리의 기능적 관점 — 유통 중심

I. SCM의 유통업 중심의 성격

공급사슬관리는 원재료 공급업체-제조업체-도매업체-소매업체-소비자로 구성되어 제품이 이러한 공급사슬을 따라 흘러가게 된다. 여기에서 공급사슬의 가장 핵심이 되는 구성원은 소비자이다. 물론 소비자는 공급사슬 자체의 구성원은 아니지만 공급사슬을 통해서 전달되는 제품을 구매하고 그 대가로 돈을 지불하는 주체이다. 따라서 공급사슬 자체에서 부가가치가 형성되어도 그것이 소비자에게 부가가치로 인식되지 않으면 공급사슬에는 도움이 안 된다. 또한 소비자는 소매업체로부터 제품을 구매하면서 공급사슬의 가치를 인정하는 대가로 대금을 지불하게 된다. 공급사슬에 관여된 모든 업체들(원재료 공급업체-제조업체-도매업체-소매업체)은 소비자로부터 받은 대금에서 공급사슬을 유지하거나 운영하는 데 들어간 원가를 제외한 이익을 나누어 갖기 때문에 이러한 의미에서 소비자는 공급사슬관리의 가장 중요한 대상이라고 할 수 있다.

　소비자의 요구사항을 가장 잘 알고 있는 공급사슬의 구성원은 물론 소매업체이다. 따라서 이들은 공급사슬에서 중요한 역할을 하게 된다. 1980년대 이전 미국에서도 공급사슬관리라는 개념이 생성되지 않았을 당시에 제조업체에서는 단순히 과거의 판매실적에 근거하여 기존제품을 지속적으로 출시하거나 혹은 신제품을 개발하여 판매하였다. 따라서 제조업체로서는 자사가 출하한 제품이 어디에 있는지 즉, 도매상이나 또 다른 소형도매상 혹은 소매상에 있는지 아니면 소비자가 구매했는지에 대한 정보를 알 수가 없었다. 단순히 도매상이나 대형소매상에게 제품을 공급하면 소비자에게 모두 판매된다고 생각하였다. 따라서 제품이 출하되면 그만큼의 새로운 제품을 만들어서 또다시 출하시킬 것이다. 이러한 상황은 미국에서 공급사슬관리가 도입되기 이전에 거의 모든 제품의 판매에서 나타났다. 그러나 1980년대와 1990년대에 여러 가지 공급사슬관리 기법들이 개발되어 적용되면서, 이제는 소매점포에서 소비자가 제품을 구매하는 즉시 제조업체에서 실시간 생산에 들어가는 시스템으로 변화하고 있다. 물론 이것은 여러 가지 정보기술과 통신기술의 발전이 가져다 준 결과이다.

　미국에서처럼 우리나라의 거의 모든 공급사슬관리에서 미국식의 상황이 그대로 재현되었다. 2002년 현재 우리나라에서는 공급사슬관리를 막 도입하기 시작한 수십 개의 대기업체를 제외하고는 거의 모든 제품의 판매에서 1970년대의 미국식 상황이 그대로 재현되고 있다. 예를 들면, 제약회사에서 의약품을 도매상에게 공급하면 수많은 도매상들이 이것을 약국에 제공해준다. 현재 국내 대부분의 제약회사는 연매출이 1천억 원을 넘지 못하는 경우가 대부분이며 의약품도매상 역시 연매출이 100억 원을 넘는 경우는 서너 개에 불과하다. 이와 같은 상황에서 새로운 의약품이 나오면 연매출이 1천억원이 넘는 제약회사는 TV나 Radio광고를 하지만, 대부분의 영세한 제약회사는 광고할 엄두도 내지 못하고 단순히 도매상에게 약을 넘기는 일에 급급할 뿐이다. 이때에 제조원가가 몇 십 원인 의약품을 몇 백원씩의 마진을 보장해주어야 도매상은 그러한 의약품을 공급받는다.

그리고 도매상은 대부분의 경우에 이러한 의약품을 약국에 몇 백원씩의 마진을 보장해주면서 공급한다. 약국은 이와 같은 무명제품을 소비자에게 거의 강권하면서 판매를 한다. 이와 같은 무명제품은 TV나 Radio 광고를 하는 제품과 거의 유사하게 디자인되고 명칭 또한 비슷하여 소비자가 얼른 보면 식별을 잘 하지 못한다. 의약분업이 시행되기 전에는 소비자가 약국에 와서 증상을 말하면 유명제품과 효과가 동일하고 값은 훨씬 저렴하다고 하면서 무명제품을 강권하는 것이 비일비재했다. 의약분업이 시행된 현재도 의사처방이 필요 없는 각종 간단한 OTC 제품들(Over-The-Counter 제품: 의사처방이 필요 없는 수 십여 가지의 기본 제품들)의 경우에 이와 같은 현상이 나타난다. 또한 약국에는 소비자의 의약품 구매에 대한 자료가 거의 없고, 의약분업이 시행된 후 최근에서야 컴퓨터에 단순히 엑셀프로그램 정도를 활용하고 있는 실정이다. 그러나 이러한 정보는 약국 자체적으로 소비자관리를 위해 준비한 것이며, 공급사슬에 따라서 도매상이나 제약회사로 정보를 전달하려고 준비한 것은 아니다. 현재로서는 국내의 유명 제약회사이거나 무명 제약회사이건 간에 자사에서 출시한 의약품이 어디에 있는지를 알 수 있는 방법이 없다. 제조업체는 그저 새로운 의약품을 제조해서 도매상이나 약국으로 내보내고 있을 뿐이다.

이와 같은 현상은 의약품 이외에도 화장품이나 가전제품에서도 비일비재하다. 국내의 화장품 제조업체 중에서 연매출이 1천억 원을 넘는 업체는 현재 서너 개 정도이며, 나머지 이백여 개에 달하는 것으로 알려진 화장품 제조업체들은 연매출이 거의 전부 1천억 원이 안 된다. 화장품이나 의약품 모두 상황은 거의 비슷하다. 반면에 국내 가전판매 연매출만 거의 2조원에 달하는 국내 굴지의 재벌그룹내 가전제조업체들도 화장품 제조업체나 의약품 제약회사와 거의 비슷한 실정이다. 1990년대 말엽부터 가전제조업체들이 미국식 공급사슬관리시스템 구축에 나서고 있으나 현재 보완되어야 할 사항이 너무 많은 상태이다.

연매출이 몇 백 억을 넘는 업체도 거의 없는 안경, 문구, 악세사리의 경우는 상황이 더 나쁘다. 이들은 정상적인 공급사슬을 활용하기 힘든 경우가 너무나 많다. 정상적인 공급사슬이란 공급사슬을 따라서 제품이 판매되면 세금계산서가 발부되어서 공급사슬관리에서 획득한 이익 중의 일부를 부가가치세로 납부하는 것을 의미한다. 그러나 안경, 문구, 악세사리의 경우에는 세금계산서가 발부되는 경우가 거의 없다. 물론 그나마 규모가 있는 메이커는 세금계산서를 발부하기도 하지만 도매상 단계부터는 세금계산서 없이 거래되는 것이 대부분이다. 규모가 적은 제조업체는 세금계산서 발행을 의도적으로 기피하는 업체도 있다. 이와 같이 비정상적인 공급사슬에서는 자사에서 공급한 제품이 현재 어디에 있는지를 알 수가 없다. 또한 이것을 알려고 하면 거래가 안 되는 경우가 비일비재하기 때문에 비정상적인 공급사슬(세금계산서와 같은 자료 없이 행해진다는 의미에서 무자료거래라고 일반적으로 부름)이 만연되어 있는 국내 상황에서는 미국식 공급사슬관리의 개념이 그저 공허한 탁상공론에 불과하다.

불행히도 우리나라에서 매년 유통되는 전 제품 중에 이와 같은 비정상적인 공급사슬의 비중이 얼마나 되는지를 아는 사람은 한 명도 없다. 필자가 과거에 통상산업부의 무자료거래근절 공청회의 주제발표를 준비하면서 인터뷰한 수 백 명의 중소상인들에 의하면 상상을 초월하는 기묘한 거래방법들이 활용되고 있어 우리나라에서 비정상적인 공급사슬을 근절하는 것은 무척 어렵다는 것을 절감했다. 또한 중소상인 대부분이 경제적 약자이므로 정치적인 논리에 의해서 일정 부분은 보호를 받는 측면이 있다. 따라서 현실적으로 우리나라에서 비정상적인 공급사슬을 축소한다는 것은 쉽지 않다. 단지 앞으로 수십 년의 세월이 흐르면 현재보다는 상당히 적어질 것으로만 예견할 뿐이다.

물론 비정상적인 공급사슬의 규모를 추정할 수 있는 몇 가지 방법이 있으나 계산이 중복되는 측면이 많아서 정확하지는 않다. 그러나 2002년 현재 국내의 총 유통거래액이 110조원을 조금 넘는 상황에서 적으면 약 20%에서 많으면 약 50% 정도가 비정상적인 공급사슬이라고 추정할 수 있다. 대기업은 정상적인 거래를 약 80% 정도 수행하지만, 중소기업에서 정상적인 거래를 하는 비율은 50%가 훨씬 안 된다. 또한 제조업체가 대기업일지라도 도매상은 대기업 혹은 중소기업이고 소매상은 거의 대부분이 중소기업이다. 따라서 대기업이 정상적인 거래를 한다고 할지라도 공급사슬의 하위단계인 도매와 소매로 가면 비정상적인 거래로 변모되는 것이 일반적이다. 이와 같은 비정상적인 공급사슬의 구조를 축소하지 않고서는 우리나라에서 미국식 공급사슬의 첨단기법들을 활용하더라도 큰 효과를 보기는 힘들다. 물론 미국에도 비정상적인 공급사슬(미국에서 무자료거래는 정상유통에서는 찾아보기 힘들고 암시장과 밀수, 모조제품이 비정상으로 유통되는 경우가 몇 % 정도 되는 것으로 추정됨)이 있으나, 이는 10% 미만의 아주 적은 비율을 차지하고 있으므로 공급사슬의 효과를 볼 수 있는 것이다.

2. 유통업 중심의 SCM 운영방식

　유통업 중심의 공급사슬관리의 핵심은 실제 소비자의 수요를 얼마나 정확히 파악하며 이렇게 파악된 소비자 수요에 얼마나 신속하게 대처하는가에 있다. 이를 위해서는 우선 소비자가 실제로 제품을 구매하는 소매점에서의 판매자료를 실시간으로 파악할 수 있어야 한다. 그러면 어떻게 소비자의 제품구매 자료를 알 수 있을까? 소비자들이 제품을 구입하기 위해서는 소매점에서 제품의 대금을 지불해야 한다. 일반적으로 종업원은 소비자가 구매한 제품의 바코드를 스캐너로 읽어들이며, 소비자가 구매하는 제품정보는 스캐너로 바코드를 인식하는 순간에 POS에 입력되게 된다. 이 자료를 통신망을 통해서 도매상에게 연결시키면 도매상에서는 소비자가 제품을 구매하는 순간에 그 정보를 바로 파악할 수 있게 된다. 또한 도매상은 이러한 정보를 제조업체에게 또 다른 통신망을 통해서 전달한다. 현실에서는 소매상의 정보가 도매상을 통해서 제조업체에게 전달되는 경우보다는, 도매상을 제외하고 바로 제조업체에게 전달되는 경우가 더 많다.

　예를 들면, Heineken맥주 도매상들은 웹을 통해서 각종 맥주주문을 하고 있다. 이와 같이 웹을 통해서 주문과 판매를 하게 되면 이것은 수요를 예측해서 밀어내는 식의 공급사슬관리(Push-based Supply Chain)가 아니라, 수요에 따른 주문에 비례해서 판매가 되는 공급사슬관리(Pull-based Supply Chain)가 된다. 이 방식은 상당히 정확하여 맥주 도매상들이 각 지역의 여건이나 마케팅 환경변화에 대응해 적절히 계획을 수정하는 것까지 가능해진다. 또한 이렇게 수정된 계획은 유럽의 각 맥주생산 공장에 실시간으로 전달되어 생산 및 맥주원재료 조달공정을 적절하게 조정시키게 된다. 공급사슬관리에 웹을 활용하게 되면서 제품의 주문과 배달간의 리드타임이 과거 10주~12주에서 현재는 4주~6주로 줄어들고 있다. 맥주와 같이 신선도를 높이려고 노력하는 산업에서는 이처럼 배송과 관련된 리드타임이 줄어든다는 것은 시장에서의 Heineken 맥주의 위상을 높이는 데 일조를 하고 있다.

유통업 중심의 공급사슬관리의 또 다른 이슈는 소비자 구매정보를 도매상이나 제조업체에서 실시간으로 알았을 경우에 얼마나 빨리 이러한 상황에 맞추어 소매상에게 배송을 할 수 있는가에 있다. 일반적으로 배송에는 두 가지가 있는데, 하나는 원재료 공급배송이고 다른 하나는 완제품 판매배송이다. 원재료 공급배송이란 외부 원재료 공급업체로부터 생산지점까지 배송되는 것을 의미하고, 완제품 판매배송이란 생산된 완제품을 소비자에게 판매하기 위해 배송하는 것을 의미한다. 즉, 원재료 공급배송은 제조업 중심의 공급사슬관리의 문제이고, 완제품 판매배송은 유통업 중심의 공급사슬관리의 문제이다. 후자가 본 장의 주요 초점이라고 할 수 있다.

3. 유통업 중심의 SCM 기법

이처럼 생산된 제품을 유통업체를 통해서 판매하는 것이 공급사슬관리의 핵심 중의 하나이다. 이와 같은 공급망상의 유통 기능은 실질적으로 배송을 통해서 구현된다. 미국의 경우에 대규모 배송은 트럭 한차를 가득 채운 채로 운반하거나(TL: Truck Load) 혹은 트럭의 일부분만을 채운 채로 운반한다(LTL: Less-than Truck Load). 대형 배송업자들은 많은 물량을 한꺼번에 TL로 운반하는 경우가 대부분이지만, 소형 배송업자들은 여러 곳의 물량들을 합쳐서 배송하는 LSP(Logistics Service Provider)를 이용한다.

미국에서 활발하게 이용되고 있는 LSP의 대표적인 예는 제3자 물류(Third-Party Logistics)이다. 제3자 물류는 자사가 직접 배송하는 제1자 물류와 자신이 직접 하지 않고 자사의 영향력 아래 있는 자회사를 통해 배송하는 제2자 물류가 발전된 형태로서, 외부의 전문물류업체를 통해서 자신이 원하는 공급지로부터 목적지까지 배송하는 것이다. 외부의 전문물류업체는 어느 한 두 개의 회사를 거래하는 것이 아니라, 적어도 수십 개에서 많으면 수백 개가 넘는 외부 의뢰업체들의 물류업무를 대행해 주는 것이다. 미국의 대형 제조업체나 유통업체들은 현재 전체 물류의 약 60% 이상을 외부의 제3자 물류업체를 통해서 수행하고 있다. 최근에는 미국의 유명한 컨설팅업체인 Accenture(과거의 Anderson의 컨설팅 부문만이 독립한 회사)에서 개발하여 특허를 낸 제4자 물류가 시도되고 있다. 제4자 물류는 제3자 물류업체와 물류전문의 정보회사나 컨설팅회사가 공동으로 자본을 투자하여 새로운 법인을 만들어 보다 더 효율적으로 물류를 수행하는 것을 목표로 하고 있다. 그러나 제3자 물류가 상당한 효과를 본 것에 비해서 제4자 물류는 아직까지 미국에서도 그 효력이 입증되지 않은 상태이다.

현재 우리나라의 경우에는 제3자 물류가 도입되는 초기단계라고 할 수 있다. 현재 물류전문의 몇몇 업체들(제일제당의 CJGLS, 오뚜기의 OLS, 빙그레의 콜럼부스, 현대백화점의 한국물류 등)이 제3자 물류업무를 어느 정도 수행하고 있다. 미국은 주택가(Residential Area)와 상업지역(Commercial Area)으로 완전히 분리되어 도시계획에 따라 개발되었기 때문에 트럭 배송시간이 어느 지역이나 거의 일정하고 예측도 가능하므로 물류가 원활하다. 이에 반하여, 우리나라는 상당수의 도시가 이미 어느 정도 개발된 이후인 1970년대와 1980년대에 도시계획이 체계적으로 정비되었기 때문에 주요 도시의 교통정체는 심각한 상황이다. 시간대에 따라서 주간배송과 야간배송 혹은 한가한 주간배송과 러시아워 주간배송 등의 배송상황이 큰 차이를 보이므로 외부 제3자 물류를 활용하더라도 기대만큼의 효과는 나타나지 않고 있다.

우선 우리나라에서 유통업 중심의 공급사슬관리가 보다 효율적으로 수행되기 위해서는 국가 GNP의 약 13% 정도를 차지하는 물류비를 대폭적으로 인하하는 정책이 적극적으로 추진되어야 한다. 도로망과 철도망이 정비되어야 함은 물론이고, 야간배송시스템이 적극적으로 개발되어야 한다. 특히 야간배송이 적극적으로 활용되려면 야간에 배송되는 제품을 수납할 수 있는 시스템이 정비되어 있어야 한다. 24시간 영업을 하는 편의점이나 일부 할인점의 경우에는 야간배송이 상당히 효율적이다.

그러나 대부분의 소매점포에서는 야간에 점포문이 내려져 있으므로, 도매상이나 Vendor가 물류비를 절약하기 위해 야간배송을 하여도 점포에서 받을 수가 없다. 이를 해결하기 위해 홍콩에서는 소매점포의 출입구가 안 쪽으로 들어와 있는 경우나 혹은 소매점포의 건물 뒤편에 공간이 있는 경우에는 간이벽을 설치하고 외부열쇠와 내부열쇠 두 가지를 만들어서 사용한다. 야간배송 업체에게는 외부열쇠만 제공하고 소매점포에서는 외부열쇠와 내부열쇠를 둘 다 관리한다. 밤에 퇴근을 할 적에 외부열쇠와 내부열쇠를 채우고 나가면, 야간에 배송업체에서 외부열쇠를 열고 배송해온 제품을 하차한 이후에 다시 외부열쇠를 채우고 간다. 그 다음날 아침에 점포직원이 출근하여 외부열쇠와 내부열쇠를 열고 외부에 적재되어 있는 제품을 점포 내부로 들여가서 진열하는 것이 가능하다. 이와 같은 것은 현재 개발될 수 있는 수많은 방식 중의 하나이다. 앞으로는 유통업의 물류비용 감소를 위한 보다 많은 기법들이 개발되어 활용되어야 할 것이다.

4. 국내 SCM의 실제 사례 : 유통업 중심의 백화점 판매

(1) 백화점 판매방식

우리나라 대부분의 백화점은 특정판매라는 형태를 띠고 있다. 현재 전 세계에서 일본과 우리나라에서만 활용되고 있는 이 판매형식은 백화점이 전체 건물을 완공하여 지하의 식품매장만 직접 운영하고 나머지 대부분의 매장은 외부 업체들에게 임대를 준다. 그러면 외부의 패션업체, 잡화업체, 가구업체, 문구업체, 가정용품업체 등이 백화점에 입주하여 백화점의 이름을 걸고 자신의 영업을 한다. 우리나라의 모든 백화점에서 현재 취급되고 있는 품목 중에서 실제적으로 백화점이 완전매입하여 자체적인 관리를 통해 판매하고 재고를 처리하는 매입방식(보통 직매입이라고 부름)은 식품에 한정되고 있다. 과거에는 백화점에서 식품과 가전제품이 직매입 방식으로 판매가 되었다. 할인점의 등장 이후에 가전제품의 매익률이 점차 떨어지게 되자 매장임대 방식으로 바꾸거나 아예 백화점에서 퇴출당하는 경우도 생기게 된 것이다. 현재 백화점에서 판매되는 식품은 전체 매출액 중에서 약 10% 정도이며 백화점의 가장 큰 수익원인 의류나 그 외의 대부분의 제품(잡화, 가정용품, 완구, 문구 등)은 특정매입 형태로서 협력업체에서 백화점내의 판매를 책임진다.

이와 같은 방식하에서 우리나라의 백화점이 공급사슬관리를 추진할 수 있는 분야는 직매입 제품인 식품이 가장 적합하다. 그 외의 제품에 대한 공급사슬관리는 현재 백화점의 구조로서는 가능성이 매우 낮지만 현재와 같은 특정매입방식을 직매입으로 바꾸거나 아니면 특정매입 방식에 적합한 공급사슬관리를 개발해야 한다.

우리나라의 백화점업체는 약 30여 개를 넘으며 전체 백화점 숫자는 100여 개를 넘고 있다. 우리나라 전체 백화점 매출이 일년에 약 15조원 정도 되는데 이 중의 약 70%를 대형 3대 백화점(롯데백화점, 현대백화점, 신세계백화점)이 차지하고 있다. 이들 백화점은 매장 수와 운영방식에 있어서도 단연 다른 중소백화점들을 압도하고 있다. 이 3대 백화점은 운영방식이 거의 비슷하다. 1990년대 초반까지는 주로 수기에 의해 전화나 팩스를 통한 수발주가 이루어졌는데, 전 점포에서 취급되는 제품 중에서 직영비율이 10% 이하였기 때문에 수발주의 필요성이 그다지 높지는 않았다. 그나마 직영으로 판매가 되는 식품에 대해서도 납품업체에게 직접 발주를 하는 상황이었다. 1990년대 중반 이후에 컴퓨터를 활용한 자동발주시스템(Automatic Ordering System)을 도입하여 일정 수량을 컴퓨터로 자동 발주하였다. 현재와 같이 고도화된 공급사슬관리의 관점에서 보면 초보적인 단계라고 볼 수 있으나 그 당시로서는 크게 발전된 상황이었다.

우리나라의 3대 대형백화점은 현재 우리나라의 공급사슬관리의 선두주자들이다. 이 백화점들은 자체적으로 물류업무를 어느 정도 소화하고 있다. 이들이 각각 필요로 하는 전체 수십 만개의 품목을 공급하는 수천 개의 협력회사는 현재 물류회사를 통하여 백화점에 납품하거나 혹은 직접 백화점에 납품하는 형태로 분류된다. 첫 번째 형태는 협력업체가 물류회사에 납품하면 이 물류회사에서 자체 시스템을 통해 물품을 분류하고 구색 맞추기(Sorting and Assemblying)한 후에 백화점에 납품을 하는 형태와 협력업체가 물류회사를 통해 직접 백화점에 납품을 하는 형태(Cross-Docking)로 구별된다. 그러나 현재 백화점의 점포들이 대부분 도심에 위치하고 별도의 제품분류 시설을 많이 확보하지 못하고 있는 상황이므로 현재로서는 완전한 개념의 Cross-Docking이라고 볼 수는 없다. 두 번째 형태는 긴급을 요하는 제품의 경우 협력업체가 물류회사를 통하지 않고 백화점에 직접 납품을 하는 경우가 있다. 이 경우에 대금은 사후에 물류회사를 통하여 정산된다. 위의 세 가지 형태의 모든 경우에서 대금결제는 백화점이 물류회사에 그리고 물류회사가 모든 협력업체에 지불하는 방식을 취하고 있다.

이러한 시스템은 물류회사를 미국 유통업체들의 Distribution Center(DC)로 활용하는 측면에서는 바람직하다고 볼 수 있다. 그러나 미국과 달리 보완해야 할 두 가지 점은 다음과 같다. 첫째, 미국식 Distribution Center는 특정지역에 있는 십여 개 혹은 수십 개의 점포에 배송을 할 때 비용을 최소화할 수 있는 적정한 지점을 선택하여 여기에서 모든 자사 점포로 최소의 비용으로 가장 효율적으로 배송하려는 형태이다. 반면에 우리나라 백화점의 형태는 현재 수도권에 있는 수십 개 점포가 채 완공되기도 전에(다시 말해서, 출점계획이 완전히 확정되고 이에 따라 물류센터가 설립되기 전에) 매입이 된 경우이다. 또한 우리나라의 교통사정 특히, 수도권의 교통사정은 미국과는 달리 최소비용으로 배송을 가능하게 하는 형태로 개발되지 않아서 배송비용이 상당히 많이 든다.

둘째, 우리나라 대형백화점의 수발주 업무가 과거보다는 상당히 진척

된 측면이 있다. 식품의 경우에 일년에 40회전 이상인 것으로 알려져 있다. 현재 미국 유통업체의 경우에 회전율이 약 8회전에서 24회전 정도이며, 백화점은 12회전 전후이고 할인점들은 24회전 정도(한 달에 2회전 정도)로 알려져 있다. 여기에서 24회전의 경우는 약 보름 치의 재고를 보유하는 정도를 의미한다. 이에 반하여, 우리나라 백화점의 경우에는 현재 이것의 2배가 되는 40회전을 넘는 것으로 나타나고 있는데 이것은 회전율의 측면에서는 상당히 높은 편이다. 회전율이 높다는 것은 보유재고가 낮아 재고비용이 저렴해진다는 점에서는 바람직하다고 볼 수 있다. 반면에 재고보유 비용이 낮을 경우에는 상대적으로 재고발주 비용이 높을 수 있다는 측면에서는 백화점에 그다지 바람직하지 않다고 볼 수도 있다.

백화점의 보유재고가 적다는 것은 현재 재고를 관리할 수 있는 창고가 적다는 것을 의미한다고 볼 수 있다. 도심에 위치하고 있는 백화점에서는 자체적으로 점포 내부나 근처에 물류창고를 보유할 수 없기 때문에 백화점이 직매입해서 판매하는 식품의 경우에는 재고보유가 적어질 수 있다. 현재 백화점 각 점포의 주차장 내에 일정한 공간을 보유창고로 활용하고 있으나 이것이 실질적으로 백화점의 보유재고를 증가시킨다고 보기는 힘들다.

또한 이것은 상대적으로 백화점이 물류회사를 일종의 백화점의 재고보유 시설로서 활용하는 측면이 강함을 반영하는 것이다. 일반적으로 물류회사는 서울 근교(주로 용인)에 위치한 경우가 대부분이어서 백화점이 필요로 하는 물량을 보관할 수 있기 때문에 백화점 입장에서는 보유비용을 줄이는 방법으로 활용된다. 이것은 백화점의 재고회전율을 상당히 높여 재고보유 비용을 낮출 수 있으나 반대로 백화점의 발주비용을 높이게 되고 또한 물류회사에서 백화점을 위해 초과재고를 보유한다면 이것은 물류회사의 재고보유 비용을 상당히 높게 만드는 결과라고 볼 수 있다.

(2) 국내 백화점의 SCM 추진시의 개선점

우리나라 백화점의 특성상 직매입될 수 있는 제품이 워낙 한정되어 있으며 특히 백화점 식품관리에 대한 수발주시스템은 앞으로 개선될 여지가 많다고 볼 수 있다.

● 현재로서는 우리나라의 대형백화점과 협력업체와 물류회사가 하나의 공급라인(Supply Line) 상에 위치한 공동운명체로서 운영되어야 한다. 공급사슬관리의 핵심은 공급라인 상에 관여된 모든 업체가 공동으로 이익을 내는 형태가 되어야 하는데도 불구하고, 현재로서는 백화점의 공급라인들은 일종의 제로섬 게임(Zero-Sum Game)의 형태를 보이고 있다고 볼 수 있다. 이것은 백화점의 문제라기보다는 우리나라 전체 유통시스템의 왜곡으로부터 나타난 현상이라고 볼 수 있다. 협력업체-물류회사-백화점이 하나의 공동운명체적인 사고로 형성된 것이 아니라, 과거에는 협력업체가 백화점 제품의 공급처로서의 Vendor 역할을 수행했지만 현재는 물류회사에서 이러한 역할을 일괄적으로 관장한다고 보면 된다.

● 본격적인 웹 시대를 맞이하면서 웹을 통한 고객정보의 공유가 이루어지고 있는데 백화점에서도 최근에 도입하고 있다. 따라서 각종 POS 데이터가 웹을 통하여 백화점과 관련된 협력업체와 물류회사에 제공되고 있다. 물론 우리나라와 같이 정보의 비밀유지가 잘 안 되는 상황에서 POS정보를 완전 공개하는 것은 약간 이른 면이 있으나, 이것은 협력업

체와 물류회사 그리고 백화점의 공동비용을 줄인다는 측면에서는 절대적으로 필요하다고 보여진다.

◉ 장기적으로 공급사슬관리를 유지하기 위해서는 백화점과 물류회사 그리고 협력업체들이 공동으로 이득을 추구하여야 한다. 이러한 측면에서 현재 백화점들의 빈번한 발주(이것은 발주비용을 높임)를 한번에 묶어서 대규모로 발주하는 Order Batching 형태가 바람직하다고 본다. 물론 현재와 같이 각종 행사가 빈번한 입장에서는 일괄주문이 위험할 수도 있으나, 백화점의 영업, 판촉, 공급사슬관리 등 각종 부서가 협력하여 발주비용을 줄이는 방향으로 나가야 한다.

◉ 우리나라 백화점과 협력업체와 물류회사는 현재 미국식 공급사슬관리의 개념을 정상적으로 반영하기가 힘든 상황이다. 예를 들면, 식품의 경우에는 백화점이 직매입을 하고 있으나, 의류, 가정용품 등 나머지 제품의 경우에는 협력업체가 모든 재고와 판매를 담당하고 백화점은 자금결제만을 하고 있으므로 이것은 일종의 미국식 Vendor-Managed Inventory의 형태라고 볼 수 있다. 반면에 식품의 경우에는 직매입을 하면서도 협력업체의 판촉사원이 나와서 판촉행위를 하는 우리나라 특유의 형태를 보이고 있다. 백화점에서 제품을 많이 판매하게 되면 물류회사에서 보충해주고 있으므로 협력업체에서는 실제보다도 많은 제품을 준비하는 일종의 Whiplash 혹은 Bullwhip Effect가 나타난다고 볼 수도 있다. 실제로 물류회사는 백화점이 필요로 하는 물량보다도 더 많은 물량을 협력업체로부터 공급받아 이를 백화점이나 다른 점포들로 보내거나 혹은 협력업체에 교환이라는 명목으로 반품하는 경우가 발생하게 된다. 따라서 실제보다 부풀어 가는 재고에 대한 최종책임을 협력업체에서 모두 지게 되는 형태에서는 진정한 공급사슬관리의 효력이 나타나기 힘

든 상황이다.

또한 수도권의 백화점 점포들에 대한 일괄배송을 물류회사가 책임지고 있는데, 현재 수도권의 점포 위치가 여러 곳에 분산되어 있어 어느 한 물류업체에서 일괄한다는 것은 일종의 Risk Pooling(여러 점포의 재고부족위험을 합쳐서 관리함으로써 위험을 줄이려는 방식)이라고 볼 수도 있다. 그러나 진정한 의미에서 Risk Pooling 효과를 얻으려면 각 점포간의 수요가 부정적으로 상관되어서(Negatively Related) 어느 한 점포의 제품에 대한 높은 수요가 다른 점포의 동일 제품에 대한 낮은 수요와 상쇄되어야 한다. 그러나 우리나라 백화점은 약간의 지역적인 차이는 있을 수 있으나 대부분의 경우에 동일한 고가제품을 판매하는 데에 대한 소비자 수요가 긍정적으로 상관되어서(Positively Related) Risk Pooling의 효과가 난다고 보기 힘들다. 따라서 차라리 물류창고를 1개의 물류회사로 무조건 통합하여 배송 편리화를 강조하는 것이 더 바람직하다.

또한 협력업체가 물류회사를 통하지 않고 직접 백화점에 납품하는 형태에서는 백화점이 요구할 때마다 자주 배송을 하게 되므로 일종의 Just-In-Time Delivery라고 볼 수도 있다. 그러나 JIT가 완전한 효과를 얻기 위해서는 수요에 대한 완벽한 자료를 가지고 있어야 한다. 현재 협력업체로서는 백화점의 판매자료에 대한 실시간 접근이 불가능하기 때문에 진정한 의미의 JIT라고 볼 수 없다. 또한 판촉행사가 자주 열리므로 일정한 양을 준비해 두었다가 행사일이 가까워지면 급속하게 생산하여 백화점에 납품을 하는 업체는 일종의 Lean Production을 한다고 볼 수 있다. 그러나 Lean Production은 가변성이 강한 제품들이나 조립과정이 복잡한 제품들의 경우에 더 적합하며, 현재 백화점에서 직매입하는 제품은 주로 식품이므로 Lean Production에 적합하지 않다고 할 수 있다.

이외에도 유통업 중심의 미국식 공급사슬관리 개념들이 많이 있다. 물론 현재로서는 직접 적응하기 힘들겠지만, 실무적인 관점에서의 효력을 연구하고 앞으로 적용하도록 노력해야 할 것이다.

제 6 장   공급사슬관리의 도구적 관점
— 조직 중심

I. SCM에서의 조직간 관계의 중요성

미국에서는 공급사슬관리를 통상적으로 조직간 관계(Inter-organizational Relationship)의 대표적인 한 형태로 분류하고 있는데, 그 이유는 공급사슬관리에 다양한 형태의 기업체들이 관여하기 때문이다. 원재료 공급업체, 제조업체, 도매업체, 물류업체, 소매업체 등의 각종 업체들이 공급사슬관리에 관련을 맺어서 상호간의 이익극대화는 물론 전체 공급망의 이익극대화를 위해 노력하고 있다. 따라서 조직간의 협조 없이는 공급사슬관리가 이루어질 수 없으며, 공급사슬관리의 성공 여부는 참여업체들이 얼마나 잘 협조하는가에 달려 있다.

참여하는 업체의 개별적인 특성이나 혹은 주도권을 가지려는 측면에서 볼 때, 몇몇 업체들은 다른 업체들보다 총공급망에 대한 의존도가 더 높을 수 있다. 예를 들어, 특정 제조업체의 제품만을 판매하는 도매업체의 경우에는 자신이 취급하는 제조업체의 공급망에 크게 의존을 한다. 그러나 소매업체는 수많은 제품을 취급하고 또한 경우에 따라서는 그 제조업체의 다른 도매업체로부터 제품을 구입할 수도 있기 때문에 상대적으로 의존도가 낮아진다. 또한 제조업체도 수많은 도매업체와 거래를 할 경우에 특정 도매업체에 대한 의존도가 낮아진다. 이러한 경우에 그 총공급망에 가장 의존하는 업체(여기에서는 도매업체)가 가장 적극적이고 능동적인 역할을 하게 될 것이며, 총공급망 상에서 이루어지는 각종 협조적인 노력들(예를 들면, POS 정보공유, 판매예측 자료공유 등)에 적극적으로 참여하며 업무를 수행하게 된다.

공급사슬관리에서 조직적인 측면이 중요시되는 또 다른 이유는 여기에 관여하는 도소매업체들이 점점 더 거대화되고 있다는 사실이다. 1970년대에 미국에는 수많은 소형 소매점포들(Mom and Pop's)이 있었으나, 이 숫자가 줄어들면서 1990년대에는 초대형 소매점포들(Retail Giants)이 소형점포들을 몰락시키고 있다. 따라서 현재 미국에는 수천 개 정도의 초대형 소매점포들이 식품소매의 대부분을 차지하고 있다. 물론 이들의 숫자는 적지만 그 힘은 점점 더 강해지고 있다.

이러한 공급사슬관리를 원활하게 수행하기 위해서는 공급망에 참여하는 기업들의 조직력을 극대화하는 데에서 출발해야 한다. 조직력이란 공급망에 참여하는 각 개별업체들 자신의 능력보다도 공급망 전체의 플러스 시너지(Plus Synergy)를 만들어내면서 공급망의 힘을 증대시키는 것이다.

공급사슬 내에서 이와 같은 협력활동(Collaboration)들이 점차 정착되면서 경쟁환경을 변화시켜 나가는 것이다. 과거에는 각 개별 기업간에 경쟁을 하였으나 이제는 특정 공급사슬이 다른 공급사슬과 경쟁하게 되는 구조로 경쟁상황이 바뀌고 있다. 이와 같은 상황에서 성공과 실패의 주요 요건은 공급사슬 전체에 있어서 전략목표를 상호간에 공유하고 이러한 목표를 얼마나 잘 수행하느냐에 달려 있다. 앞으로의 경쟁전략의 우위성 역시 수직적인 공급사슬의 파트너와 수평적인 협력관계의 파트너가 얼마나 잘 밀접하고 강한 관련성을 형성하고 유지해 나가느냐에 달려 있다.

공급망들이 완전히 결합되면 그 다음에는 어떠한 일이 일어날까? 현재로서는 앞으로 10년이나 20년 이후에 발생할 현상들을 완전히 예측하는 것은 어렵지만, 앞서 말했듯이 앞으로는 대형 점포들간의 경쟁이 아니라 이러한 대형 점포들이 속한 공급망간의 경쟁으로 변화하게 될 것이다.

이것은 최근에 우리나라에서도 나타나고 있는 현상이다. 국내 산업에서 가장 큰 제조업체인 자동차 제조업체들의 경쟁은 이제 더이상 제조업체간의 경쟁이 아니라 제조업체와 협력업체들간의 경쟁이 되고 있다. 현대자동차에 부품을 공급하는 협력업체가 수 천 개에 달하고 있는데 이것은 기아자동차나 대우자동차의 경우도 마찬가지이다. 현대자동차가 기아자동차나 대우자동차와 제품판매 경쟁을 하는 것은 현대자동차와 현대자동차 협력업체가 기아자동차와 기아자동차 협력업체 혹은 대우자동차와 대우자동차 협력업체와 경쟁을 하는 것과 동일한 것이다. 이와 같은 공급망간의 경쟁은 자동차와 같은 제조업체와 이 제조업체의 협력업체간의 경쟁에서만 나타나는 것이 아니라, 유통업체와 유통업체의 공급업체간에서도 나타난다.

국내에서 가장 많은 점포를 가진 할인점인 이마트는 현재 천여 개가 넘는 공급업체들을 관리하고 있다. 이와 같은 공급업체들로부터 제품을 공급받아 이를 분류하여 소비자에게 판매하는 것이다. 이마트와 경쟁을 하는 까르푸, 마그넷, 테스코 등의 할인점들은 각각 다른 공급업체들로부터 제품을 공급받고 있다. 물론 여러 할인점에 공동으로 제품을 공급하는 업체들도 있겠지만 어느 특정 할인점에만 공급을 하는 업체들도 있다. 따라서 공급업체들이 얼마나 다양하고 경쟁력 있는 제품을 할인점들에 공급하는가에 따라서 할인점 경쟁력의 상당 부분이 평가된다. 이와 같이 이마트, 까르푸, 마그넷, 테스코가 별개로 경쟁을 하는 것이 아니라, 이마트와 이마트의 공급업체, 까르푸와 까르푸의 공급업체, 마그넷과 마그넷의 공급업체, 테스코와 테스코의 공급업체가 경쟁을 하는 셈이다.

이와 같이 공급망간의 경쟁이 치열해진 후에는 복수의 공급망을 포함하는 네트워크(Supply Network)간의 경쟁이 될 것으로 보인다. 웹을 통한 정보교환의 신속화와 표준화가 크게 확산되면 수많은 공급망들이 서로 얽히면서 형성되는 공급망 네트워크들간에 치열한 경쟁이 있을 것이다. 본서의 마지막 장인 12장에 소개되어 있는 e-Marketplace는 공급망 네트워크 형태 중의 하나라고 할 수 있다. 2002년인 현재 이와 같이 단순한 Private e-Marketplace나 Public e-Marketplace의 공급망 네트워크들이 활용되고 있으나, 앞으로는 훨씬 더 다양하고 복잡한 공급망 네트워크들이 생성되어 이용될 것으로 예측된다. 또한 Partnership에 의해 대규모 공급망 네트워크 간에 결합되거나, 단순한 자본의 교환을 넘어 최고경영자 교환이나 원재료의 교환을 포함하는 대규모적인 Cooperationship의 형태들이 생성되면서 새로운 조직형태가 만들어질 것으로 예측된다. 공급망 네트워크가 어느 정도 보편화되면 현재와 같은 제조와 유통의 개념이 변할 것으로 보이는데, 제조와 유통이 결합되면서 각각의 자체적인 의미가 희석될 것이다.

2. SCM에서의 조직간 관계의 형성

공급사슬관리에서는 조직간의 연계가 상당히 중요하므로 조직간에 제휴를 하기 전에 참여하려는 각 기업들을 상호 면밀하게 검토하는 것이 필요하다. 각 기업들의 전략을 검토하여 어떻게 연계를 시킬 것인지, 어떤 중요한 역할을 해 줄 수 있는지를 잘 살펴야 한다. 구체적으로 검토되어야 할 사항들이 다음의 〈표 6-1〉에 나와 있다.

공급사슬관리는 조직간의 통합을 추구하는 하나의 경영전략이다. 이러한 공급사슬관리의 성공은 조직간의 통합을 유도할 수 있도록 전략적인 우위와 혁신적인 실행이 도모되어야 한다. 그러나 전략적으로 잘 포지셔닝하고 실행한다고 해서 그 자체가 지속적인 경쟁우위를 확보할 수 있는 것은 아니다. 조직간의 아주 밀접한 연계관계를 창의적으로 개발하

〈표 6-1 공급사슬관리의 조직형성시의 체크포인트〉

- 어느 공급업자가 가장 경쟁적으로 우위에 있는가?
- 어느 공급업자가 가장 최소원가의 제품을 공급하는가?
- 누가 시장의 가장 우수한 선도자인가?
- 어떤 기술이 시장의 변화를 주도하는가?
- 어느 공급업자들이 원가구조에 영향을 미치는가?

고 지속적으로 유지하는 것이 성공의 지름길이다. 이때, 조직간의 관계 강화를 위해서는 동적이고 반복적인 전략수립과정을 거쳐야 한다. 기업들은 새로운 정보를 보다 신속하게 흡수하면서 불확실한 미래에 잘 적응할 수 있도록 노력해야 하며 새로운 공급사슬관리 전략을 지속적으로 개발하면서 변화를 이끌어 내야한다. 역동적이고 통합적인 접근방법을 활용하여 전략수립과 실행을 유도하는 기업만이 공급사슬관리에서 성공할 수 있다.

공급사슬관리를 거래 파트너와 공동으로 형성하려는 조직들은 자신의 조직뿐만 아니라 상대방 파트너의 조직까지 인식할 수 있어야 한다. 완전한 공급망은 서로 다른 조직체들간에 형성되어 모든 참여업체간에 총공급망이 전체적으로 통합되어야 한다. 전체적인 공급망에서 개혁이 이루어지지 않는다면 총공급망을 통해 어떠한 수준의 서비스 향상이 이루어지기가 힘들다. 사실상 많은 기업체들이 겉으로는 회사간의 서비스 수준을 서로 향상시키자고 말하고 있지만, 실질적으로는 최종소비자의 욕구를 충족시킬만한 수준으로 서비스를 향상시키지 못하고 있다. 따라서 총공급망에서 소비자의 잠재욕구를 반영하는 제품설계, 개발, 제조를 주도해가는 업체가 총공급망의 주도권을 행사하게 된다.

Compaq사는 1990년대 중반에 컴퓨터의 제품수명주기가 점점 짧아지자 남아도는 재고로 인해 큰 고민을 하였다. Compaq은 제품판매의 예측가능성과 소비자서비스를 증대시켜서 가능하면 재고를 줄이려는 판매정책을 실시하였다. 3년 만에 Compaq은 배송 리드타임을 21일에서 6일로 줄였으며 제품의 예측가능성을 50%에서 85%로 증대시켰다. 소비자 조사 결과 이와 같은 것이 Compaq의 이미지를 높인 것으로 나타났다.

3. SCM에서 조직변화의 실제 사례 : ECR

공급사슬관리는 대규모의 조직적인 변화를 요구한다. 공급사슬관리의 한 형태로서 식품제조업체와 식품소매업체간의 공급사슬관리인 ECR(Efficient Consumer Response)는 관련 업체들의 근본적인 태도변화를 전제로 수행되는 것이다. 거래파트너를 잠정적인 경쟁자로 간주하는 것이 아니라 거래업체들간에 상호 밀접한 관계를 형성하는 것이다. 제조업체들이 제품을 개발해서 소매업체들에게 판매하는 것이 아니라, 제조업체와 소매업체들이 소비자에게 보다 더 좋은 제품을 제공하기 위해서 필요한 제품을 공동으로 파악하고 개발하는 협력과정을 거치는 것이다. 필요한 정보를 어느 한편에서만 독점하는 것이 아니라 거래파트너 상호간에 정보를 공유하면서 소비자의 실제 수요에 대한 최신의 정보를 공유하고 활용할 수 있어야 한다.

특히, 이것은 지난 20여 년 동안 식품제조업체와 식품소매업체간에 형성되어 왔던 어느 한편이 다른 편을 완전히 지배하는 형태에서 벗어나는 것이다. ECR에서 어느 정도 힘의 우위와 열위는 가능하지만, 어느 한편이 완전히 독점하는 것이 아니라 거래파트너 서로간에 혜택을 주며 어느 정도 주도권을 가지도록 하는 것이다. 그러나 만약 협력의 대가에 대해 초기에 합의가 이루어지지 않으면, 많은 경우에 있어서 ECR이 실패하게 되며 어느 강한 편이 모든 것을 완전히 독점하는 형태로 다시 바뀌게 된다.

만약 거래하는 다양한 파트너들간에 비용과 혜택에 대한 문제가 원만히 타결되지 않으면 완전한 협력은 불가능해진다. 소매업체의 판매자료를 제조업체와 공유한다는 것은 ECR을 가능하게 하는 하나의 획기적인 태도의 변화이다. 이와 같이 조직간의 완전한 합의가 이루어져야만 ECR이 가능해진다. 소매업체로서는 제조업체와 정보를 공유하려는 태도 변화를 보임으로써 판매관련 비용을 대폭 감축하여 판매마진을 올릴 수 있다. 제조업체로서는 소매업체에게 일방적으로 제품을 밀어내기 하던 것으로부터 탈피하여 취급하는 전체 카테고리의 판매생산성을 올릴 수 있는 기회이다. 결과적으로 양쪽 모두 소비자 정보를 공동으로 활용하면서 보다 많은 이익의 증대가 가능해진 것이다.

ECR은 조직적인 측면에서 획기적인 변화를 유발한다. 실질적으로 고객만족, 카테고리 판매증대, 전체비용 최소화, 순마진 증대와 같은 것들을 ECR 생산성 측정의 도구로서 활용하고 있다. 물론 여기에는 각 파트너 상호 조직간에 밀접한 연계를 통해 카테고리 관리자와 회계책임자들이 공개적인 의사소통을 하면서 조직적인 협력을 촉진하는 것이 전제되어야 한다. ECR은 조직간의 협력과 상호견제 그리고 최고경영자의 지속적인 지원이 있어야 성공할 수 있다. 이러한 지원이 없다면 결정적인 순간에 원만한 협의가 이루어지기 어려우므로 과거와 같이 어느 한편에서 독식하겠다는 태도가 다시 나타나게 될 것이다.

이와 같은 조직적인 태도의 변화도 중요하지만 과거보다 더 다양하면서도 폭넓은 조직스킬도 요구된다. 세일즈맨들이 하루 아침에 회계책임자가 될 수 없으며, 바이어가 어느 날 갑자기 카테고리 매니저가 될 수도 없다. 소비자서비스, 배송체계, 재무상황, 카테고리관리에 대해 조직원 모두가 전반적으로 이해해야 만이 ECR이 효율적으로 수행될 수 있다. 따라서 ECR은 현장 실무자들에 대한 재교육과 새로운 기술습득과 같은 과정을 거쳐서 수행되어야 한다. 단기적으로는 교육에 참가하는 사람들의 머리 숫자를 세는 정도로 피상적일 수 있지만, 장기적으로는 그들이 마음 속에서부터 거래파트너와의 협력관계를 유지하겠다는 심적 변화가 수반되어야 하는 것이다. 또한 새로운 스킬과 함께 새로운 태도변화가 요구되므로 협력이나 면밀한 분석과 협상에 근거하면서 고객만족을 도모하는 열정이 필요하다.

ECR은 간혹 Best Practices들을 단순히 조합해 놓은 것으로 인식되고 있다. 그러나 ECR에서 실질적으로 중요한 것은 흩어져 있던 각종 좋은 사례들을 일방적으로 묶어 놓은 것이 아니라, 거래파트너와의 협력이 장기적으로 이득이 될 것이라는 사실을 명확히 인식한 상태에서 수행되어야 하는 것이다.

4. 조직간에 중복되는 업무적 낭비의 제거

공급사슬관리에는 여러 업체들이 관여되기 때문에 업체간에 상당수의 업무들이 중복될 수가 있다. 이러한 업무들은 공급망 전체의 관점에서 조직간의 의사소통을 통해 중복을 배제시키거나 축소시키는 것이 바람직하다. 제조업체와 유통업체간에 중복되는 업무 중의 하나가 검품이다. 검품은 제조업체의 공장에서 제품이 출하될 때, 도매업체의 물류센터에 입고될때 그리고 소매업체의 물류센터나 점포에 입점될때에 이루어진다. 이러한 여러 번의 검품과정은 당연히 여러 가지 시간적이고 물질적인 낭비를 초래하게 되며, 동일한 내용의 매출전표와 매입전표들이 발행되고 수납되어 처리된다. 또 이와 같은 서류들은 일정기간 동안 보관해야 하므로 별도의 저장공간이 필요하다.

또 다른 낭비적인 요소로서 상품에 붙이는 가격표가 있다. POS에는 가격정보가 없으므로 별도의 가격표를 붙이는 경우가 있다. 물론 전산화가 완벽하게 되어 있는 경우에는 가격표를 붙일 필요가 없지만, 현재 우리나라에서 이러한 시스템이 구비되어 있는 소매업체는 거의 없다. 현재 소매점의 계산대에 디지털화된 Price Tag System을 설치하여 매입 시에 가격표를 붙이지 않고 상품마스터에 정확하게 입력시킨 후 전산으로 조작하기만 하면, 정상가격, 할인가격, 땡처리가격 등으로 가격이 저절로 변하게 할 수 있다. 현재 미국식과 스웨덴식 시스템이 국내에 도입되어 있으나 가격이 비싸서 국내의 소매점포의 매장에서 실제로 활용되는 경우는 거의 없다. 특히 Price Tag System 당 약 3만원 정도로 1,000평 정도의 소매점인 경우 적어도 5천만원에서 1억원이 들기 때문에 몇 개의 유명 소매점들이 잠시 도입하였다가 시스템을 포기한 경우가 있다. 이러한 시스템이 완비되면 가격표를 매번 붙이는 수고를 덜게 될 것이다.

그러나 현재는 이와 같은 시스템이 없으므로 국내 대부분의 제조업체, 도매업체, 소매업체에서는 가격표를 각각 별도로 붙이고 있다. 제조업체에서 가격표를 붙여서 도소매업체로 배송하면, 도소매업체는 다시 그 위에 자신이 받으려는 매익율을 계산하여 소비자가격표를 붙인다. 이것이 일반적으로 정상가격이며, 세일 시에는 다시 세일가격표를 붙이거나 정상가격표를 수정한다. 이와 같은 과정은 제조-도매-소매의 단계를 거치면서 여러 번 나타나게 되는데 EDI나 최근의 XML을 활용한 컴퓨터통신과 가격정보시스템을 완비하면 소매점 한 곳에서만 가격표를 붙이거나 가격변경을 통제함으로써 업무의 효율성을 높일 수 있다.

5. 조직구조의 변화

공급사슬관리 업무를 수행하는 도중에 여러 가지 위험이 발생할 수 있다. 공급사슬관리와 관련되어 나타나는 위험에는 크게 거시경제적인 위험(Macroeconomic Risk), 정책적인 위험(Policy Risk), 경쟁적인 위험(Competitive Risk), 자원적인 위험(Resource Risk)등이 있다. 거시경제적인 위험은 임금상승, 이자율변동, 환율변화와 같은 국가경제 전체의 위험이며, 정책적인 위험은 법개정, 기술적 표준의 변화, 관세변화, 무역정책 변경 등의 국가정책적인 위험이다. 경쟁적인 위험은 경쟁업체간의 거래표준이나 기업문화의 차이에서 오는 위험이며, 자원적인 위험은 오일쇼크나 각종 원자재 미확보와 관련되어 나타나는 위험이다. 공급사슬관리를 수행하는 기업의 관점에서는 이와 같은 다양한 위험들을 얼마나 잘 관리하고 통제하느냐에 성공과 실패가 달려 있다. 기업이 어떠한 활동을 수행하던지 위험은 발생하기 마련이므로 이러한 위험들을 쉽게 발견할 수 있는 시스템을 개발하고 효과적으로 통제하는 것이 더욱 중요하다.

이와 같이 공급사슬관리와 관련되어 나타나는 위험들을 잘 예방할 수 있는 시스템을 개발하는 것은 상당히 중요하다. 이러한 위험들을 실제적으로 예방하기 위해서는 공급사슬관리에 적합한 조직구조로 변화시키는 것이 바람직하다. 예를 들어, 과거에는 매입부서(Buying Department)의 역할이 조직 내에서 집권화되거나 분권화되어 있는 정도였다. 그러나 공급사슬 전체의 관점에서 업무들이 진행되면서 전략적인 구매활동이 가능해지고, 매입활동도 단순히 특정조직 내에서 벗어나 제조와 마케팅 활동과 밀접하게 연관되고 있다. 이처럼 여러 내부 조직들이 강한 관련을 맺으면서 발전해 나가는 것은 매우 중요하다. 매입을 중심으로 제조, 회계, 재고관리, 수배송관리, 연구개발, 마케팅, 영업 등 기업 내부의 여러 활동들이 하나의 강한 연대관계를 구축해 가는 것이다.

 공급사슬관리는 공급업자의 공급업자, 공급업자, 제조업체, 벤더나 물류업체 그리고 소매업체와 소비자가 지속적으로 연계되는 흐름을 의미한다. 이러한 흐름이 단절 없이 연계되어야만 소비자로부터 필요한 정보를 수집하여 공급자에게까지 전달될 수 있다. 이와 반대로 공급자로부터 소비자에게로 제품이 공급되고 소비자가 지불한 돈이 공급자에게 다시 흘러가는 구조가 공급사슬관리의 핵심이다. 이러한 공급사슬관리의 수행에 가장 필요한 것이 관련기관이나 당사자들간의 신뢰관계의 구축과 유지이다. 상호간의 신뢰 없이는 실질적인 의미에서의 공급사슬관리가 불가능하다는 것이 미국의 공급사슬관리 전문가들의 공통된 견해이다.

 공급사슬관리에 잠재되어 있는 여러 위험요소들을 예방하기 위해서는 공급사슬관리에 참여하는 업체간에 굳건한 신뢰관계를 구축하는 것이 절대적으로 필요하다. 미국의 많은 공급사슬관리 전문가들이 주장하는 가장 공통된 사항이 조직간의 신뢰가 공급사슬관리 성공의 절대적인 열쇠라는 것이다. 신뢰가 필요한 이유는 공개가 어려운 정보(예: 소비자 판매정보, 내부적인 수급정보)를 거래하는 상대방에게 완전히 제공해야 하기 때문이다. 따라서 이러한 정보가 경쟁업체로 흘러갈 경우에는 이것이 자사의 경영에 타격을 줄 수도 있으므로 획득된 정보를 외부에 노출시키지 않도록 하는 것이 절대적으로 필요하다.

 일단 신뢰가 구축되면 상호간의 밀접한 관계를 통해서 재고검수, 물품판매, 대금회수 등의 자사의 중요한 사항들을 외부에 맡기는 경우까지 발생하게 된다. 이러한 상황에서는 상호간의 연계가 실질적인 운영에 절대적으로 필요하다는 것이 인식되어야 한다. 그렇지 않고서는 제품이나 매장운영을 상대방에게 맡긴다는 것이 불가능하기 때문이다. 신뢰를 바탕으로 공급사슬관리의 모든 구성원들이 공급망을 원활하게 움직이고 동시에 이득을 공평하게 획득한다는 것이 전제되어야 공급사슬관리가 원활하게 운영될 것이다.

진정한 의미의 공급사슬관리는 공급사슬의 내부적인 통합뿐만 아니라, 상호간의 밀접한 관계를 구축하면서 발전해 나가는 것이다. 과거의 단순히 거래를 하던 관계에서(Marriage of Convenience) 하나의 밀접한 관계로 새로운 관련을 맺어가기 위해서는(Strong Partnership) 조직적인 태도의 혁신적인 변화가 수반되어야 한다.

제7장   공급사슬관리의 도구적 관점
              —정보 중심

I. SCM에서 활용되는 정보기술의 중요성

공급사슬관리의 핵심은 정보공유(Information Sharing)이다. 소비자 수요, 재고사항, 시장조건 등의 자료를 공급사슬관리에 참여하는 모든 업체가 공동으로 분석하고 활용함으로써 비용측면에서 더욱 더 효율적인 공급사슬관리시스템의 구축이 가능해진다. 과거에는 정보가 공유되지 않았기 때문에 공급업자와 소비자는 만약의 사태에 대비한 재고를 항상 보유해야만 했다. 그러나 정보가 공유되면 비용절감은 물론이고 공급사슬 전체의 관점에서 상당한 이득이 생긴다. 특히 EDI(Electronic Data Interchange)를 사용하게 되면 전자상거래가 가능해지고 각종 구매나 재고와 관련된 자료와 송장들이 필요없게 된다. 또한 카테고리 매니지먼트(Category Management)와 같은 기법들이 등장하면서 공급업자가 소매점에 직접 진열을 하고, 머천다이징을 하며, 재고를 관리하게 된다.

공급사슬관리에 있어서 정보기술은 필수적이라고 할 수 있는데 실질적으로 정보기술의 지원 없이는 총공급망을 구축할 수 없기 때문이다. 1998년도에 미국의 유명한 총공급망 관련학회인 Council of Logistics Management가 발표한 바에 의하면, SCM과 관련되어 발표된 소프트웨어는 다음의 분야에서 1,300여 개가 훨씬 넘는 것으로 나타났다. 관련 소프트웨어들의 분야는 다음의 〈표 7-1〉에 자세히 나타나 있다.

〈표 7-1 미국의 공급사슬관리 관련 소프트웨어 분야〉

- 구매(Purchasing)
- 물적유통모형화(Physical Distribution System Modeling)
- 배송검사(Freight Rate Maintenance and Audit)
- 배송분석(Transportation Analysis)
- 배송스케줄관리(Traffic Routing and Scheduling)
- 선반관리(Stock/Pallet Location)
- 유통소요계획(Distribution Requirements Planning)
- 인력생산성향상(Labor Performance)
- 자재관리(Material Handling)
- 자재소요계획(Material Requirements Planning)
- 재고계획 및 예측(Inventory Planning and Forecasting)
- 재고관리(Inventory Control)
- 전자자료교환(Electronic Data Interchange)
- 주문처리(Order Processing)
- 차량관리(Vehicle Maintenance)
- 창고관리(Warehouse Management)
- 판촉(Promotions and Deals)

이러한 소프트웨어들은 공급사슬관리라는 타이틀을 갖고 여러 부분에서 활용되고 있다. 그러나 각각의 소프트웨어로 구축된 시스템들이 이미 기업에 구축되어 있는 기존의 시스템과 연계가 안 될 수도 있다. 예를 들면, SCM 관련 소프트웨어들이 기업의 기존 시스템(SAP이 구축한 ERP, Manugistics가 구축한 APS, Siebel이 구축한 CRM)과 연계가 안 될 수도 있다. 이러한 경우에는 EAI(Enterprise Application Integration)과 같은 미들웨어들을 사용해 통합할 수 있다. 20세기 말엽부터 2001년 현재까지 미국에서 각종 시스템 통합 툴로서 부각되고 있는 EIP(Enterprise Information Portal) 혹은 CIP(Corporate Information Portal)는 다양한 여러 시스템들을 통합하여 하나의 윈도우 창 위에 보여주고 있다. 이외에도 여러 시스템들을 활용할 경우에 매번 아이디와 패스워드를 치지 않고 단 한번 로그온하면 자동으로 모든 시스템들이 통합될 수 있도록 하는 최신의 패키지들이 미국과 한국에서 개발되어 판매되고 있다.

2. SCM의 기본 정보기술

(1) SCM의 출발점인 POS와 Bar-code

공급사슬관리는 제품에 붙어 있는 바코드를 읽는 POS의 스캐닝에서 출발한다. Bar-code는 제품, 박스, 컨테이너 혹은 수송차량에 붙어 컴퓨터가 인식할 수 있게 하는 코드를 의미한다. 기업은 Bar-code를 통해 공급망상에서의 제품과 정보의 흐름을 매우 정확하게 파악할 수 있다. 총 공급망에서의 가장 핵심사항 중의 하나가 정보교환이다. 과거에는 정보교환이 수작업으로 진행되었는데 이것은 실수가 많이 일어나고 시간도 상당히 요구되는 작업이었다. Bar-code는 점포에 있는 POS 기기에 부착되어 있는 스캐너를 통해 읽혀진다.

　스캐너는 슈퍼마켓, 편의점, 할인점, 백화점, 전문점 등의 대부분 점포의 계산대에 설치되어 Bar-code를 읽어들이는 기본적인 기계이다. 일반적으로 Bar-code는 13자리로 되어 있는데 이를 통해 제품명과 제조업체를 식별할 수 있으며, 제품뿐만 아니라 항공사에서 사용하는 비행기 짐표나 심지어 병원실험실의 혈액샘플에도 붙인다. 이러한 POS와 Bar-code는 총공급망의 멤버들간에 정보수집과 교환을 가능하게 하는 기본적인 식별도구이다. 미국의 경우, 소매업체인 Wal-Mart는 POS를 통해서 읽어들인 각종 정보를 총공급망상에 있는 협력업체들과 교환함으로써 생산성을 많이 향상시켰으며, FedEx와 같은 수송업체에게는 정확한 수송정보를 파악할 수 있게 해주었다.

　현재 Bar-code와 POS 없이는 공급사슬관리가 현실적으로 불가능하다. Bar-code는 각국의 코드관리기관에서 발급하고 있는데, 현재 전 세계적으로 가장 많이 사용되고 있는 것이 13자리로 구성된 EAN기관의 Bar-code이다. 이것은 코드발급기관의 소속국가를 의미하는 3자리 코드와 제조업체코드와 상품코드를 식별하는 9자리 코드로 구성되어 있으며, 코드발급기관이 속한 특정 국가 내의 제조업체와 그 업체에서 생산하는 제품을 알려주는 일련의 번호를 의미한다. 그리고 마지막 1자리는 앞의 12자리가 제대로 부여되었는지를 확인해주는 코드일 뿐 다른 의미가 있는 것은 아니다.

　현재 우리나라에서 Bar-code를 발급받는 제품들은 모두 앞 부분에 880이라는 번호를 갖는데, 이것은 국가 코드로서 1988년에 우리나라의 88올림픽을 기념하기 위하여 부여받은 것으로 알려지고 있다. 그리고 나머지 9자리의 숫자는 현재 우리나라에서 Bar-code를 신청한 제조업체와 그 업체에서 판매하는 제품을 식별하는 일련번호이다. 마지막 숫자는 코드발급 사실을 기계적으로 감시하기 위해서 만든 것일뿐 별다른 의미는 없다. 물론 우리나라의 모 제조업체가 중국에 있는 중국회사의 공장에서 생산을 해서 국내에 OEM으로 들여와 국내에 시판을 하거나 해외에 판매하는 경우에도 우리나라의 코드발급기관인 대한상공회의소 산하의 한국유통정보센터에 코드를 신청하면 880이라고 찍혀진다.

1980년대 말부터 1990년대 초에 Bar-code가 보급되기 시작하면서 13자리의 막대기 표시가 제품에 찍혀있는 것을 소비자들이 찾은 적이 있었다. 국내의 모 재래시장의 상인들은 그 Bar-code를 어디에서 발급받아 어떻게 제품에 부착하는지를 모르던 시절이었다. 손님이 13자리의 막대기가 그려져 있고 그 밑에 880으로 시작하는 13자리의 숫자가 붙은 제품을 찾자, 어느 도매상인은 자신이 취급하는 제품들 중에서 Bar-code가 붙어있지 않는 제품 위에 13자리의 검은 선을 긋고 자신의 주민등록번호 13자리(1947년 생이어서 47로 시작하였음)를 새겨 넣었다. 이 제품이 시중에 흘러나간 후에 대형유통업체에서 POS로 아무리 Bar-code를 읽으려해도 읽히지 않았다. 그러자 우리나라에 47로 시작하는 별도의 국가코드가 있는 것으로 오인하여 정부기관에 수사를 의뢰하였으며, 이 상인은 바코드 무단발급으로 곤욕을 치뤘다.

현재 Bar-code는 상하나 좌우 어느 방향으로도 읽히게 되어 있다. 간혹 100개 중에서 한 두개 정도 읽히지 않는 경우가 있는데 그 이유는 다양하다. Bar-code 인쇄가 잘못되었거나 혹은 인쇄는 제대로 되었지만 소형제품에 맞게 바코드를 작게 하기 위하여 위·아래를 절단한 경우이다. 이렇게 되면 Bar-code는 모든 방향에서 읽히지 않고 오직 지면과 수직인 방향에서만 읽히게 된다. 또한 Bar-code가 읽히지 않는 경우에는 Bar-code의 숫자를 일일이 손으로 입력하거나, 가격이 동일한 다른 제조업체의 Bar-code를 대신 읽히는 경우도 있다.

이것은 실제로 미국이나 우리나라의 유통현장에서 자주 발생하는 일이다. 하지만 이러한 경우에 가격은 동일하므로 손님에게서 정상가격을 받을 수는 있으나 재고관리나 수발주관리시에 엉뚱한 제품이 발주되게 된다. 수준 높은 유통업체의 경우에는 이와 같은 사항에 대비하여 종업원에게 철저한 교육을 시키는데, Bar-code가 읽히지 않는 경우에는 반드시 직접 손으로 13자리를 입력하도록 하고 있다.

현재 EAN은 유럽이 주도를 하고 있기 때문에 여기에서 발급하는 13자리의 바코드를 현재 미국의 POS기계들이 인식하지 못하는 것으로 알려져 있다. 따라서 2004년 12월 31일까지는 미국의 POS기계들도 현재의 EAN의 13자리 바코드를 읽을 수 있도록 준비하고 있으며, 현재 미국에서의 판매를 원하는 제품에는 미국에서 별도로 발급하는 코드(예; UCC-12)를 사용해야 한다. 또한, 현재 미국의 소형소매점들은 자체적으로 PLU(Price Look-Up)을 사용하기도 한다. 현재 우리나라의 몇몇 중소형 유통업체들도 자체적으로 만든 여러 가지 코드(250이나 280으로 시작하는 것도 있음)를 사용하고 있다.

Bar-code에는 가격이 표시되지 않고 표시할 수도 없다. 그 이유로는 판매가격이란 수시로 변하며 제조가격, 도매가격, 소매가격이 각기 다르기 때문이다. 따라서 라면이나 술과 같은 규격공산품은 Bar-code를 제품 자체에 인쇄하거나 디자인해서 부착하는 것이 쉽지만, 가변규격상품(Variable Measure Trade Item)이라고 불려지는 야채, 생선 등과 같은 제품들은 보통 20-29 자리의 숫자들을 활용하는 경우가 일반적이다. 이와 같은 가변규격상품들은 슈퍼에서 '00Kg당 00원' 하는 제품으로서 보통 공급업체에서 Bar-code를 붙이거나 혹은 유통업체에서 자체적으로 붙인다. 물론 이와 같은 가변규격상품이 해외로 수출될 때에는 수입하는 국가가 지정하는 방식을 따라야 한다.

POS를 활용한 정보기술의 발전에 힘입어 기업들은 소비자들의 구매자료를 입수하여 분석함으로써 효율성을 증대시킬 수 있게 되었다. 미국의 몇몇 공급사슬관리 업체들은 POS 자료로부터 얻은 정보들과 고객관계관리(Customer Relationship Management: CRM)를 통해 획득한 각종 고객자료(비행기의 Frequent-Flyer 프로그램과 같은 Loyalty 프로그램)의 정보들을 결합함으로써 고객의 욕구를 보다 잘 이해할 수 있게 되었다. 또한 각종 소프트웨어들이 개발되면서 이와 같은 POS 자료와 고객자료를 결합시켜서 소비자 구매패턴을 새롭게 파악할 수 있게 되어 각종 예측이 가능해졌다.

이와 같이 각종 정보기술을 활용해서 판매를 예측할 수는 있지만, 실질적으로 이러한 예측에도 한계가 있다. 예를 들면, 패션제품이나 장난감 혹은 음반들은 제품수명주기가 워낙 짧아져서 과거자료를 수집하기도 힘들다. 따라서 카테고리 내의 신제품의 수요를 예측하기 위해서는 과거의 유사한 제품의 판매동향을 활용할 수 있으나, 신제품이 과거의 어떤 제품과 얼마나 비슷한지를 유추해 보는 것이 쉬운 일은 아니며, 또한 과거의 자료들이 부정확하게 수집되는 경우도 많다. 따라서 체크아웃 당시에 부정확하게 수집된 자료를 근거로 정확한 판매예측을 한다는 것은 상당히 어려운 일이다.

또한 계산대 직원이 가격이 동일한 제품을 각 제품별로 스캔하지 않고 한 제품을 여러 번 스캔하는 경우가 많이 발생한다. 예를 들어, 어느 소비자가 일반 콜라 한 개와 다이어트콜라 한 개를 구매했을 경우에 일반 콜라와 다이어트 콜라의 가격이 동일하면, 직원은 일반 콜라를 한번 스캔하고 다이어트 콜라를 다시 스캔하는 것이 아니라 일반 콜라를 두 번 스캔한다. 이와 같은 경우에 소비자에게는 적정한 가격을 청구할 수 있지만 제품의 발주와 재고관리에서는 많은 문제가 나타나게 된다. 미국에서 1994년의 어느 조사결과에 의하면 슈퍼마켓의 POS 자료 중 약 95% 정도만이 정확하며, 생식품일 경우에는 정확도가 훨씬 더 떨어지는 것으로 밝혀졌다.

(2) SCM의 기본 정보기술

(가) EDI

공급사슬관리 구축에 가장 필수적인 기술 중의 하나가 EDI(Electronic Data Interchange)이다. EDI란 표준형태로 되어 있는 각종 비즈니스 문서들을 컴퓨터를 통해 상호 교환하는 것을 의미한다. 즉, 과거에 편지, 팩스 등과 같은 형태로 기업간에 의사소통하는 것에서 발전하여 두 기업간에 컴퓨터를 통해 정보를 교환하는 시스템을 의미한다. EDI를 사용하게 되면 공급망에 있는 기업들간에 다양한 컴퓨터시스템을 통해 의사소통이 효율적으로 이루어지며, 교환된 정보를 공동으로 보유하고 효율적으로 이용할 수 있게 된다. 또한 EDI를 통해 공급망에 있는 조직체들간에 각종 주문처리, 생산과정, 재고관리, 회계업무, 수송업무를 원활하게 수행할 수 있으며 종이서류를 활용하는 업무가 줄어들어 각종 송장, 주문서, 지불, 질의응답, 스케쥴링 등이 효율적으로 수행된다. EDI의 구체적인 장점은 다음의 〈표 7-2〉에 나와 있다.

EDI가 잘 수행되면 앞에서 설명하였던 Bullwhip Effect를 축소하는 데 상당한 도움이 된다. 리얼타임으로 전달되는 정확한 수요 및 공급정보를 통해 수요와 공급의 왜곡과 과장을 방지할 수 있기 때문이다. 미국에서는 1990년대에 전 소매업체 중에서 약 20%가 EDI를 활용해 업무를 수행했으며, 1995년에는 60% 이상으로 증가하였다. EDI는 그 자체로서 활용될 뿐만 아니라 각종 공급망의 기존 기법들과도 관련되어 활용될 수도 있다. 예를 들면, 미국에서 Campbell's Soup은 EDI를 통해서 여러 중간상들과 CRP(Continuous Replenishment Program)을 수행하였다. CRP는 거래 상대방의 재고가 판매로 인해 줄어들 때마다 즉각적으로 보충하는 것을 의미하는데, 이것을 사용하게 되면 제조업체들이 수요정보와 재고정보를 보다 더 정확하게 파악할 수 있으며, 정보 왜곡이나 수정

〈표 7-2 EDI의 구체적인 장점〉

- 종이업무의 축소
- 향상된 의사소통
- 정보에 신속한 접근
- 세련된 고객서비스
- 업무과정에 대한 신속한 확인
- 비용효율성
- 경쟁우위
- 계산기능의 향상
- 인건비, 자재비, 통신비, 사무처리비의 감소
- 생산성 증대

이 발생할 때 효율적인 대처가 가능하다. EDI를 활용해 CRP를 수정하는 업체들의 재고가 약 25% 정도 감소한 것으로 알려지고 있다.

EDI는 각종 구매관련 서식들이 요구되므로 거래가 빈번하게 이루어지는 고비용 원재료나 각종 소모품을 구매할 경우에 매우 적합하다. 사무실에서 필요한 각종 소모품들은 자동보충시스템을 통해서 발주되거나 혹은 공급업자들로부터 컴퓨터를 통해 직접 구매할 수 있어야 한다. 이와 같은 메커니즘들은 미리 정해진 방식에 의해 상호간에 전자적으로 각종 정보전달을 하는 데에 상당한 도움이 된다. 인터넷을 통한 전자상거래는 이와 같은 많은 효과를 제공해주는 상당히 탄력적이며 저비용의 형태라고 할 수 있다. EDI는 이와 같이 컴퓨터를 통한 상호간의 의사소통에 도움이 된다고 할 수 있다.

(나) Internet

EDI외에도 각종 인터넷을 활용한 정보교환이 공급사슬관리의 중요 사항으로 등장하고 있다. 이메일, 전자자금결제, 이미지 프로세싱, 전자게시판 등과 같이 인터넷을 통한 최첨단 시스템은 조직체들의 각종 비즈니스 수행에 상당한 영향력을 미친다. 네트워크와 네트워크를 결합한 형태인 인터넷은 총공급망의 수많은 조직체간의 정보교환에 도움을 준다. World Wide Web을 통한 인터넷은 총공급망의 정보교환력을 급속도로 향상시키는 데 공헌하였다. 인터넷을 기반으로 특정한 조직 내에서만 활용할 수 있게 하는 통신네트워크가 인트라넷인데, 기업은 이것을 통해 조직 내에서 각종 정보교환을 쉽게 할 수 있다. 반면에 인터넷을 통한 정보교환이 확산됨에 따라 개인 프라이버시나 보안의 문제가 새롭게 등장하고 있다. 프라이버시 문제는 개인간의 신용카드 정보교환에서부터 기업체간의 구매카드 정보교환에 이르기까지 나타나고 있다.

　인터넷을 통해 생성되는 공급사슬관리의 효율성은 다음과 같다. 총공급망상의 최종고객과 각종 원재료 공급업자, 제조업체, 소매업체 그리고 각종 도매업체들이 인터넷을 통해 가상공간에서 각종 커뮤니케이션을 하면서 연계되고 있다. 또한 각종 정보기술은 정보공유는 물론 원활한 비즈니스 거래를 촉진시켜 주며, 총공급망에 참여하는 파트너들간에 각종 이해와 신뢰를 높일 수 있도록 상호간의 의사소통을 증진시켜주고 있다. 또한 가상공간에 있는 기업들은 경쟁적인 우위를 다같이 유지하기 위하여 기술적인 우위성을 증진시키려고 노력하고 있다.

　기업들이 효율적인 컴퓨터통신의 개발을 가속화해 가면서 기업내의 조직 프로세스는 총공급망의 개발에 따라 발전하게 된다. 특히 보다 더 강한 규모의 경제 방식을 활용하여 신뢰할 수 있는 정보에 보다 신속하게 접근하는 것이 더욱 중요해지면서, 총공급망 관련 업체들은 우수한 자료검색과 신뢰성 확보 없이는 성공을 보장받을 수 없게 되었다. 조직들도 이에 대한 필요성을 절감하면서 CIO의 역할이 보다 더 중요해지고 있다. 더 나아가 기업들은 정보획득과 경쟁우위 확보를 위하여 각종 전산시스템을 개발하는 데 있어서 인터넷을 어떤 식으로 활용할 것인지를 고려하고, 웹상에서 수행되어야 하는 각종 업무들을 어떻게 조화시켜 실시간 대응이 가능하게 할 것인지도 생각해야 한다.

　이와 같은 과정을 개발하기 위해서는 조직의 발전을 위해 더욱 노력해야만 한다. 조직체의 여러 프로세스들을 주력화시켜 중복업무와 각종 오류가 제거되도록 하며, 부가가치를 제공하지 못하는 각종 업무들을 삭감시켜 현재의 기술수준이 보다 더 잘 효율적으로 충족될 수 있도록 노력해야만 한다. 이를 위해 많은 소프트웨어나 각종 컴퓨터시스템들의 활용이 가능하지만 특정 기업을 위해서는 이와 같은 것들이 최적으로 결합되어 평가되어야만 한다.

(다) Decision Support System.

1970년대에 생성되어 1980년대, 1990년대에 계속 발전해온 DSS(Decision Support System)은 총공급망에 많은 도움을 주고 있다. 총공급망의 DSS는 원재료 공급업자, 제조생산공장, 배송센터, 수송거점, 제품수요와 같은 공급망 구성요소들의 각종 관계에 대한 효율적인 정보를 제공해 주며, 이러한 정적·동적인 정보를 활용하여 효율적인 의사결정을 가능하게 한다. 여기서 정적인 정보(Static Information)란 생산가동률, 자재주문서, 생산시설 선호도 등과 같은 것이며, 동적인 정보(Dynamic Information)란 생산 및 판매예측, 각종 배달 및 주문관련 자료 등이다. 이와 같은 자료들을 잘 결합하여 구축한 데이터웨어하우스는 SQL(Structured Query Language)를 이용해 각종 자료간의 관계를 파악해내어 총공급망의 수익성을 증대시킬 수 있다. 총공급망의 각종 자료들을 활용하는 구체적인 기술에는 Expert System Techniques, Operations Research Techniques, Advance Planning and Scheduling Techniques 등이 있다.

DSS는 기본적으로 다양한 정보원으로부터 정보를 수집하여 최종사용자가 일관성 있는 방식으로 활용할 수 있도록 해주는 의사결정지원 도구인 데이터웨어하우스를 이용해서 수행된다. 데이터웨어하우스는 1970년대에 기업체 내에 흩어져 있는 수많은 정보들을 통합하여 하나의 커다란 자료창고를 만들려는 목적으로 시작되었다. 데이터웨어하우스는 과거 기업체의 기능중심적인 데이터베이스와는 다르다. 예를 들면, 총공급망에 공급되는 각종 제품에 대한 생산관련 자료는 각종 주문 및 대금지불과 관련되어 형성되며, 많은 기업들은 이러한 다양한 형태의 중복되는 여러 데이터베이스들을 가지고 있다. 이에 반하여, 데이터웨어하우스는 특정기능 중심이라기보다는 정보지향적인 성격을 가지고 있다. 현재 중심이 되는 주제정보에 대하여 여러 다른 데이터베이스에서 자료를 추출하고 이를 최종사용자가 의사결정을 하는데 활용할 수 있게 해주는 것이다. 예를 들면, 총공급망의 여러 조직들이 할인쿠폰을 보내기 위한 각종 정보를 분산해서 가지고 있는 경우에, 기업은 데이터웨어하우스를 통해 다양한 시스템들의 자료를 주제 중심적으로 결합시킴으로써 각각 분산된 시스템에서는 얻을 수 없었던 통찰력을 얻게 되는 것이다. 기존의 데이터베이스들이 제공하는 작은 규모의 분산된 자료에 비해 데이터웨어하우스는 대규모의 통합된 자료를 제공한다는 면에서 장점이 있다.

(라) Unit Control

공급사슬관리에서 단품관리는 상당히 중요하다. 취급되는 각 제품의 최소단위인 단품별로 각종 관리(사입원가, 판매가격, 판매수량에 대한 각종 정보의 획득과 분석)가 이루어지지 않으면 실제적으로 제조업체와 유통업체간에 공급망을 연결하여도 이득을 얻기가 힘들다. 현재 국내에서는 단품관리가 잘 이루어지지 않고 있는데 이것은 대부분의 유통업체가 지난 1960대 말부터 1990년대 중반까지 우리나라 백화점의 영향을 받아왔기 때문이다. 직접 제품을 매입하여 단품관리를 하면서 판매하는 미국식 백화점과는 달리, 우리나라의 백화점들은 식품매장을 제외한 나머지 전 매장을 외부의 입점업체에게 임대해준 상태이므로 각 매장별 제품의 단품관리는 당초부터 어려울 수밖에 없었다.

물론 불가능한 것은 아니지만 백화점에서 입점업체의 단품관리를 성공적으로 하게 되면, 구태여 입점업체에게 매장을 임대해줄 필요 없이 백화점이 자체적으로 매입하여 재고를 책임지는 판매행위를 하면 된다. 그러나 앞으로 10~20년 이내에 백화점의 특정매입 형태가 바뀔 가능성이 거의 없는 현재 상태로서는 백화점이 입점업체의 단품관리를 한다는 것은 비용측면에서 별로 이득이 없다고 볼 수 있다. 또한 1990년대 중반 이후로 계속 들어서고 있는 할인점들은 현재 점포 수를 늘리는 것에 모든 것을 치중하고 있기 때문에 단품관리와 같은 내부분석시스템이 상당히 취약한 편이다. 그나마 단품관리에 경험이 많은 분야는 수십 년 동안 체인형으로 슈퍼마켓을 운영해온 우리나라의 각종 유통업체들이다. LG 유통의 슈퍼마켓은 단품관리시스템을 몇 년 전에 완성하여 현재 각 단품별로 분석이 가능한 상태이다.

(마) Geographic Information System

지리적인 공간을 벗어나 생활하는 개인이나 기업은 이 세상에 없다. 모든 인간은 거리라는 개념하에서 공간적인 활동인 원거리 이동, 원거리 배송, 원거리 정보활용 등을 하고 있으며, 지리적인 각종 정보(도로형태, 건물배치, 특정지역 내의 인구, 두 지점간의 최단거리, 도로의 복잡성 여부 등)는 기업들의 각종 업무수행에 상당한 영향을 미치고 있다. 컴퓨터와 통신기술이 급속하게 발전하면서 각종 지리정보를 시스템화시키는 작업들이 선진국 특히 미국을 중심으로 활발하게 전개되고 있으며 이것은 기업체와 정부의 각종 활동에 많은 도움을 주고 있다. 이와 같은 것을 지리정보시스템(Geographic Information System: GIS)이라고 부른다.

GIS는 일반적으로 기본형태와 응용형태로 나누어진다. 기본형태는 지도(우리나라의 경우 국립지리원이 작성한 지도)를 컴퓨터 상에 입력하고 구현하는 활동을 의미한다. 컴퓨터는 우리 인간과는 달리 두 지점이 이어진다거나 각종 지역들이 겹치는 부분을 시각적으로 반영하지 못한다. 따라서 각종 수치의 조합으로 결합시켜야만이 시각적으로 두 개의 점이 만나거나 다양한 지역들의 상권이 겹치는 형태로 나타나게 된다. 응용형태는 이와 같이 기본형태로 개발된 것에 각종 자료를 입력하여 이것을 최첨단의 IT기술들과 결합시켜 활용하는 것이다.

기본형태는 우리나라의 기업들에게 크게 도움을 주지 못하지만 응용형태는 많은 이득을 준다. 선진국의 경우에 IT기술을 가장 많이 활용하는 산업이 금융이고, 그 다음으로 유통이다. 이것은 우리나라에서도 비슷한 경향을 보이고 있다. 특히 특정지역 내의 상권상의 각종 정보와 최신 IT기술들이 접목한 GIS DW(Geographic Information System Datawarehousing)나 GIS CRM(Geographic Information System Customer Relationship Management)이 최근에 부상하고 있다. GIS와 DW 그리고 CRM은 각각 별개로 개발되다가 결합되면서 특정지역 내의 각종 다양한 정보나(GIS DW : 예를 들면, 반경 500m 내의 월소득 500만원 이상을 가지고 아파트에 거주하는 50대 남성) 필요한 정보(GIS DW : 예를 들면, 압구정동에 거주하면서 A백화점에 주로 다니는 40대 주부에게 얼마만큼의 사은품을 보내면 B백화점 고객으로 만들 수 있는가)를 수초 내에 분석해서 의사결정에 도움을 주고 있다.

GIS의 도움이 없이 단순히 DW나 CRM 프로그램을 활용하게 되면 특정지역 범위 내에서 발생하는 일들에 대한 정보를 수집하기가 불가능하다. 보통 1차 점주권이나 1차 상권 내에 있는 고객들이 은행이나 소매점포의 약 75% 정도의 매출액에 공헌을 한다. 1차 접주권이나 1차 상권의 범위를 컴퓨터상의 지도에 원형으로 범위를 정하고 그 지역 내에서 기존 고객의 유지나 신규고객의 유치에 대한 각종 마케팅 활동을 수행하는 데 필요한 기본정보를 GIS가 제공하게 된다.

현재 순수 국내기술로 개발한 GIS DW와 GIS CRM 솔루션들이 활발하게 응용되고 있다. 국내에 들어와 있는 미국의 최첨단 업체들이 이것을 활용하기 시작하였고 우리나라 정부의 각종 용역사업에 활용되기 시작하였다. IT를 가장 많이 사용하는 금융회사(지점별 목표액 배정, 은행합병후의 지점폐점과 신규점개점 결정)나 유통회사(상권내 고객에 대한 각종 캠페인전략 수행, 최단거리간의 배송지점 포착)들은 이미 사용하고 있다. 그 외에도 텔레마케팅과 GIS가 결합되면서, 기업으로 걸려오는 인바운드콜(In-Bound Call)에 대한 고객위치를 포착하고 그곳에서 가장 가까운 점포나 시설물을 소개해주는 서비스에도 활발하게 응용되고 있다. 불황기일수록 보다 세밀하고 정확한 정보에 근거하여 의사결정을 하는 것이 기업에게 도움이 된다.

3. SCM의 응용 정보기술

(1) SCM 응용기술과 수행업체

각종 발전된 정보기술이 공급사슬관리에서의 조직변화에 응용되면서 새로운 기법들이 많이 등장하고 있다. 1990년대와 2000년대의 각종 정보기술의 발전에 따라 개발된 이와 같은 첨단기법들은 공급사슬관리를 일관성 있고 효율적으로 할 수 있게 해준다. 그러나 이와 같은 첨단 정보기술 자체 만으로서는 기업에서 총공급망의 수익성을 향상시키는 데에 큰 도움이 되지 않는다. 실제적으로 필요한 것은 공급사슬관리를 활용하는 기업의 각종 잠재된 욕구를 충족시키는 데 적합한 정보기술의 활용과 적용이다. 현재 우리나라에서는 제조업체와 유통업체들이 다양한 형태의 공급사슬관리 관련기법들을 활용하고 있다. 공급사슬관리를 실무적으로 주도하고 있는 대한상공회의소 산하의 재단법인인 한국유통정보센터에서 추진중인 각종 공급사슬관리 관련 업무에 참여하고 있는 업체들은 다음의 〈표 7-3〉과 같다.

〈표 7-3 응용기술과 수행업체명〉

CRP(Continuous Replenishment Program)
- 제조업체: 풀무원, LG생활건강, 유한킴벌리, P&G
- 유통업체: 한화유통, 마그넷, LG유통, 까르푸

VMI(Vendor-Managed Inventory)
- 제조업체: LG생활건강, 유한킴벌리, P&G, 유니레버, 오뚜기
- 유통업체: 마그넷, LG유통, 까르푸

CMI(Co-Managed Inventory)
- 제조업체: 동서식품, 풀무원, 제일제당
- 유통업체: LG유통, 마그넷, 까르푸

CAO(Computer-Assisted Ordering)
- 제조업체: 제일제당, 풀무원, P&G
- 유통업체: LG유통, 마그넷, 한화유통, 까르푸

CPFR(Collaborative Planning, Forecasting and Replenishment)
- 제조업체: P&G
- 유통업체: 현대백화점, 까르푸

(2) SCM의 응용기술

(가) CRP

CRP(Continuous Replenishment Program)는 제조업체와 유통업체간의 각종 상품에 대한 주문을 양자간의 정보교류를 통해서 효율적으로 수행하는 것을 의미한다. CRP는 제조업체와 유통업체에서 유통업체의 재고관리와 수발주관리를 지속적으로 수행한다는 개념하에서 생성된 용어이다. Continuous Replenishment Program이라는 말이 의미하듯이 지속적으로 재고를 보충하는 것을 말한다. CRP를 하나의 공급사슬관리 기법으로 간주하기도 하고 혹은 앞으로 설명할 VMI와 CMI를 모두 포함하는 형태라고 말하기도 한다.

이와 같은 의미에서 CRP를 크게 두 가지 종류로 나눌 수 있는데 하나는 VMI(Vendor-Managed Inventory)이고 또 다른 하나는 CMI(Co-Managed Inventory)이다. VMI는 제조업체가 유통업체의 판매정보를 획득하여 제조업체의 주도하에서 재고관리를 하는 것을 말하며, CMI란 제조업체와 유통업체가 공동으로 정보를 교환하면서 상호간에 재고관리를 하는 것을 의미한다. 일반적으로 VMI는 제조업체에 무게를 두는 반면에, CMI는 제조업체와 유통업체의 공동수행이란 의미에서 유통업체에 무게를 두는 경향이 있다.

(나) VMI

VMI(Vendor-Managed Inventory)는 일종의 제조업체 관점의 공급사슬관리라고 볼 수 있다. 유통업체의 물류센터에 있는 각종 데이터(소매업체로의 출고데이터 및 물류센터에 현재 보관중인 재고데이터)가 제조업체로 전달이 되면, 제조업체가 알아서 소매업체의 물류센터로 제품을 배송하고 심지어는 진열까지 하는 공급사슬관리 방식의 하나이다. 여기서 말하는 벤더(Vendor)란 보통의 경우에는 제조업체를 의미하고 경우에 따라서는 제조업체의 제품을 공급하는 중간도매상을 의미한다. 어떠한 경우이건 간에 제조업체측에서 소매업체의 판매와 재고정보를 받아서 재고보충을 하거나 재고진열을 하는 것을 의미한다.

이것은 P&G가 Wal-Mart의 POS 데이터를 받아서 시행한 데에서 유래한 개념으로서 현재 미국에서는 많이 성행하고 있다. 우리나라의 백화점에서는 식품을 제외한 거의 모든 제품은 입점업체에서 재고관리를 하고 있으며 그나마 대형 백화점에서만 검품조치가 어느 정도 이루어지고 있고, 중소형 백화점의 경우에는 입점업체가 거의 100%의 재고관리를 하고 있다. 우리나라의 입점업체는 제조업체이거나 혹은 제조업체의 제품을 위탁판매하거나 혹은 직매입판매하는 중간상일 경우가 대부분이다. 따라서 현재 우리나라의 백화점 재고관리를 미국식 VMI라고 간주하여도 거의 무방하다.

VMI라는 아이디어는 수요자가 더 이상 공급자에게 주문을 하지 않도록 하자는 데서 출발한 것이다. 실제적으로 소비자에 대한 정보를 소매점과 공급자(벤더나 제조업체)에서 공유하게 되면 이러한 자료에 근거하여 지속적으로 공급업자의 소매점 재고관리가 가능해진다. VMI를 하게 되면 공급자가 생산스케쥴을 미리 거의 정확하게 만들 수 있으므로 수송여건도 보다 더 효율적이 된다. 또한 소매점과 도매점에서 중복으로 가지고 있는 재고도 많이 감소되어 서비스 수준은 전반적으로 향상된다.

(다) CMI

CMI(Co-Managed Inventory)혹은 JMI(Jointly-Managed Inventory)는 VMI에서 한 단계 더 나아간 개념으로서 소매상과 공급상이 공동으로 판촉활동, 지역여건, 경쟁상황을 고려하면서 적절하게 재고수준을 관리해 나가는 것이다. VMI나 CMI에서 공통적으로 발생되는 것은 부가가치 증진형 정보교환(Value-Added Exchange of Information)이다. 소비자가 필요로 하는 것이 저절로 POS를 통해서 파악이 되고, 이 정보가 공급사슬 전체에서 공유되기 때문에 이전에 비하여 더 많은 가치가 생성되는 것이다.

유통업체의 입장에서 완벽하게 공급사슬관리를 하는 경우는 극히 드물다. 유통업체가 자체적으로 개발한 PB(Private Brand)의 경우에는 거의 100%를 유통업체에서 공급망을 주도하면서 관리한다. 그러나 그 이외의 경우에는 미국이나 한국에서 유통업체가 100%를 주도하는 공급사슬관리는 찾아보기 힘들다. 일반적으로 CMI를 할 경우에 유통업체가 주도하여 예측을 하고 발주를 내리는 경우가 대부분이므로 이것을 유통업체 주도의 공급망이라고 간주할 수 있다. CMI는 VMI보다 훨씬 더 소비자 지향적이면서 유통업체가 주도하는 대로 제조업체가 재고를 관리하는 경우이다.

공급사슬관리에서 상호간의 이득이 되는 구조(Win-Win Structure)가 현실적으로 실현되는 것은 VMI와 CMI이다. 과거에는 소비자에 대한 정확한 정보가 없어서 소비자가 점포에 와서 물건을 찾을 경우에만 소매점이 공급업자에게로 주문을 하는 형태였다. 이러한 경우에 대비하여 소매점은 안전재고를 확보해두었다가 소비자가 원할 적마다 보충하는 방식을 활용하였다. 즉, 소비자들이 점포에 가서 구매하려고 할 경우에 점포에 물건이 없을 수 있기 때문에 소매점에서 자체적으로 어느 정도의 안전재고를 유지하는 것이었다. 이와 같이 과거의 공급사슬관리에서는 공급사슬 내에 항상 많은 재고가 쌓여있으며 서비스 수준도 떨어지고 소비자에 대한 반응 여건도 좋지 않았다.

(라) CAO

CAO(Computer-Assisted Ordering)는 소매점에서 컴퓨터를 이용해 주문하는 것을 말한다. 컴퓨터는 제품판매, 시장요인, 재고수준, 제품수납, 서비스 수준과 같은 다양한 정보를 통합하는 데 사용된다. 더 나아가 W.W. Grainger와 McMaster-Carr는 웹을 이용하여 각종 주문을 하고 있으며, 우리나라에서는 현대백화점이 1990년대 중반에 CAO를 도입하여 활용하고 있다.

(마) CPFR

제조업체 관점이거나 혹은 유통업체 관점에서 공급사슬관리가 수행되면 양쪽의 입장 차이로 발생하는 문제들이 실제로 발생한다. 따라서 제조업체와 유통업체 공통의 관점에서 공급사슬관리가 수행되는 것이 바람직하다. 이것은 제조업체와 유통업체가 면밀한 유대관계를 형성하고 정보를 공유하면서 비밀을 유지할 수 있는 신뢰관계가 형성되어야만 가능하다. 이와 같은 제조업체와 유통업체 공동의 관점에서 수행된 것 중에 최근에 각광을 받고 있는 것이 CPFR(Collaborative Planning, Forecasting and Replenishment)이다.

CPFR은 그 자체로서 21세기의 공급사슬관리의 핵심전략으로 간주될 수 있고, 경우에 따라서는 커다란 공급사슬관리의 틀 안에서의 하나의 핵심전략으로 볼 수도 있다. 어떠한 경우이던 CPFR은 제조업체와 유통업체가 공동으로 예측하여 그 오차를 줄이려 한다는 의미에서는 상당히 진보한 개념이다. 정통적인 CPFR은 보통 아홉 단계로 이루어진 제조업체와 유통업체의 공동재고관리와 수발주통합화라고 볼 수 있다. 상호간에 비밀을 유지하면서 소비자 수요에 대한 초과공급으로 생기는 총공급망 내의 제조업체 · 도매업체 · 소매업체 보유의 재고에 대한 위험과 비용을 참여하는 업체들이 공동으로 부담한다는 의미에서는 상당히 현실적인 개념이다. 거래관계를 형성하고 공급망 내의 수요를 하나로 통일하여 예측하고 이러한 예측된 수요를 공급하는 데 대한 각종 장애요인을 제거하는 것에 초점이 맞추어져 있다. 아홉 단계의 전 과정은 참여하는 제조업체와 유통업체가 공동으로 판매를 예측하고 이에 따른 주문예측과 발주과정 및 배송과정으로 이루어진다.

1단계와 2단계는 일차적으로 공동업무협약서(Front-End Agreement)를 체결하고 이를 수립하는 것이다. 3단계부터 5단계까지가 판매예측을 실시하는 것이고, 6단계부터 8단계가 판매예측된 것에 맞추어서 주문예측을 하는 것이다. 그리고 마지막 9단계가 발주를 하는 단계이다. CPFR에서 중요한 사항은 첫째로 비밀을 유지하는 것과 둘째로 제조업체와 유통업체 상호간에 판매예측을 하여 각 오차가 나는 원인을 규명하는 것이다. 그리고 상호간의 판매예측의 오차가 일종의 허용된 부분(기업의 상황에 따라 상호간의 오차가 5% 이내거나 10% 이내일 수도 있으며, 양자간의 협의에 따라서 규정될 수 있음)을 넘어서면 이 허용오차 범위를 넘는 아이템을 선정하는 것이다. 주문예측도 판매예측과 비슷한 방법으로 규정되어 허용오차를 넘어서게 되면 이를 양자가 공동으로 시정하는 것이다. CPFR를 공동으로 수행하게 되면 양자간의 차이를 공동의 노력으로 감소시킬 수 있다는 데에 장점이 있다. 2002년에는 미국에서 CPFR보다 더 발전된 개념인 CSCP(Collaborative Supply Chain Planning)이 개발되고 있다.

(바) QR

QR(Quick Response)은 공급사슬관리의 초기형태로서 의류산업에 주로 국한된 공급사슬관리라고 할 수 있다. QR은 의류소매업체에서 소비자 판매정보를 용이하고 신속하게 획득하여 소비자 욕구에 적합한 의류공급을 해주는 것을 의미하며 정보기술의 발달과 함께 각종 물류관련 업무가 증대하면서 수행되고 있다. 보통 QR에서는 출하되는 상품의 박스에 Shipping Carton Marking을 하여 쉽게 관리할 수 있도록 하면서 Advance Shipping Notice를 보내는 것이 일반적이다. Shipping Carton Marking의 라벨을 첨부한 Advance Shipping Notice는 제품이 배송되기 전에 보통 먼저 전달된다. Advance Shipping Notice를 받은 후 얼마 후에 공급되는 제품의 Shipping Carton Marking을 스캔하여 양자를 대조하게 되면 박스를 오픈하지 않고서도 제품입고를 할 수 있게 된다. 이와 같은 정보기술과 물류시설의 결합을 통하여 의류산업의 경쟁력을 확산시키기 위해 QR이 발전하고 있다. 우리나라에서도 섬유산업연합회가 주도하여 QR를 수행하고 있는 것으로 알려지고 있다.

QR에서는 일반적으로 일정량의 제품을 계획생산하고 나머지는 소비자의 반응을 보아가면서 생산한다. 예를 들면, 미국에서 QR이 수행될 초기에는 약 80% 정도의 제품을 미리 생산하고, 나머지 20%는 소비자의 반응을 살펴가면서 생산하는 시스템이 활용되었다. 그러나 QR이 어느 정도 진행된 후에는 약 50% 정도의 제품을 미리 생산하고, 나머지 50%는 여러 번에 나누어서 생산하는 경우가 많이 나타나고 있다. 이러한 경우에는 시즌에 돌입한 이후에 필요한 원자재를 시즌 전에 미리 준비할 필요가 없어진다. 시즌 전에는 그저 시즌 전에 필요한 원자재를 준비하여 생산하고 시즌에 들어간 이후에 소비자 반응을 보아가면서 필요한 원자재를 구입하여 추가생산에 들어가는 것이 바람직하다. 시즌 전에는 소비자 반응을 정확히 알 수 없으나, 시즌에 돌입하면 소비자 반응에 대한 판매자료가 수집되기 때문에 이것에 맞추어서 생산을 하는 것이 보다 안전하다고 할 수 있다.

(사) ECR

ECR(Efficient Consumer Response)은 공급사슬관리의 초기형태로 알려지고 있다. ECR은 식품의 총공급망에서의 효율성을 증대하기 위하여 생긴 전략적인 개념으로서 크게 네 가지 부분으로 구성되어 있다. 그것은 효율적인 판매촉진전략(Efficient Promotion Strategies), 효율적인 신제품소개(Efficient Product Introduction), 효율적인 구색갖추기(Efficient Store Assortments) 그리고 효율적인 제품보충(Efficient Replenishment)이다. 미국의 대형 식품관련 조직체들(Grocery Manufacturers of America, Food Marketing Institute, Food Distributors International, National Food Brokers Association, American Meat Institute)은 모두 ECR를 추진하고 있다. ECR의 목표는 서류 없이 적시에 정확하게 공급망을 통해 정보를 전달함으로써 제조업체에서 소비자까지 원활하고 지속적으로 제품이 흐르도록 하는 데 있다.

원래는 식품유통업체들이 너무 박한 마진으로 인해 무엇인가 새로운 것을 추구하다가 시작된 것이다. 1980년대 후반 미국에서도 식품을 구매할 경우에는 모두 가격협상을 통해서 제품구매가 진행되었다. 식품제조업체들은 식품유통업체들에게 판매가 부진한 제품들을 염가에 넘기려고 하거나 혹은 그 달의 판매목표를 달성하기 위하여 대량구매시 가격을 인하시켜 주겠다고 하였다. 이와 같은 가격협상이 제조업체와 유통업체간의 주요 업무였다. 그러다가 Wal-Mart와 같은 대형유통업체가 일년 내내 가장 낮은 가격으로 제품구매를 시도하였으며, Wal-Mart는 소비자 수요에 맞추어 제품을 구매하고 판매하였기 때문에 제품의 부족과 초과가 거의 없었다. 그 대신에 가격을 최저가로 구매하기 위해 온갖 노력을 기울인 것이다. 이와 같은 Wal-Mart의 노력이 공급망상의 재고수준을 낮추었고 모든 공급망상의 각종 인프라스트럭처인 종업원, 창고, 수송시설, 시스템을 효율화시키게 되었다. 이를 통해 공급망에서 각종 낭비가 줄어들면서 이득이 생기게 된 것이다.

원래 ECR의 원조는 자동차산업, 섬유산업, 전자산업 등에서 활용되던 Just-In-Time, Quick Response와 Total Quality and Partnership들과 같은 다양한 기법들이 합쳐져서 식품산업에서 새롭게 개발된 것이다. ECR은 크게 두 가지의 특징을 가지고 있다. 첫 번째 것은 카테고리 관리(Category Management)이고, 두 번째 것은 포스스캐닝(Electronic Point-of-Sale Scanning)이다. 카테고리 관리는 제품에 대한 관점을 과거의 브랜드별 제품에서 전체 카테고리 관리라는 보다 폭 넓은 관점으로 옮겨 놓았다.

EPOS에서 스캔된 자료는 어떠한 제품이 어느 소매점에서 판매되었는지에 대한 정확한 정보를 제공해준다. 이러한 정보를 활용하는 것은 총 공급망의 거래업체간의 상호협조를 통해서 제품보충 과정을 어떻게 운

⟨표 7-4 ECR의 기본적인 개념⟩

(1) 수요관리(Demand Management):
제품도입을 소비자에게 원활하게 하는 활동
- 전략 및 사업능력(Strategy and Capabilities)
- 신제품소개의 최대화(Optimize Introductions)
- 제품구색의 극대화(Optimize Assortments)
- 판매촉진의 최대화(Optimize Promotions)

(2) 공급관리(Supply Management):
공급체인을 통해서 제품흐름을 향상시키는 활동
- 공급업체 통합(Integrated Suppliers)
- 생산동기화(Synchronized Production)
- 지속적인 보충(Continuous Replenishment)
- 배송점포의 자동선정(Automated Store Ordering)
- 신뢰할 수 있는 운영(Reliable Operations)
- 크로스 도킹(Cross Docking)

(3) 기술활용(Enabling Technologies):
전자상거래와 관련된 ECR 관련 정보기술
- 전자적 자료교환(Electronic Data Interchange)
- 전자적 자금이체(Electronic Funds Transfer)
- 아이템코딩과 데이터베이스유지(Item Coding and Database Maintenance)

영할 수 있는지에 대한 중요한 판단기준이 된다. EPOS 자료를 활용하여 소비자 장바구니분석(Basket Analysis)을 통해서 소비자들이 한꺼번에 자주 구매하는 제품에 대한 기본적인 자료의 획득이 가능하다. ECR은 다음의 〈표 7-4〉에 나타난 것과 같은 크게 세 가지 기본적인 개념들로서 구성되어 있다.

ECR은 기본적으로 한 때 적대관계에 있었던 식품제조업체와 식품소매업체간의 관계를 상호 호혜적인 관계로 변화시켜 놓았다. 경쟁보다는 협조를 강조하고 소비자욕구와 고객만족 극대화에 치중하면서 ECR은 식품산업의 양대 목표들(비용은 감축하면서 판매는 증대시키는 것)을 동시에 달성할 수 있게 하였다. 시장진출을 모색하는 새로운 식품제조업체를 견제하면서 기존의 시장점유율을 유지하는 것을 가능하게 만들었다. 향후로 ECR은 소비자의 아직까지 밝혀지지 않은 잠재된 욕구를 더 많이 파악하고 자극할 수 있는 식품제조업체와 식품소매업체간의 새로운 협력방식을 모색하여야 한다.

ECR을 통해서 유럽과 미국 그리고 호주에서는 약 5.5%에서 6.3% 정도의 비용감소가 이루어진 것으로 알려지고 있다. 물론 비용감소 이외에 판매증대의 효과도 있었겠지만 이 효과는 실질적인 측정이 어려우므로 막연히 추측할 뿐이다. ECR을 포함한 거의 모든 공급사슬관리의 실행에서 얼마만큼의 판매증대가 이루어졌는지를 분리해서 측정한다는 것은 미국에서도 현재의 분석수준으로는 실질적으로 힘들다.

제 3 부

공급사슬관리의 실천

제 8 장 공급사슬관리 구축시의 기본 준비사항
제 9 장 공급사슬관리의 실제 구축 준비단계
제10장 공급사슬관리의 실제 구축 실행단계
제11장 공급사슬관리의 실제 구축후 운영단계
제12장 공급사슬관리의 실제 구축후 확대단계

제8장 공급사슬관리 구축시의 기본 준비사항

I. 경영전략으로서의 SCM

21세기의 가장 중요한 경영전략 기법으로 떠오르고 있는 것이 공급사슬관리(Supply Chain Management: SCM)와 전사적 정보포탈(Enterprise Information Portal: EIP)이다. 이 중에서 공급사슬관리는 산업전체의 경쟁력을 강화시킬 수 있는 기법으로 각광을 받고 있다. 전사적 정보포탈은 마치 인터넷의 포탈처럼 기업체 내의 모든 정보를 포탈처럼 활용하게 할 수 있는 기법으로 많은 관심을 모으고 있다. 그러나 공급사슬관리가 제조업체와 유통업체를 통괄하는 전체적인 경쟁력 강화기법인데 반하여, 전사적 정보포탈은 과거의 많은 기법들처럼 특정기업 내의 정보관리라는 한계를 가지고 있다.

지난 10여 년 간 수많은 경영전략의 툴들이 개발되어 사용되어 왔다.

그것들은 TQM(Total Quality Management), MRP(Material Requirements Planning), BPR(Business Process Reengineering), CS(Customer Satisfaction), VM(Vision Making), ERP(Enterprise Resource Planning), KMS(Knowledge Management System), CRM(Customer Relationship Management), SEM(Strategic Enterprise Management) 등이었다. 이와 같은 과거의 경영전략 툴들은 그것이 적용되는 기업의 특성에 따라서 성공하기도 하고 실패하기도 하였다. 그러나 이와 같은 기존의 기법들은 모두 하나의 특정기업 내부의 문제를 개선하는 것에 초점을 맞추었다.

공급사슬관리는 그 초점을 기업 내부의 문제가 아니라 기업간의 문제에 두고 있으므로 원재료 공급업자, 제조업자, 물류업자, 소매업자 등 많은 별개의 기업체들과 관련되어 있는 것이 특징이다. 기업경영에서 내부 문제 개선만으로 얻는 효율성은 한계가 있기 마련이다. 그러나 관련 기업들이 동시에 협력을 하게 되면 비용절감, 재고감소, 소비자욕구 증대, 수익증대가 실현될 수 있다.

제조업체에서 생산효율화를 어느 정도 달성하면 적은 비용으로 생산할 수 있다. 하지만 이러한 협력수준에서는 기존에 안고 있던 재고량의 문제가 여전히 존재한다. 제조업체는 생산라인을 계속적으로 가동하면서 유통업체가 요구하는 물량을 맞추기 위해 적게는 한달, 많게는 서너 달 분량씩 재고를 쌓아두게 된다. 따라서 제조업체에서 자사의 제품을 판매하는 유통업체의 판매자료를 알게 되면 이에 맞추어서 보다 더 효율적으로 생산을 할 수 있다. 제조업체에서 노력을 많이 하여도 자체적으로 소비자에 대한 정확한 정보를 얻기는 어렵기 때문에, 소비자와 항상 접촉하며 구매제품에 대한 정보를 가지고 있는 유통업체와 협력관계를 맺어야 한다. 물론 여기서의 유통업체란 판매정보를 정확하게 기록으로 남기는 방식을 갖추고 있는 소매업체를 말한다. 이러한 소비자 구매정보를 제조업체에게 공유하게 되면, 제조업체는 이에 맞추어서 생산을 하고 소매업체의 재고관리도 해줄 수 있는 것이다. 이렇게 되면 제조업체는 생산비용과 재고유지비용의 감소효과를 얻게 되고, 소매업체에서는 재고발주비용과 재고유지비용이 감소될 수 있다. 실제로 국내의 모 소비재 제조업체는 공급사슬관리를 수행하기 전에는 평균재고보유량이 30일 정도였는데, 공급사슬관리를 수행한 후에는 이것이 17일 정도로 감소하였다.

2. SCM과 기업환경의 영향

공급사슬관리에 참여하는 업체들은 기업환경의 영향을 받아 당초에 구상되었던 디자인이나 실제 업무수행방식이 변경되는 경우가 있다. 따라서 미국에서 개발된 공급사슬관리의 많은 개념들이 미국과는 기업환경이 상당히 다른 우리나라에서는 그대로 적용되기는 어려우며, 또한 일본에서 개발된 공급사슬관리 개념이 미국에서 그대로 적용되기도 힘든 것이다. 예를 들면, JIT(Just-In-Time)도 그러한 개념 중의 하나이다. 일본에서 개발된 JIT는 원래 제조과정에서의 낭비를 줄이거나 없애기 위해서 고안된 공급사슬관리 기법 중의 하나이다. 원래 JIT라는 개념이 일본의 토요타 자동차회사에서 개발되어 유행할 당시에 일본은 제조과정에서 낭비를 하면 안 되는 상당히 가난한 국가였다. 또한 일본의 땅값이 상당히 비싸므로 대부분의 기업들은 정교한 창고기반이나 창고와 관련된 물류시설이 거의 없었기 때문에 미리 생산을 해서 제품을 보관해 둘 수가 없었다. 따라서 고객이 구매를 하면 즉시 생산해서 배달하는 체제가 필요한 것이었다.

많은 미국 기업체들이 토요다자동차의 JIT 방식을 그대로 복사하여 사용하려고 하였다. 그러나 미국에서는 생산과정의 불규칙으로 인해 늘어나는 생산비용에 대해 해결점을 찾지 못했고, 일본보다 훨씬 높은 수송비는 오히려 재고유통비를 상승시키는 결과를 가져왔다. 결국 JIT를 도입한 최고경영자들은 불만족할 수밖에 없었고, 이는 기업환경이 다른 일본만의 방식을 그대로 모방하여 사용하다가 실패하게 된 사례를 여실히 보여주고 있다. 그러나 최근 일본의 땅값이 과거에 비해 내려가자, 일본의 최고경영자들도 미국식으로 물류창고나 배송창고를 두기 시작했다. 즉, 이번에는 일본이 과거에 미국이 사용하던 방식을 모방하려 하는 것이다.

성공적인 공급사슬관리에서 가장 중요한 것은 최고경영자가 공급사슬관리에 얼마나 많은 관심을 가지고 지속적으로 진행과정을 확인하느냐에 달려 있다. 이것은 원래 공급사슬관리를 개발한 미국뿐만 아니라 유럽과 일본 그리고 우리나라에서도 공급사슬관리 성공의 최대 전제조건이다. 공급사슬관리가 성공하느냐 실패하느냐는 최고경영자가 여기에 필요한 여러 가지 변화과정을 계획하고 실행하며 관리하는 능력에 달려 있다. 기업 외부와 시장환경의 변화에 따라서 기업 내부도 변하게 되고, 또한 경쟁업자도 외부환경의 변화 때문에 새로운 환경적응전략을 수립하면서 대응하는 것이다. 이러한 외부환경의 변화에 얼마나 잘 적응하느냐가 상당히 중요한 관건이다. 많은 경우에 있어서 공급사슬관리를 수행하는 기업의 최고경영자들이 공급사슬관리에 영향을 미치는 환경을 제대로 파악하지 못하고, 어떻게 대응하는지도 모르고 있다. 또한 이와 같은 변화를 유도하는 데 있어서 실제로 조직원들의 의식을 바꾸는 것이 얼마나 중요한 일인지 조차 모르고 있다.

3. SCM 실제 적용시의 전제조건

(1) SCM 의식의 고취

현재 우리나라에서 공급사슬관리를 정확하게 이해하고 이를 수행하는 업체는 전체 제조업체나 유통업체 중에 0.01%도 안 된다. 따라서 공급사슬관리가 유통을 포함한 전체 산업의 공동과제라는 측면에서 공급사슬관리에 대한 전반적인 이해가 증진되고 이를 통해 생산된 제품이 효율적으로 판매될 수 있도록 하는 것이 바람직하다. 이러한 측면에서는 기존의 공급사슬관리 관련단체인 한국SCM민관합동추진위원회, 한국SCM학회와 그 외의 각종 컨설팅업체나 교육기관들이 보다 활성화될 필요가 있다.

(2) 정보인프라의 개선

공급사슬관리는 정보기술의 발전 없이는 실제로 불가능하다. 미국 IT산업의 발전에 부응하여 하나의 산업캠페인으로 공급사슬관리가 등장하였기 때문에, 정보인프라를 대규모로 구축하는 것이 선결과제라고 할 수 있다. 현재 산업자원부와 국세청이 POS구축에 대하여 각종 세제지원책과 자금지원책을 제공하고 있으나 아직 미비한 점이 많으므로, 보다 과감한 세제지원과 자금지원이 필요하다고 본다. 또한 정보화의 일환으로서 전용선이나 컴퓨터에 대한 자금지원이 활성화되어 많은 제조업체나 유통업체가 이것을 활용할 수 있도록 해야 한다. 그리고 현재 각종 고속통신망의 설치와 사용을 전부 제조업체나 유통업체에서 부담하는 것은 비용상의 부담을 줄 수 있다. 고속통신망의 설치비용을 정부가 부담해 주거나 아니면 설치비용은 업체가 부담하고 사용비용은 정부가

보조하는 측면도 강구될 필요가 있는데 현업에서도 이를 강력하게 요청하고 있다.

(3) 표준화

표준화(Standardization)가 이루어지지 않으면 총공급망의 형성과 유지 그리고 활용에 있어서 엄청난 문제가 발생한다. 거래업체간에 다른 서식을 사용하게 되면 총공급망 형성의 목적이 상당히 훼손되게 된다. 표준화는 왜 필요할까? 특정 제조업체가 단 하나의 공급망에만 참여한다면 표준화는 필요없으며 공급을 담당하는 도매상이나 소매상의 규정이나 서식에 맞추면 그만이다. 그러나 현실적으로 특정 제조업체는 단 하나의 공급망에만 참여하는 것이 아니라 대기업의 경우에는 수천 개에서 수 만개, 중소기업의 경우에는 수백 개에서 수십 개의 공급망에 참여하는 것이 보통이다. 물론 제품의 종류에 따라서 약간의 차이가 있을 수는 있으나 최소한 주류의 경우에는 수천 개, 식품이나 의약품의 경우에는 수백 개, 화장품이나 가전제품의 경우에도 수십 개가 넘는다. 이것은 특정 유통업체의 입장에서도 마찬가지이다. 유통업체도 수십 개 이상의 제조업체나 벤더와 거래를 하게 된다. 따라서 거래를 하는 모든 제조업체와 벤더에서 서로 다른 공급양식이나 서식을 활용하게 되면 엄청난 비용이 들게 되므로, 이와 같은 것을 최소화하려면 업계 전체나 전 국가적으로 표준화를 해야만 한다.

표준화가 이루어지지 않으면 거래를 하는 당사자들간의 상품코드 구조나 전표형식이 보통 다르게 된다. 따라서 총공급망을 제대로 활용하기 위해서 각종 최첨단 정보기술을 활용한다 하더라도 실제적으로는 운영이 안 되는 것이다. 미국에서는 QR(Quick Response: 의류산업에서 의류제조업체와 의류유통업체간에 형성된 공급사슬관리를 보다 더 효율적으로 수행하는 것)의 경우에 1986년에 표준화를 모색하였다. 결국 VICS(Voluntary Interindustry Communications Standards)라는 의류산업의 표준화단체가 설립되었고, 이 단체는 의류산업에서의 통일된 바코드 확산과 EDI 표준 제정에 많은 노력을 하였다. 우리나라에서도 섬유산업연합회와 한국유통정보센터가 표준화를 위하여 많은 노력을 하고 있다.

(4) 신뢰

공급사슬관리가 성공하느냐 실패하느냐의 결정기준은 참여하는 업체들간의 신뢰관계의 형성과 유지이다. 많은 경우에 있어서 적대적인 관계에 돌입할 수 있는 제조업체와 유통업체간에 상호 신뢰가 유지된다는 것은 쉬운 일이 아니다. 공급사슬관리를 확산시키는 데 좋은 계기가 되었던 미국의 제조업체 P&G와 Wal-Mart의 관계형성 과정은 유명하다. P&G의 어느 부사장과 Wal-Mart의 사장이 함께 카누여행을 하였다. 이들은 카누를 타면서 여러 가지 취미, 인생, 생활에 대한 대화를 나누었고, P&G의 회사목표는 가능하면 상품의 재고를 없애면서 소비자에게 저렴하게 판매하는 것이라고 하자, Wal-Mart의 회사목표도 동일한 것이라고 이야기 되었다. 이들은 서로 같이 할 수 있는 일에 대해 이야기하기 시작했고, 결국 P&G와 Wal-Mart의 의사결정자들이 합의한 것은 P&G의 30여 명의 직원을 Wal-Mart에 파견시켜 Wal-Mart의 P&G 제품에 대한 POS 정보관리와 함께 재고관리를 해주기로 하였다. 이것이 시행되기 전에는 Wal-Mart에서 P&G 제품의 재고가 10주간이었는데, 시행 후에는 3주로 축소되었다. 카누를 계기로 인간적인 신뢰관계에서 출발하여 보유재고 기간을 7주나 축소하는 데 성공한 것이다.

최근 우리나라의 경우에도 이와 같은 사례들이 생겨나고 있다. 필자가 유통현장의 새로운 정보를 듣고 또한 새로 생기는 현상을 파악하기 위해 자주 제조업체와 유통업체의 CEO나 중역들과 모임을 갖는다. 몇 년 전 어느 날 모임에서 저녁을 먹는 도중에 필자는 여기에 참석한 제조업체, 유통업체 CEO와 중역들에게 미국의 몇 가지 사례를 설명하면서 제조와 유통이 협력하는 관계에 대해 잠시 언급한 적이 있다. 이러한 모임을 통해 그분들은 서로 자연스럽게 만날 수 있었고, 필자가 이야기한 부분에 있어서의 논의도 이루어지게 되었다. 몇 달 후 우연히 만난 제조업체의 중역으로부터 그러한 모임을 통해 유통업체와 협력관계를 맺을 수 있게 해준 점에 대해서 감사하다는 인사를 받았다. 구체적인 이득을 열거하지는 않았으나 현실과 동떨어져 있다고 생각했던 교수의 제안을 수용하여 성공을 한 첫 케이스라는 평을 듣게 되었다. 많은 사람들이 기업 경영자들의 사교적인 모임을 불편하게 생각하거나 부정적으로 오인하는 경우가 있다. 하지만 P&G와 Wal-Mart의 카누협상처럼 좀더 인간적인 신뢰를 바탕으로 효율적인 방법들이 논의될 수 있음을 알아야 하며, 진정한 의미의 공급사슬관리의 발전은 이러한 양자간의 인간적인 신뢰가 전제되지 않고서는 이루어지기 어려운 것이 사실이다.

미국에서 공급사슬관리와 관련된 수많은 학술적인 논문과 실무적인 서적에 공통적으로 나오는 것이 신뢰형성(Trust Building)이다. 유통업체의 판매자료를 제조업체에서 모두 공유할 수 있다는 것은 보통의 인간관계에서는 허용이 안 된다. 특히 한번 형성된 총공급망이 영원히 지속되는 것은 아니기 때문에, 이러한 관계가 끊겨졌을 경우에는 유통업체가 제조업체에게 제공하였던 정보가 어느 정도 가공되어 경쟁관계에 있는 다른 유통업체로 흘러 들어갈 가능성이 있다. 또한 제조업체의 납품가격을 유통업체에서 제조업체와 경쟁관계에 있는 다른 제조업체와의 가격협상에서 활용할 수도 있다. 이러한 위험에도 불구하고 정보를 제공한다는 것은 엄청난 신뢰의 바탕 위에서만 가능하다.

공급사슬관리는 전부 혹은 전무의 개념이 아니라, 전 공급망의 이득향상 및 비용감소의 목표를 상호협력을 통해 달성하고 이러한 효율성 및 이익을 공정하게 분배해야 하는 데서 출발한다. 따라서 기업들이 완벽한 조직시스템과 정보시스템의 통합을 통하여 공동이익을 추구하면서 하나의 공급사슬관리와 다른 공급사슬관리간의 경쟁구도를 지향하는 데 초점을 맞추고 있다. 이것의 전제조건은 공급사슬관리 관련업체간의 신뢰를 바탕으로 한 강력한 유대강화이다. 이러한 유대관계가 강화된 이후에는 공동이익을 같이 나눌 수 있는 방식으로 자금결제가 투명하게 이루어져야 한다. 그러나 우리나라의 많은 업체들은 이러한 자금결제의 측면에서 투명하게 운영하지 못하고 있는 것이 공급사슬관리의 걸림돌이라고 볼 수도 있다. 공급자의 공급자로부터 공급자, 물류업자, 소매업자에 이르는 동안에 자사가 취해야 할 마진과 상대가 취해야 할 마진에 대한 명확한 이해들이 선행되어야 함에도 불구하고, 일방적으로 자사의 마진을 굳건히 하고(예: 공급사슬관리 내의 다른 업체들과는 상관없이 일방적인 수수료율 책정, 제조업체의 재판매업자에 대한 가격통제) 이것을 밀어붙이고 있는 것이다. 이것이야말로 공급사슬관리의 사고와는 반대되는 것이며 가장 큰 걸림돌이 되고 있다.

제9장 공급사슬관리의 실제 구축 준비단계

 일반적으로 공급사슬관리 프로젝트는 다음과 같은 세 가지 단계로 구성되는데 이것은 설계되는 공급망의 규모와는 상관이 없다. 첫 번째는 준비단계로서, 변화되어야 하는 개념적인 설계에 대한 현재상황과 준비사항에 대한 분석단계이다. 두 번째는 실행단계로서, 개념적인 설계를 보다 구체화시키고 파이롯트 테스팅을 통해 실제로 실행이 되는 단계이다. 세 번째는 시스템의 운영단계로서, 총공급망 전체 시스템을 변화시키는 것을 포함한 전체 수준에서의 완전한 변경이 이루어지는 단계이다. 이 세 가지 단계에 대하여 제 9장에서는 준비단계를, 제 10장에서는 실행단계를 그리고 제 11장은 운영단계를 다루게 될 것이다.

 공급사슬관리의 실질적인 네트워크를 형성하기 위해서는 공급사슬관리의 목적인 네트워크 전체의 이익극대화를 도모하면서 여러 곳에 흩어져 있는 세부활동들을 통합하려는 노력이 수행되어야 한다. 이와 같이 공급사슬관리를 주도하는 측면에서 다음의 5가지 문제들을 면밀하게 수행해 낼 수 있어야 한다.

I. 공급망 관련 기업들간에 공통목표수립과 이행

여기서 공급망이란 기본적으로 조직간의 관계(Inter-Organizational Relationship)을 의미한다. 그것은 특정 조직 내에서 이루어지는 것이 아니라 다른 상이한 조직들간에서 적절한 연계를 이루면서 이루어져야 하는데, 이를 위해서는 상이한 조직들간에 공통목표를 수립하는 것이 절대적으로 필요하다. 기업마다 실제적인 소유주가 다르고 목표 또한 다른 상황에서 이와 같이 다양한 조직들(원재료 공급업체, 제조업체, 물류업체, 도매업체, 소매업체) 간에 전체 공급망을 위한 하나의 공통된 목표를 수립하는 것은 절대 쉬운 일이 아니다.

공급사슬관리라는 용어가 1982년에 미국에서 Oliver와 Webber라는 두 명의 컨설턴트에 의해서 처음으로 도입된 이후 현재까지 상당한 발전을 이루어왔다. 20년 동안 공급사슬관리가 연구되어온 미국에서도 조직간의 관계가 잘 이루어지는 경우는 많지 않다. 실질적으로 각 조직간의 효율적인 관계를 구축하려는 최고경영자나 실무자들이 공급사슬관리가 잘 이루어지지 않았을 경우의 상황을 우려하면서 대부분이 공급망 구축에 주저하고 있다. 그 이유는 조직간의 공통목표를 구축하기 위해서는 참여하는 몇몇 조직에서는 목표를 수정해야 할지도 모르기 때문이다. 이와 같은 경우에 목표를 수정하고 다른 조직의 리더십에 순응하는 자세를 보임으로써 공급망을 구축할 수는 있다. 그러나 구축된 공급망이 비효율적인 것으로 나타나면 여기에 참여하였던 최고경영자나 실무자는 조직

내의 각종 공격으로부터 벗어나기가 쉽지 않은 것이다. 이와 같은 이유 때문에 실질적으로 공급망을 구축하는 것에 적극적이지 않은 최고경영자나 실무자들이 있다.

따라서 공급사슬관리는 거래관계가 전혀 없는 기업들간에 형성되기가 상당히 어려우며, 어느 정도 관계가 있었던 기업간에 형성되는 것이 일반적이다. 초기에는 공급사슬관리 형성에 영향을 주는 많은 요소들을 고려하면서 관계가 형성(Relationship Building)된다. 대부분의 경우에, 공급사슬관리의 관계형성은 기존의 관계를 확대 개편하는 식으로 진행되는 것이 일반적이다. 따라서 처음에는 단순한 거래관계(Transactional Relationship)에서 시작하여 시간이 지나면서 상호접촉관계(Interactive Relationship)로 진전되며, 나중에는 밀접한 상호의존적인 관계(Interdependent Relationship)로 발전하게 된다. 이러한 상호의존적인 관계가 진정한 의미의 공급사슬관리 관계라고 할 수 있다.

초기의 거래관계에서는 단순히 거래를 하는 것에만 한정되고 업체간에 정보를 공유하거나 함께 의사결정을 하는 관계는 형성되지 않으므로 진정한 공급사슬관리를 실행하기가 어렵다. 다음으로 보다 더 발전한 상호 접촉적인 관계가 형성되면 정보를 어느 정도 공유하고 공동계획도 수립하며 부분적으로는 공동의사결정도 내리게 된다. 상호접촉관계는 깊은 협력을 기반으로 새로운 기술을 습득하고 어느 정도의 상호신뢰를 형성하면서 보다 깊은 협력을 맺을 수 있는 의향과 능력들을 교환하게 된다. 마지막으로 상호의존적인 관계는 신뢰가 가장 중요한 행동결정요인이 된다. 이를 기반으로 기업간의 장벽이 허물어지면서 구체적인 정보가 상호간에 교환되고 의사결정, 투자, 자본교환 등의 실질적인 공급사슬관리가 진행된다. 또한 상호간의 깊은 신뢰, 솔직성, 능력, 기술 등이 밑받

침되어야 공급사슬관리가 실질적으로 형성되고 유지될 수 있다. 물론 참여를 희망하는 모든 업체들이 전체 공급사슬관리에 모두 적합한 것은 아니므로 참여하는 기업들 상호간에 서로 주의 깊게 파트너를 선정해야 하며, 참여 희망업체들의 잠재능력, 탄력성, 신뢰성, 비전공유의 정도 등을 면밀하게 검토해야 한다. 이러한 것들이 실질적인 공급사슬이 형성되기 이전에 철저하게 검토되어야 할 사항들이다.

이와 같은 공급사슬관리의 준비단계에서 가장 중요한 것 중의 하나가 목표를 명확하게 하는 것이다. 물론 공급사슬관리는 재고최소화, 물류비용최소화, 판매효율화, 이익극대화 등의 여러 가지 측면에서 다양한 목표를 가질 수 있다. 그러나 실제적인 측면에서는 이보다 훨씬 더 구체적이어야 한다. 예를 들면, '특정 물류시설을 합리화시켜 어떻게 활용해야만 배송경로의 신속화나 단축화가 이루어지는가' 등이 하나의 구체적인 목표가 될 수 있다. 더욱이 제조업체에서 유통업체로 판매촉진을 강화하다 보면 유통업체에게 과도한 유통재고를 부담시키는 경우가 있다. 이러한 측면에서 볼 때, 미리 구매하는 방식 때문에 생기는 Forward Buying 의 재고가 아니라(미국에서는 유통업체가 구매하는 전체 물량의 약 4분의 1 정도가 Forward Buying이라고 간주되고 있음) 실질적으로 필요한 구매량이 되어야 하며, 이러한 경우에는 판매촉진을 강화해야만이 실질적인 효과를 얻게 된다. 실제 수요가 없는데도 다시 말해서, 가수요일 경우에 판매촉진을 강화하는 것은 비효율적으로 판매촉진 비용만 낭비하는 결과를 보일 가능성이 높은 것이다.

공급사슬관리의 준비단계에서 또 한가지 유의할 점은 단순히 비용관점에서의 분석은 삼가해야 한다는 점이다. 다시 말해, 공급사슬관리에 관여하는 많은 업체들이 자신들의 공급사슬관리를 또 다른 비용절감의 요소로서 간주하고 있다는 것이다. 물론 그와 같은 접근방법들이 기업에 있어서 많은 비용감소를 유도할 수는 있다. 그러나 이것은 단편적인 이득일 뿐이며, 공급사슬관리를 최대화하려고 노력하는 기업만이 수익성 높은 성장을 유도할 수 있고 주주가치를 최대화할 수 있다. 이를 위해서는 비용구조를 잘 조절하고 자산을 최대로 활용하면서 고객만족과 일류기업이 되기 위한 성장을 도모해야 한다. 공급사슬관리를 효율적으로 달성하는 선도기업들은 기존에 그들의 원재료 공급업체와 도매상이나 소매상들을 통해서 수행할 수 없었던 것들을 전략적 제휴를 통해서 성취할 수 있도록 노력한다. 이러한 과정을 통해서 공급사슬관리 관련 기업들이 공급사슬관리의 내부로부터 외부로 움직이면서 성장해 나가는 것이다. 그들은 전략적 우위의 하나의 요소로서 각종 가치네트워크(Value Network)를 최대로 개발하면서 전진해 나간다.

성공적인 기업들은 때때로 전 세계 시장의 움직임이나 새로운 기술들, 고객의 각종 새로운 욕구들, 경쟁업자의 움직임들과 같은 것에 초점을 맞출 필요성을 느껴왔다. 그들은 또한 이 세상의 어떠한 단일 기업도 이와 같은 시장의 모든 욕구를 한꺼번에 완전히 충족시킬 수 없다는 사실을 인정한다. 이러한 이유 때문에 그들은 여러 기업들과 협력체제를 유지해야 하는 필요성을 증대시켰다. 또한 글로벌 경쟁이라는 명목으로 기업 내부는 물론 외부의 문제에도 신경을 쓰게 되었고 그와 같은 내부와 외부의 문제에 대한 자원과 전략의 효율적인 배분 없이는 21세기에 기업이 성장하고 번영하기가 어렵게 되었다.

공급사슬관리가 현실적으로 구축되려면 상당한 시간과 노력을 투자하여야 한다. 어떠한 형태의 공급사슬관리를 구축하더라도 그 공급망으로부터 수익이 발생하는 시간은 상당히 오래 걸리며, 경우에 따라서는 창출되는 수익의 액수가 원래 계획했던 것에 못 미치는 경우도 많다. 예를 들면, 기획, 상품, 영업부서와 같이 다른 부서에서 생각하던 것에 못 미칠 수도 있고, 또한 재무담당 임원이 기대하던 것에 못 미치는 경우도 있을 것이다. 심지어는 공급사슬관리 구축시스템에 대한 물적 투자에 대하여 재무담당 임원이 나중에 불만을 털어놓을 수도 있다. 이와 같이 예견되는 반대를 극복하고 공급사슬관리를 구축하려고 해도 많은 장애요인 때문에 실제로 구축되기가 힘든 경우가 있다. 따라서 이러한 장애요인을 사전에 면밀하게 파악하고 이에 대한 대처방안을 강구하는 것이 현명하다.

또 다른 장애요인으로서는 공급사슬관리에 참여하는 업체들에 대한 정보가 부족하다는 점이다. 참여하는 업체들이 내부적으로 가지고 있는 각종 정보를 서로 제공해야 하는데 이들은 대부분 폐쇄적으로 움직이는 경우가 많다. 제조업체의 입장에서는 참여하는 유통업체에게 자사의 정보를 제공하였을 경우에 이 정보가 자사와 경쟁관계에 있는 제조업체에게로 흘러 들어가게 되면 문제가 된다. 또한 이와 유사하게, 유통업체의 입장에서도 자사와 거래하는 제조업체에게 정보를 제공하였을 경우에 이 정보가 경쟁관계에 있는 유통업체로 전달되는 것에 대해 불안감을 가지고 있다. 따라서 공급사슬관리에 참여하는 업체들간에 상대방을 신뢰할 수 있는 관계구축이 우선적으로 필요하다.

이와 같은 신뢰관계가 형성되었다고 하더라도, 참여업체들간에 협력관계를 구체적으로 유지하는 방법을 모르는 경우가 있다. 이를 해결하기 위해서는 기존에 개발된 각종 개념들인 ECR, QR, CRP, CPFR를 활용하여야 한다. 이러한 개념들은 공급사슬관리 전체의 공동목표를 수립하고 이를 달성하는 데 크게 도움을 줄 것이다. 물론 이러한 방법론들은 거의 그대로 사용할 수도 있고 아니면 변형해서 활용할 수도 있다. 또한 이와 같은 것들이 실제로 수행되기 위해서는 공급사슬관리 구축에 관한 지식이 많은 전문가와 함께 현업의 관련 담당자들과 솔루션업체가 공동으로 참여하는 것이 바람직하다. 물론 성공적인 시스템을 구축한다는 것은 어려운 일이지만 함께 노력하여 새로운 방법론을 개발해 내는 것이 절대적으로 필요하다.

2. SCM에 참여할 준비상태의 파악

공급사슬관리 형성에 대한 욕구가 명확해지면서 참여의사를 상호간에 탐색하게 된다. 이러한 과정 중에 공급사슬구축과 관련해서 예견되는 변화에 대한 각종 정보를 획득하고 잠재 파트너에 대한 상세한 평가를 수행하게 된다. 처음 수립되었던 목표들을 재검토하고 이러한 초기목표를 상세화한 2단계 목표가 수립되면서 이에 대한 달성방침들이 검토된다. 예를 들면, 초기목표가 재고삭감이었을 경우에 두 번째 목표는 구체적으로 20% 재고삭감을 위한 구체적인 실행계획이 된다. 이러한 두 번째 목표가 설정되면 참여업체들이 이것을 달성할 능력이 있는지 평가되어야 한다.

각 업체들은 먼저 공급사슬관리에 참여함으로써 얻는 이득에 대해 명확하게 평가하고 상대업체에 대한 신뢰성도 면밀히 체크한다. 이때 신뢰관계가 제대로 형성되지 않으면 실제 공급망의 운영이 어려워지므로 직접적인 공급업체뿐만 아니라 공급업체의 공급업자에 대해서도 평가해야 한다. 총공급망에 참여하는 업체에 대해 구체적으로 평가해야 할 항목들은 다음의 〈표 9-1〉과 같다. 실제적으로 이 모든 것에 대한 정확한 정보

〈표 9-1 공급사슬관리에 참여하는 공급업자의 신뢰도 평가항목〉

- 회사의 연혁
- 회사의 비용구조
- 기술적 능력
- 재무적 능력
- 정보시스템 수준
- 경영층의 능력
- 전사적 품질관리 수준
- 환경적응 능력
- 생산스케줄링과 통제시스템
- 장기적인 관계유지 수준

를 획득하기는 어렵지만, 얻을 수 있는 상세한 정보를 모두 수집하여 잠재 파트너를 정확하게 평가하는 것이 중요하다.

많은 기업들이 경쟁업체나 산업 전체의 움직임 혹은 배송시스템이나 중요한 기술적인 변화에 대응하기 위하여 공급사슬관리 형성에 대한 필요성을 느낀다. 물론 변화는 문제가 있음을 감지하면서부터 시작되고, 이러한 변화를 도모하여 어떤 성과지표의 개선을 기대할 때에 공급사슬관리 형성의 필요성을 느낀다. 물론 공급사슬관리의 잠재적인 위험이나 불확실성에 대해 간과한다거나 그러한 가능성을 배재하지는 않는다. 그러나 새롭게 형성되는 공급사슬관리에서 획득되는 이득이 이러한 잠재적인 위험이나 불확실성보다 크다는 사실이 먼저 인식되어야 할 것이다.

공급사슬관리 형성의 가장 큰 장애요인은 참여 희망업체들이 막연하게 인식하고 있는 변화에 대한 두려움은 물론, 새롭게 형성되는 공급사슬관리에 참여함으로써 전통적인 과거의 기업관행을 버리고 새로운 관행을 받아들여야 한다는 것이다. 또한 공급사슬관리에 새롭게 참여함으로써 새로운 업체들과의 관계를 형성하면서 공동의 목표를 위해 노력해야 한다는 점이다. 그러나 공급사슬관리에 참여하여 성공한 기업들은 이와 같은 변화를 각종 교육과 업무수행을 통해 극복해야 한다고 지적한다. 이때, 공급사슬관리 형성을 주도적으로 이끌어가는 업체는 여러 형태가 있을 수 있는데, 경우에 따라서는 구매하는 측일 수도 있고 또는 판매하는 측일 수도 있다.

공급사슬관리는 참여하는 업체들이 함께 움직이면서 하나의 유기적인 시스템을 유지하면서 진행되어야 한다. 이를 위해서는 참여하는 업체들의 공급사슬관리 준비상황이 얼마나 잘 되어 있는지를 객관적으로 측정하는 것이 필요하다. 이것은 보통 SCM Scorecard라는 형태로 측정이 되는데, 우리나라에서도 재단법인 한국유통정보센터가 세계적인 공급사슬관리 컨설팅업체인 Cap Gemini Ernst & Young에게 의뢰하여 2001년 5월에 완성하여 발표한 것이 있다. 이 SCM Scorecard는 공급사슬관리를 추진중인 업체들이 현재의 공급사슬관리 수준을 분석하고 실제적으로 수립할 수 있도록 전체적인 전략을 수립하는 데 하나의 도표로서 사용할 수 있도록 개발된 것이다.

구체적으로는 여러 기업내의 경영전략정보, 영업정보, 마케팅정보, 상품관리정보, 물류정보 등의 각종 정보를 받아서 현재의 공급사슬관리 진행상황을 측정하고, 자사의 잠재적인 거래 파트너와의 공급사슬관리 추진능력을 평가하며, 취약부분에 대한 보완방식을 개발하고 전반적인 협력관계를 구축해서 공급사슬관리 추진효과를 측정할 수 있도록 개발되었다. 따라서 이 SCM Scorecard의 측정을 통하여 판촉효율성 및 신제품개발과 소매점포에의 입점을 극대화하고, 소매점포가 취급하는 전체 구색을 제대로 갖출수 있으며, 발주생산성을 높이는 데 활용할 수 있다. 1995년경에 미국 식품산업에서 전체적으로 공급사슬관리의 수행을 통해

재고가 41% 축소되었고, 상품회전기간이 104일에서 61일로 감축되었으며, 소비자가격이 11% 인하된 것으로 알려지고 있다.

우리나라의 SCM Scorecard는 Global Scorecard를 기본으로 하면서 우리나라 업계의 각종 요구사항을 반영하였다. 이것은 자사와 거래 파트너의 입장에서 평가가 가능하도록 구성되었으며, 제조업체와 유통업체가 단독으로 평가하거나 공동으로 평가할 수 있도록 되어 있다. 현재는 총 4개의 구성영역인 수요관리, 공급관리, 기술기반, 통합역량과 45개 항목으로 구성되어 있으며, 각 항목당 5점 척도(0점, 1점, 2점, 3점, 4점)를 부여하고 또한 항목별로 별개의 가중치를 두어 전체 1,600점 만점이다. 각 항목별로 최하 0점에서 최고 4점까지로 평가되는데 미국의 최고 SCM 업체들의 경우에는 약 3.5점대이고, 우리나라의 평균수준은 약 2점대로 나타나고 있다.

다음으로는 공급사슬관리의 목표수립에 대해 알아보자. 공급망의 목표는 달성 가능한 수치로 명확하게 표현되는 것이 중요하며 고객만족과 직접적으로 연관되어야 한다. 공급망의 고객만족이란 공급망의 거래관계에서 혜택을 받는 거래처들의 만족을 의미하는데, 실제적으로는 주문충족률(Order-Fill Rates)이나 적시배송(On-Time Deliveries) 등을 말한다. 이러한 목표들은 시간적인 측면과 수치적인 측면을 동시에 포함해야 한다. 예를 들면, '2001년 1분기에 기업에서 주문충족률을 99.5%로 충족을 시키는 동시에 공급거래처에 대한 전반적인 재고수준을 10% 감소시킨다'는 식으로 구체화되어야 한다.

전체적인 공급망의 관점에서 볼 때도 공급망의 목표가 충족되어야 한다. 만약 특정업체의 관점이나 혹은 특정부서의 관점에서 공급망의 목표가 수립되면 이것은 총공급망 전체의 최적이 아니라, 특정 부문에서의 최적인 형태가 될 수 있으며 총공급망 내의 여러 부서간에 갈등을 야기시킬 수도 있다. 예를 들면, 어느 공급업체에서 재고관리비를 최소화하려고 재고수준을 단기적으로 삭감시키면 이것이 장기적으로는 총공급망의 고객불만족을 가져올 수도 있다. 가장 좋은 방법은 총공급망에 참여하는 모든 업체들이 달성할 수 있는 공동목표를 설정하는 것이다. 예를 들면, 고객주문에 대한 99.5%의 공동목표를 설정했다면 이러한 목표가 달성될 수 있도록 전체 참여업체가 합의하여야 한다.

파트너를 선정할 때는 잠재 파트너들을 복수로 평가한 후에 최종적으로 공급사슬관리의 각 수준에 맞게 선택하는 것이 중요하다. 잠재적인 연계의 가능성이 가장 높은 참여업체를 선정하는 작업은 구두나 문서로 수행된다. 하지만 구체적인 최종협약서는 각종 거래관계의 유지기간과 유지수준에 대해 아주 상세하게 문서로 작성된다. 그리고 이러한 문서에는 공급사슬관리를 형성한 후에 예상되는 문제와 장애요인에 대한 해결방안도 언급되어야 하는데, 구체적으로 언급되어야 할 사항들은 다음의 〈표 9-2〉와 같다.

〈표 9-2 공급사슬관리에서 나타나는 문제점〉

① 참여업체들간의 거래관계의 유지기간과 거래관계 청산시의 조건
② 참여업체들간에 차이가 나는 경쟁력을 조화롭게 유지시키는 방안
③ 참여업체들간의 공급망 지원방식
④ 참여업체들간의 잠재적인 갈등의 해결방안
⑤ 참여업체들간의 공급망에서 생기는 이득의 배분방식
⑥ 참여업체들간의 신뢰관계의 유지방안

물론 이러한 각각의 문제점에 대하여 명확하게 논의하는 것이 어려울 수도 있지만, 적어도 참여업체들간에는 이와 같은 논점들에 대한 상호간의 이해가 형성되어야 하며 이러한 것들이 명확하게 정리되면 갈등의 소지가 줄어들게 된다.

일단 공급사슬구조를 구성하게 되면 그 다음으로 중요한 것은 소비자의 욕구를 누가 어떻게 충족시킬 것인가이다. 이를 위해서 우선적으로 참여업체들은 공급사슬 전체적으로 어떻게 각 소비자 부문에 대한 가치창조를 할 것인지를 면밀하게 평가해야 한다. 그 다음에는 공급사슬의 핵심 멤버들을 그들이 보유한 기술적인 측면과 그들이 개발한 도구적인 측면 그리고 그들의 고객과의 관계 측면에서 평가해야 한다. 마지막으로 각 참여업체들의 역할과 물적·인적 투자의 규모가 결정되면 각 소비자 집단의 욕구를 최대로 충족시키는 측면에서 공급사슬구조가 설계되어야 한다.

각 참여업체간에 어떠한 역할을 할 것인지를 결정할 때는 어떠한 가치를 참여업체들이 만들어 낼 수 있는지에 대한 정보와 의견을 상호간에 솔직하고 개방적으로 교환해야 한다. 이에 따라 각 참여업체들의 강점과 약점이 분석되면서 자신이 가지고 있는 약점을 극복할 수 없는 업체들은 공급사슬에서 배제되는 것이 바람직하다. 이러한 과정을 거쳐 각 업체들간에 특정한 역할과 책임을 원만하게 협상하는 데에는 상당히 많은 시간이 걸린다. 그러므로 빠른 협상을 위해서는 외부의 적절한 인력이나 법률적인 문제에 대한 사전준비를 해두는 것이 좋다. 미국의 Ford 자동차회사에서는 수송비를 최소화시키기 위해 수송을 전담하는 벤더를 도입할 당시에 여러 가지 법률적인 문제에 대하여 면밀하게 검토하였다. Ford사와 자동차 벤더들간에 어떠한 정보가 공유되어야 하며, 가격담합이나 억압적인 각종 행위들이 암묵적으로 어떻게 수행되어야만 하는지에 대한 각종 법률적인 검토가 진행되었다.

각 참여업체간의 역할을 완벽하게 검토한 후에, 이러한 역할들을 수행하기 위하여 각 참여업체들이 얼마만큼 물적·인적으로 참여하여야 하는지에 대한 의사결정도 내려져야 한다. 또한 각각의 개별업체로서가 아닌 하나의 전체적인 네트워크를 형성하면서 함께 움직이기 위해서는 얼마만큼의 투자가 이루어져야 하는지를 명확히 해야 한다. 네트워크 전체의 가치를 극대화하게 되면 소비자가 요구하는 것에 대하여 명확하게 대응할 수 있으므로, 네트워크를 구축하고 유지하는 데 소요되는 비용을 최소화할 수도 있다. 공급사슬관리를 성공적으로 운영하기 위해서는 네트워크내에서 변화하는 각종 역할들을 제대로 파악하고, 새로운 참여자를 발굴하며, 참여업체 각각의 욕구충족을 위해 노력해야 한다. 물론 이러한 노력은 일회적이어서는 안 되며 지속적으로 진행되어야 한다.

3. 공급망에 참여할 외부조직의 선정

공급망은 일반적으로 내부공급망(Internal Supply Chain)과 외부공급망(External Supply Chain)으로 구분된다. 내부공급망이란 특정조직 내에서 발생하는 공급망을 의미하는데, 이러한 공급망은 이를 형성하고 있는 각종 조직들과 과정을 그려놓은 공급망 과정도(Supply Chain Process Map)를 통해서 각각의 구성요소들이 어떻게 결합되었으며 상호간에 어떻게 관련되었는지 쉽게 알 수 있다. 그러나 일반적으로는 내부공급망에 비해 외부공급망이 훨씬 더 중요하다. 그 이유는 내부공급망은 국제적으로 수많은 사업부를 가지고 있는 초대형 그룹에서는 의미가 있지만 일반적으로 중소기업이나 대형기업에서는 내부공급망이 그리 복잡하지 않으므로 이의 중요성이 낮기 때문이다.

외부공급망이란 일반적으로 일컬어지는 총공급망을 의미한다. 이는 공급망에 관여하는 제조업체의 앞부분에 위치한 공급업체조직들과 제조업체의 뒷부분에 위치한 소매업체조직들로 구성된 하나의 연결 시스템이기 때문이다. 이렇듯 총공급망은 다양한 기업체들간의 결합(Inter-Enterprise Connections)으로 형성되므로 외부공급망의 구성원을 선택할 때는 다음과 같은 사항들을 고려하여 보다 더 신중해야 한다.

첫째, 총공급망 구성요소들 간에 형성된 경쟁상황을 파악한다. 직접적으로 경쟁관계에 있는 업체들이 공급망에 같이 참여하면 공급망 운영이 잘 안 되거나 효율성이 떨어지게 되므로, 공급망의 효율적인 운영을 위해서 공급망에 관여하는 업체들간에 구매자와 판매자라는 관계가 형성되어야 한다. 예를 들면, A업체가 B업체의 판매자라고 하자. 그렇다면 B업체는 A업체의 구매자로서의 관계를 형성하고 있어야 하며, 경쟁관계에 있어서는 안 된다. 일반적으로는 구매자이면서 동시에 경쟁자일 수 없다고 생각하기 쉬우나 현실에서는 이러한 경우가 비일비재하다. 어떤 특정업체가 제조와 유통을 동시에 수행하고 있다고 가정해 보면 이 업체는 다른 유통업체들에게 자사의 제품을 판매하는 판매자이면서 동시에 유통업체로서 경쟁하게 되는 것이다. 우리나라의 가전업체의 경우에 가전제품을 제조하면서 직영점과 대리점에 자사제품을 동시에 납품하게 되는데, 이 경우 자사 유통업체와 독립된 타사 유통업체간에 경쟁관계가 형성되는 것이다. 가격경쟁이 심해져 독립된 타사 유통업체들이 자사 유통업체와의 경쟁에서 밀리게 되면서 이 제조업체 제품의 판매를 거부하는 현상이 발생한다. 이와 같은 상황을 사전에 방지하기 위해서는 공급망에 참여하는 업체는 제조나 유통 중에서 보통 하나의 역할만 수행하는 것이 바람직하다.

둘째, 공급망에 참여를 희망하는 업체들은 동일하거나 유사한 목표를 추구해야 한다. 각 참여업체들이 개별적인 목표를 100% 달성하더라도 경우에 따라서는 총공급망 전체로 볼 때 100%의 효익이 나지 않을 수가 있다. 따라서 참여업체들의 목표가 동일하거나 유사하지도 않다면, 적어도 총공급망의 운영에 적합한 목표는 가지고 있어야 한다.

셋째, 만약 총공급망에 참여하는 업체들이 여기에 참여하는 것이 서로 간에 이득이 된다고 느끼지 않는다면 총공급망은 성공하기 힘들다. 그 이유로는 총공급망에 참여해 전체 목표를 달성하려고 노력하는 과정에서 특정 업체가 어느 정도 희생을 감수해야 할 경우도 생기므로, 총공급망에 참여하는 모든 업체들이 참여의 대가로서 자신들이 적절한 이득을 얻지 못한다고 생각한다면 총공급망은 성공하지 못할 수도 있다. 참여하는 모든 업체들이 승리(A Win - Win - Win - Win Structure)하여야 총공급망이 효율적으로 움직인다.

여러 가지 제품을 판매하는 회사의 경우에는 하나의 단일 공급망으로 공급사슬관리의 효율성을 창출하기 어렵다. 예를 들면, 국내의 어떤 제조업체에서 자체 브랜드로 수출을 하고 해외 제조업체나 유통업체가 요청하는 다른 브랜드로 해외에 제품을 공급하게 될 경우에는 어떤 단일 공급망이 아니라 복수의 다양한 공급망들이 필요하게 된다. 이러한 경우에는 시장조건과 규모에 맞추어서 복수의 공급망들을 구축해서 활용해야 한다.

각 참여업체들의 역할이 명확하게 규정된 후에는 이 업체들을 설득하는 과정이 시작되는데, 각 참여업체들에게는 전반적으로 공통적인 요소들은 물론 부분적으로 이질적인 요소들도 있다. 가장 중요한 사항 중의 하나는 누가 이 공급사슬을 주도해 나갈 것인가의 문제이다. 각 참여업체들의 공급사슬구조에 대한 몰입의 정도를 감안하여 리더를 선정하는 것이 바람직하다. 리더가 결정되면 공급사슬의 목표를 극대화하기 위한 여러 하위목표들을 명확하게 결정하고 이러한 목표들을 준수하기 위한 설득과정이 필요하다. 또한, 각 참여업체들간에 어떠한 정보가 공유되고 실제로 어떻게 공유될 것인지에 대해서도 심층적인 논의가 제기되어야 한다. 이러한 경우에 공급사슬의 리더는 통상적으로 약간의 과도한 목표를 설정하고 이러한 목표를 달성하는 것이 공급사슬 참여업체들에게 왜 이득이 되는지를 명확하게 보여주어야 한다.

공급사슬구조를 형성할 때에 또 다른 가장 중요한 문제 중의 하나가 실제의 지분과 투자규모에 대한 의사결정이다. 가장 단순한 형태의 공급사슬구조는 각 참여업체들이 각각 독립적으로 참여한 만큼의 보상을 받는 형태이다. 반면에 가장 복잡한 형태의 공급사슬구조는 각 참여업체들이 새로운 독립적인 회사를 설립하여 모든 참여업체들이 일정 규모의 지분을 공유하면서 참여하는 형태이다.

미국의 Ford자동차 회사는 두 가지 접근방법을 사용하였다. 첫 번째 방법으로 Ford사는 수송비를 감소시키기 위해 수송을 전담하는 독립적인 형태의 벤더들을 두었다. 물론 참여하는 업체들간에 각 회사의 역량과 배송시간에 대한 정보들을 모두 공유하였고, 각각의 참여 벤더들은 시설과 장비서비스 수준 등의 요소들에 대하여 일정 수준의 노력을 하였다. Ford사가 사용한 두 번째 방법은 Indianapolis 지역의 18개의 딜러들을 4개로 통합하여 약 1억 5천만 달러 규모의 독립된 공동투자회사를 만들어서 운영한 것이다. 독립적인 회사로서 또는 공동투자회사로 운영되건 간에 특정 공급사슬구조의 리더와 참여업체들이 중심이 되어 공급사슬을 이끌어가야만 바람직하다.

공급사슬관리가 성공적으로 운영되려면, 총공급망 전체의 경영층이 이러한 공급사슬 구축의 필요성을 분명하게 깨닫고 몰입해야만 한다. 특히 공급사슬을 통해 경쟁적인 차별성을 확보할 수 있다는 사실을 인식하고, 각 업체들은 그들이 공급사슬에 대하여 가지고 있는 각종 비전을 산업을 지배하는 가치사슬로서 전환시킬 수 있도록 노력해야 한다. 이와 같은 과정에서 상호간에 벽이 없어야 하며 신뢰를 바탕으로 명확한 의사소통의 방법들을 구현해야 한다. 이와 같은 업무를 수행하는 데 있어서 가장 중요한 것은 그 산업에서 일류가 되겠다는 욕구와 이를 달성시킬 수 있는 강한 신념 그리고 추진력이 있어야 한다는 점이다. 이러한 노력의 대가로 많은 것을 얻음으로써 공급사슬관리 수행에 원동력이 될 것이다. 이와 같은 총공급망의 성공 조건에는 다음의 〈표 9-3〉과 같은 것이 있다.

〈표 9-3 공급사슬관리의 성공조건〉

① 경영층의 지원을 확보하기 위하여 총공급망을 통한 새로운 수익원을 찾아야만 한다.
② 주주들이 적극적으로 지지할 수 있도록 주가를 향상시킬 수 있어야 한다.
③ 미래의 선도자가 될 수 있는 고객들과의 장기적인 관계를 유지하고, 미래의 고객에게 봉사할 수 있는 참여업체들과 장기적인 관계를 유지하여야 한다.

원래 총공급망이란 기업들이 자신들의 업무를 다른 기업체와 잘 연결시키면서 외부 협력체제를 증대시키는 것을 의미한다. 제품이나 서비스를 제공하는 특정 기업은 자사가 필요로 하는 원재료를 공급받기 위한 하나의 공급망을 구축한다. 이때 잘 구축된 협력체계는 대부분의 공급망에 있어서 혁신의 속도를 진전시키는 많은 기회를 제공해주며, 반면에 미비하게 구축된 협력체계는 전체 공급망의 혁신을 저지시킨다.

그러나 실제적으로 공급사슬관리에서 가장 문제가 되는 것 중의 하나가 내부적인 반발이다. 총공급망에 관여하는 업체들 상호간에 내부적으로 서로 신뢰하면서 융합되도록 노력하지 않는다면 그 공급망은 잘 구축되지도 실행되지도 않는다. 내부 협력체제(Internal Partnering)의 중요성은 공급사슬관리에서 아무리 강조하여도 지나치지 않다. 정보기술은 기업의 경영활동에 도움을 주면서 많은 성공과 실패를 가져왔다. 특히 이제까지의 정보기술의 기법들(BPR, ERP, CRM, KMS) 거의 전부가 특정 기업 내부의 효율화를 달성하려는 것들이었다면, 공급사슬관리는 특정 기업 내부의 것이 아니라 업체간의 협력관계(Give-and-Take Process)를 통해서 운영이 되는 데에 그 핵심이 있다. 물론 대부분의 조직은 변화에 대해 저항을 하기 마련이다. 하지만 공급사슬관리의 성공을 위해서는 이러한 참여업체 조직 내부의 장애요인들을 제거하고, 고객의 욕구를 보다 더 잘 충족시키기 위해 업체들 상호간에 협력하는 것을 더욱 장려해야 한다.

앞서 말했듯이 모든 업체들이 공급사슬관리를 통해 전부 성공하는 것은 물론 아니다. 이들 중에는 남들보다 훨씬 앞서가기도 하지만 반대로 뒤떨어지는 업체들도 있을 것이다. 이러한 차이는 단순히 공급사슬관리의 시스템적인 측면이나 참여업체들간의 관계형성의 미비로만 나타나는 것은 아니다. 특히, 총공급망을 통해 비용을 삭감하고 생산성과 품질을 향상시키며 서비스를 증대시키기 위해서는 최고 경영자의 리더십, 조직 발전과 그 조직원들에게 적절한 보상을 해주는 조직시스템 그리고 미래에 보다 나은 발전이 있을 것이라는 확고한 비전 등이 있어야 한다.

총공급망에 대한 고객들의 욕구가 다양해지는데 대한 공급망에 속해 있는 기업들이 적절한 대응을 위해서는 총공급망의 각종 과정을 자동화 할 필요가 있다. 이때, 중요한 것은 자동화되면서도 각종 부가가치적인 활동을 수행하여 업무의 효율성을 증대시키는 방향으로 나아가야 한다는 것이다. 인터넷의 발전을 통해 이러한 가상공간에서의 구매와 조달이 가능해지면서 공급사슬관리가 보다 더 첨단화되어 가고 있다.

효율적이고 효과적인 기업시스템에 대한 각종 욕구에 적절하게 대응하기 위하여 총공급망은 적시에 완전한 배달을 하면서 정확하게 업무를 수행하여야 한다. 이와 같은 업무들은 전체 시스템의 성과를 측정하고 재고회전율을 증대시키면서, 인터넷과 컴퓨터통신을 통한 주문통합과 재고관리를 효율적으로 수행하고, 커스터마이즈된 로지스틱스 서비스를 제공하면서, 각종 활동원가 개념에 입각하여 수행되어야 한다. 다시 말하면, 총공급망의 공급측면에서 과거보다 경쟁력이 있으면서 진보된 기술을 통해 새롭게 창출된 수요를 충족시킬 수 있는 시스템을 갖추도록 노력하여야 한다.

공급사슬관리의 최대 목표는 소비자들에게 과거보다 나은 어떠한 부가가치를 제공할 수 있느냐에 있다. 그러나 공급사슬구조에서 그것을 지원해 줄 수 있는 명확한 기술기반이 준비되지 않으면 실질적으로 구축하기가 어렵다. 예를 들어 Autodesk사나 AutoZone사는 그들의 파트너들간에 정보를 자유롭게 전달할 수 있는 시스템을 구성하여 운영했다. 또한 고객관계관리(Customer Relationship Management: CRM)와 전자상거래(Electronic Commerce)를 실행시킬 수 있는 정보기술이 뒷받침이 되어야만 공급사슬관리가 원활하게 운영될 수 있다. 공급사슬관리에 참여하는 업체들간에 완전하게 통합된 데이터베이스와 실시간의 정보업데이트 및 확인과정들이 함께 수반되어야 실질적으로 소비자에게 가치를 제공할 수 있게 된다.

참여업체들에게 물적 혹은 인적 투자를 요청하는 것은 사실상 어려운 일이다. 하지만 시스템 구축비용과 교육비용 등은 많은 노력을 요구하게 되므로 공급사슬관리를 실질적으로 운영하려면 각종 기반 인프라스트럭처를 제대로 갖추어야 한다.

4. SCM에 참여하려는 업체간의 신뢰도 평가

앞에서 언급되었던 모든 것들이 어느 정도 논의된 후에는 참여업체들이 약속했던 인적 혹은 물적 자원을 투입하여 공급사슬관리가 시작되며 참여업체간에 의사소통을 하게 된다. 그러나 어느 정도 시간이 흐르게 되면 약속한 물량을 배달 못하거나 혹은 기대된 품질수준에 미치지 못하는 제품을 공급하는 등의 참여업체들간에 상호 기대한 것에 미치지 못하는 상황이 발생하게 된다. 만약 모든 것이 잘 이루어지면, 참여업체들 모두가 만족하면서 상호간에 신뢰관계가 증진하게 되지만 언제나 예상 못했던 문제들이 발생하기 마련이다. 그러나 진정으로 성공적인 공급사슬관리는 문제가 생기지 않는 것이 아니라 문제가 발생했을 경우에 이러한 문제를 어떻게 해결하느냐에 있다. 이러한 문제들이 잘 해결되지 않으면 거래관계는 끝나게 된다.

공급사슬관리를 최대로 활용하기 위해서는 정확한 정보전달이 상당히 중요하다. 신뢰할 수 있는 정보의 공급 없이는 공급사슬관리가 유지될 수 없으며, 현재의 재고수준에 관한 신뢰할 수 있는 정보가 있어야 공급사슬관리의 수준이 한 단계 증진되는 것이다. 공급사슬관리에서의 투명성은 여기에 관여하는 상호 구성원간에 각 업무의 결과나 각 공급망에서 발생하는 정확한 정보 예를 들면, 현재에 제품이 어디에 있는지, 재고의 양은 얼마나 되는지, 재고의 가격은 얼마인지, 언제 배달이 될 수 있는지에 대한 정보가 상호간에 명확하게 공유되어야 한다. 공급사슬관리에서 발생하는 많은 모호함 때문에 총공급망에서 각종 실수와 실패 그리고 불신과 혼란이 생기는 것이며, 이 때문에 소비자불만족 수준도 높아지는 것이다.

신뢰관계를 구축하는 것은 상당히 중요하며, 이것을 실질적으로 구축하기 위한 방안은 다음의 〈표 9-4〉와 같다.

〈표 9-4 공급사슬관리에서 신뢰관계의 구축방안〉

① 우리가 언급한 것들을 준수하면서 상대방이 예측할 수 있게 행동하라.
② 우리가 미진한 부분에 대한 기술과 능력을 가진 파트너를 정하라. 그리고 파트너로 하여금 능력과 경험이 있으면서 열심히 일할 수 있는 사람을 파견하도록 요청하라.
③ 높은 지식과 뛰어난 의사소통 기술을 지닌 파트너와 논의하라.
④ 정보공유를 하면서 상대방과의 이해의 폭을 넓혀라.
⑤ 파트너가 요구하는 것에 면밀하게 잘 대응하라.

이와 같이 공급망에 관여할 업체들을 선정하고 실제로 의사결정을 하는 데 있어서 가장 중요한 요인들은 참여업체들간에 신뢰를 구축하고 성실하게 노력하는 것이다. 단지 자사의 이익만을 추구하는 자세로 공급망에 참여하게 되면 다른 업체들도 마찬가지로 자신들의 이익만을 추구하는 자세로 임하기 때문에 전체적인 공급망의 관점에서는 도움이 되지 않는다. 따라서 참여하는 업체들간에 철저하게 신뢰를 구축하면서 공급망의 최대효과를 달성할 수 있도록 성실하게 노력하는 것이 절대적으로 필요하다.

　공급망의 각 참가자들은 적시에 상대방이 원하는 정보를 제공하여야 하며, 또한 상대방이 기대하는 성과를 달성하여야 한다. 공급망 상의 관계는 참여하는 기업간의 충분한 의사소통과 공동의 문제해결 방식을 통해서 형성되기 때문에, 공동의 관계증진 프로그램, 공동교육, 기업이념을 공유하기 위한 각종 워크숍 그리고 각 기업의 최고경영층간의 각종 회담을 마련하는 등의 방법을 동원하여야 한다. 또한 참여업체의 대표들이 참가하는 공급사슬관리위원회(Supply Chain Management Council)를 구성하여 정기적으로 모임을 가져야 한다. 이 모임을 통해서 수익성에 도움이 안 되는 과정을 제거하기도 하고, 비용의 최소화를 위한 방안을 마련할 뿐만 아니라, 정보시스템과 표준설정에 관한 각종 지침과 통찰력을 상호교환하고 정리할 수 있다.

　이와 같은 방식을 통해서 공급사슬관리에 참여하는 업체들간의 의사소통이 증진하게 되면, 비공식적인 접촉도 자연히 증대하게 된다. 각 참여업체들은 각종 다른 생산방식에 대한 자료를 공유하고, 예측자료를 교환하며 자재소요 스케줄도 상의하게 된다. 경우에 따라서는 부가가치를 창출하지 못하는 각종 낭비적이고 제거해야 할 업무 등에 대한 자료를 공유하기도 한다. 이와 같은 형태의 공급망은 현재 미국보다 일본에서 더 잘 구축되어 있는데, 미국은 지역적으로 멀리 분산되어 있고 일본처럼 가족적인 분위기의 소형기업들이 많지 않기 때문이다. 결국 각종 비공식적인 회의와 공식적인 절차를 거치면서 총공급망에서의 밀접한 관계를 형성하고 유지하는 것이 장기적인 측면에서 총공급망의 수익성과 효율성을 증대시키는 것이다.

5. 공급사슬 전체를 위한 일관적이고 실행 가능한 설계 수행

공급사슬구조를 확립하기 전에 참여 희망업체들에게 새로운 공급사슬 구조를 확립함으로써 기존의 공급사슬업무 수행방식에서의 문제점들을 어떻게 해결할 수 있는가를 구체적으로 기술하면서 이들을 설득하여야 한다. 이 때에는 공급사슬의 최종혜택자인 최종소비자들에게 어떻게 최대의 경제적인 효과를 줄 수 있는지 즉, 최고품질의 제품을 최고의 서비스로 최저가격에 제공할 수 있는지 또한 참여 희망업체들이 공급사슬에 참여함으로써 어떠한 성장의 기회가 주어지고 어떠한 부가가치를 얻을 수 있는가에 대하여 충분히 설명하여, 전체에게 모두 이득이 되는 구조 (A Win-Win-Win-Win Structure)를 만들어 줄 수 있다는 것을 보여주어야만 한다. 또한 마지막으로 모든 참여업체들은 두터운 신뢰관계를 형성할 수 있어야 한다. 하나의 공급사슬 네트워크 내에 여러 개의 하위 공급사슬구조가 형성될 수도 있다.

공급사슬구조의 최종 표적인 최종소비자에게 최대의 가치를 제공하는 것이 가장 중요하다. 제조업체 입장에서 제품을 마구 밀어내는 구조, 유통업체 주도하에 제조업체를 통제하는 구조와 같이 과거의 다양한 공급사슬관리 모형들이 아니라, 최종소비자에게 모든 것을 맞추면서 공급사슬구조가 최대의 경제적인 효과를 만들어낼 수 있는 방식을 찾아내야 한다. 과거의 제조업체 주도의 밀어내기 전략은 제품이 제조업체에서 출고만 되면 판매가 끝난다는 생각을 바탕으로 하고 있어 바람직한 전략이라고 볼 수 없다. 이것은 실질적으로 제품이 어떻게 판매되어야 하는가에는 관심을 갖지 않고 자신의 이익만을 극대화하려는 것이다. 또한 유통업체 주도로 제조업체의 가격이나 배송조건들을 통제하려는 구조 역시 실질적인 소비자의 관점에서 수행되는 것이 아니라, 힘이 강해진 유통업체가 제조업체를 통제하려는 측면에서 시도되는 것이므로 바람직하지 않다.

공급사슬구조에서 가장 바람직한 것은 제조업체가 제품의 이동을 원만하게 하기 위해 공급사슬구조 내의 참가업체들과 강한 협력관계를 형성하는 것이다. 그러나 현실적으로는 많은 업체들이 최종소비자의 욕구에 초점을 맞추는 것이 아니라, 공급사슬관리에 참여하는 업체들의 욕구에 초점을 맞추고 있다. 예를 들면, 미국에서 자동차 딜러의 최대목표는 특정지역에서 자신이 취급하는 브랜드의 자동차를 완전히 자신의 통제 하에 판매하는 것이다. 물론 이 지역 내의 소비자들이 이 브랜드의 자동차와 거의 비슷한 품질과 디자인 및 가격의 대체제품을 찾을 수 없어야 하는 것이 기본 전제조건이다.

이러한 경우에는 자동차 딜러가 제품을 판매하는 동안에 그 자동차 딜러나 자동차 제조업체는 외부의 정보를 더 획득할 필요도 없으며 또한 이 공급사슬 내의 어떤 가치를 더 향상시키려고 노력할 필요도 없다. 다시 말하면, 특정지역 내에서 특정 딜러가 안정적인 판매를 하게 되면 소비자의 욕구들이 약간씩 변하는 경우에도 그 특정 딜러는 그러한 소비자의 욕구를 충족시키려고 하지 않는다. 영업이 어느 정도 이루어지기 때문에 소비자에게 전달할 새로운 가치를 개발할 필요가 없는 것이다. 결과적으로 이 자동차 딜러와 제조업체는 이와 같은 안정성을 계속 유지하려고 하기 때문에 이러한 경우에는 소비자의 가치극대화라는 명제가 충족되지 않게 된다.

이와 같은 관점에서 보면 과거의 제조업체 주도의 공급사슬구조나 유통업체 주도의 공급사슬구조는 바람직하지 않다. 공급사슬구조에 참여하는 업체들은 판매와 관련된 모든 문제를 통제하려고 각종 경쟁을 하게 된다. 이것을 해결할 수 있는 방법은 공급사슬구조에 참여하는 업체들 스스로가 조화를 이루도록 하고, 공급사슬 네트워크 내의 모든 기술, 도구, 자원들이 총동원되어 고객의 모든 욕구를 충족시킬 수 있도록 되어야 한다.

미국의 Ford자동차 회사는 이와 같은 방향으로 공급사슬구조를 변화시켰다. 과거에는 Indianapolis 지역에 18개의 전체 메가딜러들이 있었다. 이것을 4개 정도의 메가딜러들로 통합하여, 미국 전역에 등장하고 있는 CarMax나 AutoNation과 같은 대형 자동차 메가체인들에게 대항하려 하였다. 과거보다는 적은 수의 자동차 메가딜러를 보다 타이트하게 통제하면서 Ford자동차 회사는 경쟁에서 승리할 수 있다고 믿은 것이다.

또 다른 방식은 공급사슬구조에 참여하는 모든 참여업체들이 이기고 지는 구조(A Win-Lose Structure)가 아니라, 모두가 이기는 구조(A Win-Win Structure)를 만드는 것이 바람직하다. 이기고 지는 구조란 일종의 제로섬게임(Zero-Sum Game)을 의미하는데, 공급사슬구조 내의 어느 참여희망자가 이득을 보면 다른 참여희망자는 그만큼의 손해를 보는 구조를 의미한다. 이것보다는 참여하는 모든 업체가 이득을 보는 구조(Positive-Sum Game)를 형성하여야 바람직하다. 물론 소비자의 욕구를 모두 충족시키는 것이 쉬운 일은 아니지만, 서로 이기는 구조를 만들어서 특정 소비자 계층의 욕구는 공급사슬구조에 참여하는 업체들로부터 직접적으로 충족이 되고, 또 다른 소비자 계층의 욕구는 공급사슬구조에 참여하는 업체들로부터 간접적으로 다른 구조를 통하여 충족될 수 있도록 해야 한다.

제 10 장 공급사슬관리의 실제 구축 실행단계

21세기의 새로운 경영전략 기법으로서 공급사슬관리가 성공하기 위해서는 주도 면밀한 과정을 거쳐 수행되어야 한다. 공급사슬관리를 구체화시킬 수 있는 실무방법론을 개발하는 것이 절대적으로 필요하다. 공급사슬관리는 그것이 제조업체이거나 유통업체이건 간에 통상적으로 특정 기업의 관점에서 실행된다. 물론 공급사슬관리가 수많은 기업에서 효율적으로 실행되게 되면 그것은 특정 산업이나 더 나아가 국가 전체 산업을 효율적으로 연계하는 네트워크로서 작용할 수 있을 것이다. 그러나 현재까지 우리나라에서 공급사슬관리를 실제로 실행에 옮긴 기업의 수는 몇 십 개도 안 되는 상황이다. 우리나라의 4대 그룹 안에 드는 몇몇 제조업체들이 공급사슬관리를 실행하고 있으며 10대 그룹 안에 드는 제조업체들이 이제 막 시작을 한 정도이다. 또한 30대 그룹 안에 드는 몇몇 유통업체들이 실행중이며 기타 유통업체에서 준비를 하고 있는 정도이다. 이와 같은 상황에서는 특정 기업의 관점에서 공급사슬관리를 효율화하는 것이 필요하다. 이번 장에서는 우리나라의 각종 현실을 감안하면서 공급사슬관리를 어떻게 하면 더 효율적으로 실행할 수 있는가를 제시하려고 한다.

I. SCM 구축에 필요한 시스템 구축업체 선정시 고려요인

정보의 이동은 상품의 이동과 밀접한 관련이 있다. 고객주문 정보, 자재와 원재료의 공동예측 정보, 생산스케줄 정보는 상품의 이동을 지원하는 세 가지 정보의 중요한 예들이다. 총공급망을 구축하는 팀은 정보이동을 문서화할 뿐만 아니라 정보의 필요성과 타이밍 그리고 가치를 평가해야 한다. 이것은 아주 중요하다. 왜냐하면, 원자재나 상품의 이동은 정보의 이동과 직접적으로 관련되어 있기 때문이다. 정보 이동의 수치적인 보존은 물론 고객주문에 대한 온라인 프린트물이나 생산스케줄 등과 같은 정보들이 보존될 수 있어야 한다. 총공급망에 참여하는 업체들은 정확하고 보존 가능한 방식으로 정보를 관리해야 한다. 정보와 상품의 이동은 당연히 거래의 이동과 연결된다. 주문정보에 따라 상품이 출고되고 이에 대한 대금이 입금되는 것이 원칙이다. 이와 같은 내부적인 재무정보들은 수시로 내부자료화가 되어야 한다. 또한 당연히 지불구조와도 밀접하게 관련되어야 한다. 이와 같은 것을 동시에 고려하면서 공급사슬관리시스템 구축업체를 선정하여야 한다.

(1) SCM에 필요한 컴퓨터업체 선정시 고려요인

기업에서 활용하는 다양한 컴퓨터 소프트웨어들 예를 들면, ERP (Enterprise Resource Planning), GIS(Geographic Information System),

CRM(Customer Relationship Management), KMS(Knowledge Management System), SEM(Strategic Enterprise Management)의 경우와 마찬가지로 SCM(Supply Chain Management)도 소프트웨어 업체로부터 구매하여야 한다. 실제로 SCM을 잘 활용하기 위해서는 대부분이 컨설팅을 받는다. 기업에게 가장 적합한 공급사슬관리 컨설팅을 받은 후 이에 맞게 적합한 툴을 구매해야 하는데 현실적으로 그렇지 못한 경우가 많다. 미국에서 특정 경영기법이 소개되어 각광을 받기 시작하면, 우리나라에는 빠르면 2~3년 내에 늦어도 5년 이내에 미국계 정보업체와 컨설팅업체를 통해 소개된다. 우리나라의 기업들(미국식 시스템의 도입에 소요되는 비용이 수억에서 수십 억, 많으면 수백 억에 이르므로 주로 대기업이 함)은 실제로 새로운 개념에 대한 지식이 부족한 경우가 많다. 이와 같은 상황에서 미국계 컨설팅업체로부터 컨설팅을 받은 후 이 업체의 권유만으로 새로운 시스템을 도입하는 경우가 대부분이다.

1990년대 이후에 국내에 도입된 대부분의 시스템들의 성공확률은 50%를 넘지 않는다. 그 이유는 기본적인 지식이 부족한 상태에서 외국계 컨설팅업체의 권유만으로 시스템을 도입하였기 때문이다. 1990년대 중반에 국내에 진출한 모 외국계 공급사슬관리업체의 시스템을 구축한 국내 모 그룹은 완전히 실패를 보았다. 그 시스템은 일본에서도 1990년대에 도입되어 실패한 것이었다. 그 이유로는 서양의 공급사슬관리 인프라스트럭처와 일본이나 한국의 인프라스트럭처의 차이점을 감안하지 않고 시스템을 무작정 도입함으로써 생긴 결과이다. 이외에도 국내의 다수 업체들이 공급사슬관리 시스템을 구축한 후 성과를 못 올리게 되자 서둘러서 그 원인이 무엇인가를 파악하려고 나선 경우가 몇 번 있었다.

문제의 근본 원인은 시스템을 구축하려는 기업 내에 새로운 개념에 대한 전문가가 없다는 사실이다. 만일 고객기업 내에 컨설팅업체나 정보업체보다 더 뛰어나거나 비슷한 수준의 전문가가 있다면 그와 같은 실패를 경험하지는 않았을 것이다. 최근에도 모 그룹에서 수십 억 원을 들여 공급사슬관리시스템을 구축하였는데, 실제 업무에는 거의 활용이 안 되고 있는 실정이다. 컨설팅업체와 정보업체로부터 새로운 시스템 구축에 대한 권유를 받고 수십 억 원을 들여 구축한 시스템을 거의 사용해보지도 못한 상태에서 폐기해야 하는 상황에 처하게 되었다. 기존에 투자한 것은 고철 덩어리가 되어버렸고, 이제는 새로운 투자를 다시 해야 할 처지에 놓였으니 해당 그룹에서도 답답한 실정이다. 만일 이 그룹 내에 컨설팅업체와 정보업체를 리드할 수 있는 전문가가 있었다면 이러한 문제는 발생하지 않았을 것이다.

　시스템 구축 컨설팅업체와 정보업체에서 업무를 수행할 때에 내부 전문가가 없을 경우에는 외부 전문가를 임시로 초빙하여 고객기업을 위하여 작업을 하게 하는 것이 최선의 방책이다. 새로운 시스템이 나올 때마다 이에 적합한 인원을 충원하는 것은 과도한 비용이 들 수 있으므로, 해당 시스템의 최고급 전문가를 임시 스탭이나 고문으로 초빙하여 컨설팅업체와 정보업체를 감시하게 하는 방안을 고려하는 것이 절대적으로 필요하다. 그들은 고객기업에 고용된 형태로서 그 기업으로부터 별도의 용역대금을 받으면서 컨설팅업체와 정보업체를 지도하는 역할을 수행한다. 이와 같이 고객기업의 입장에서 컨설팅업체와 정보업체를 지도하는 역할을 수행할 사람이 있어야 만이 공급사슬관리시스템 구축이 고객기업의 의도대로 수행되고 실제로 잘 활용될 수 있는 것이다.

(2) SCM의 특성을 고려한 업체선정

제조기업 중심의 공급사슬관리의 핵심인 APS(Advanced Planning System 혹은 Advanced Planning and Scheduling)는 ERP의 확대된 형태라고 할 수 있다. 이와 같은 의미에서 ERP 구축은 공급사슬관리를 구축하기 이전의 선행사항이 된다. 또한 유통업체 중심의 공급사슬관리 구축에서도 ERP 구축이 어느 정도 필요하다. 유통업체 내부의 각종 정보를 효율적으로 관리하기 위한 시스템인 ERP가 구축되어 있다면 훨씬 더 효율적으로 공급사슬관리를 할 수 있다.

ERP(Enterprise Resource Planning)는 운영계 정보기술이라고 할 수 있다. 기본적으로 ERP는 기업 내부의 모든 기능들이 수행하는 각종 정보를 수집하는 것이다. ERP 시스템은 각종 물자, 주문스케줄, 완성품 재고 그리고 기업 내부의 각종 정보를 수집하고 관장하는 것이다. 물론 ERP가 기존의 유증시스템(Legacy System)과 비교할 때 총공급망의 의사결정에 더 효율적인 것은 사실이다. ERP는 공급사슬관리에서 나타나는 각종 거래를 관리하는 데에는 도움이 되지만 앞으로의 거래형태와 거래방법에 관한 의사결정을 하기 위해 필요한 분석적인 측면에서는 문제가 있다. 다시 말해서, ERP는 운영적인 측면에 치중하므로 분석적인 측면에는 약점이 있다고 할 수 있다. 최근 들어서 ERP에 분석적인 측면을 보완하면서 기업의 각종 계획적인 측면이 강화되고 있지만, 현재까지도 계획적인 측면은 부족한 상태이며 전략적인 측면에서도 ERP는 거의 역할을 하지 못하고 있다.

ERP는 기업의 조직원들에게 현재 어떤 일이 기업에서 일어나고 있는지에 대한 해답을 제공해 줄 수는 있지만, 앞으로 어떤 일이 발생해야 하는가에 대한 해답은 주지 못한다. ERP시스템을 기업에서 실제로 성공시키는 것은 쉬운 일이 아닌데, 그 이유는 표준모듈을 만든 후에 그것을 기업의 여러 형태에 적응시켜야 하기 때문이다. ERP는 상당히 많은 비용이 들며 또한 실제로 실행시키기가 어려운 시스템이다. 미국에서도 많은 자금과 시간을 들여서 ERP를 구축한 후에 작동이 어려워지자 다시 과거의 유증시스템(Legacy System)으로 돌아간 사례가 많다. 현재 ERP시스템 제공업체들로서는 Oracle, Peoplesoft, J. D. Edwards, Baan과 SAP 등이 있으며, 이들 중의 상당수가 현재 기존의 ERP시스템을 확장하여 SCM시스템을 공급하고 있는 실정이다. 물론 순수하게 SCM에서 출발한 i2 Technologies(제조업체의 생산계획에서 출발)도 있다.

(3) SCM를 실행하기 위한 구체적인 정보기술

공급사슬관리를 구체적으로 수행하기 위해서는 여기에서 획득되는 각종 자료들(생산계획자료, 판매예상자료, 재고수준자료, 고객의 구매시점자료)의 흐름을 구체적으로 계획하여 하나의 틀 속에 구성하는 것이 필요하다. 또한 이와 같은 것을 현실화시키기 위해서 필요한 구체적인 실행계획들을 상세화시켜서 하나의 흐름도표(Flow Diagram)로 작성하는 것이 공급사슬관리의 핵심 중의 하나이다.

과거의 중요한 자료들을 보관하는 DW(Datawarehousing)는 APS의 하나의 구성요소인 수요계획(DM: Demand Planning)과 밀접하게 연관된다. APS는 ERP의 확대된 형태라고도 볼 수 있으며, OLTP(On-Line Transaction Processing)와 관련이 있다. OLTP에서 획득되는 자료를 DW에서 보관하고 이것을 APS에서 사용하고 있다. OLTP에서 APS로 자료를 이전하는 데에는 두 가지 방식을 사용한다. 첫째는 초기 자료이전으로서 OLTP에서 생성되는 자료들을 APS의 모델로 이전하고 이렇게 이전된 자료들이 APS에서 활용된다. 둘째는 일단 OLTP에서 APS로 자료가 이전되면 그 다음에는 변화되는 자료들만을 지속적으로 전달하는 과정을 거치게 된다. 이때 전달되는 자료들로는 현재의 재고상황과 주문상황, 기타 자원들의 활용가능성, 계획된 생산량과 재고수준 등이 있다.

OLTP가 현재 공급사슬관리에서 일어나고 있는 상황들에 대한 자료들임에 반하여, DW는 공급사슬관리에서 발생한 OLTP의 과거 기억자료들이다. DW의 목적은 적절한 시점에 적절한 과거 기억자료들을 제공하는 데 있다. DW는 OLTP의 거래자료들이 지속적으로 보충되면서 단지 읽기만 할 수 있는 과정(A Read-only Process)이 진행되는 것이다. 다시 말하면, OLTP에서 올라오는 자료가 DW에 저장되었다가 APS를 위해 필요할 때마다 읽혀지는 것이다. 이와 같이 저장되는 자료들은 OLAP(On-Line Analytical Processing)을 통하여 보고될 수 있다. 다시 말하면, APS를 위해 DW에 저장되어 있는 자료들이 OLAP를 통해 실시간으로 보고될 수 있도록 변화되는 것이다.

공급사슬관리는 DW의 설계에 큰 영향을 미치고 있다. 다시 말하면, 공급사슬관리에서는 특정기업의 자료들은 물론, 공급사슬에 참여하는 여러 기업들의 자료가 동시에 일관성 있게 저장될 수 있도록 설계되어야 한다. 여기서 공급사슬에 참여하는 여러 기업들의 자료에는 POS 자료뿐만 아니라 각 업체에서 가지고 있는 재고관련 자료와 생산 및 판매관련 예측자료들도 있는데, 이러한 자료들은 공급사슬관리를 운영하는 데 있어서 상당히 중요하다. 구매시점자료는 소비자들이 언제 그리고 얼마만큼의 제품을 구매했는지에 대한 자료를 제공해준다. 재고자료는 재고가 얼마나 오래되었는지에 대한 자료를 제공해준다. 즉, 재고년수란 얼마나 오랜 기간 동안 재고(예를 들면, 오랜 기간 동안 사용되지 않은 원재료 재고 혹은 판매가 되지 않아 그냥 생산처나 판매처에 보관되고 있는 재고)가 사용되지 않았는가를 말한다. 따라서 재고년수를 줄이는 것은 상당히 중요한 일 중의 하나이다. 마지막으로 예측자료는 실질적으로 공급사슬에 참여하는 기업들이 미래에 대해 어떠한 생각을 가지고 있는지를 보여주는 자료이다. 이와 같은 것을 고려하여 객관적으로 공급사슬관리 시스템 구축업체를 선정하는 것이 중요하다.

2. SCM 구현시스템 선택과 공급업체 선정

(1) SCM 구현시스템 선택

공급사슬관리시스템 구축업체는 주도 면밀하게 선정되어야 한다. 공급사슬관리시스템 벤더들은 주로 특정 산업에 강점을 가지고 있는 경우가 많다. 산업별로 제조나 판매과정, 사용용어, 업무규칙 그리고 최적화 과정들이 서로 상이하기 때문에 하나의 산업에만 치중하는 벤더들이 있다. 특정 산업에서 많은 경험을 가지거나 성공적으로 수행을 하게 되면 이것을 기반으로 다른 산업으로 확장시키는 것이 일반적이다. 물론 여러 산업에 걸쳐서 강한 업체들도 있다. 현재 미국에서 공급망을 구축하는 산업들에는 전자, 항공, 자동차, 기계, 금속, 제약, 화학, 제지, 정유, 일반소비재, 섬유, 식품, 통신, 수송 등이 있다. 또한 수많은 공급사슬관리 시스템 벤더들이 다양한 산업에서 시스템을 구축하고 있다. Dynasys는 항공, 자동차, 금속, 제약, 화학, 섬유에서 시스템을 구축하였고, Logility는 전자, 항공, 자동차, 기계, 제약, 화학, 정유, 일반소비재, 섬유, 식품, 수송에서 시스템을 구축한 경험이 있다. Symix Systems는 전자, 자동차,

금속, 제약, 화학, 제지에서 시스템을 구축하였고, SynQuest는 전자, 항공, 자동차, 기계, 제지에서 시스템을 구축하였다. Wassermann은 전자, 항공, 기계, 금속, 제약, 화학에서 시스템을 구축한 경험이 있으며, AspenTech은 화화에서 시스템을 구축하고 있다. 물론 이외에도 i2 Technologies, Manugistics, J. D. Edwards, Paragon 등이 여러 산업에 치중을 하고 있다.

그런데 이러한 시스템 벤더들은 시스템 구축회수를 공식적으로 발표하는 기준이 서로 다르다. 어떤 업체는 공급사슬관리 전체에 참여하는 업체 수와는 상관없이 1회로 발표를 하는데 반해서, 다른 업체는 공급사슬관리에 속해 있는 각 개별기업의 수를 모두 합쳐서 발표하기도 한다. 또한 어떤 업체는 현재 진행중이거나 초기단계에 있는 것까지 포함해서 발표하는 것에 반하여, 다른 업체는 오직 고객사가 성공적으로 구축했다고 발표한 것만을 포함시킨다. 따라서 시스템 벤더들의 과거 구축실적으로 평가할 때에는 여러 면에서 신중하게 처리하는 것이 바람직하다.

고객사의 규모에 따라서 치중하는 벤더들이 달라진다. 예를 들면, i2 Technologies나 J. D. Edwards는 대기업에 치중하는 데 반하여, SynQuest나 Wassermann는 중소형 기업에 치중하고 있다. 시스템 구축비용은 대체로 대기업에 치중하는 벤더들이 높고, 중소형 기업에 치중하는 벤더들이 낮은 편이다. 그러나 실제 시스템 구축비용은 시스템의 총 사용자 수와 시스템으로부터 얻고자 하는 혜택에 따라서 결정이 되므로, 실제의 정확한 구축비용은 계약 당사자만이 알고 있다. 우리나라에는 현재 많은 시스템 벤더들이 들어와 있거나 들어오고 있다. 예를 들면, 미국의 i2 Technologies나 AspenTech, 캐나다의 WebPlan, 일본의 에꾸제, 독일의 SAP 등이 있다. 현재까지의 많은 시스템들이 성공하지 못한 경우가 많으므로 한국 실정에 맞게 변형되어야 한다는 소리가 높다.

i2 Technologies는 1988년에 미국에서 설립되어 현재는 달라스에 본사를 두고 있다. 이 회사는 처음에 Factory Planner라는 소프트웨어 패키지를 금속산업에 도입하였으며, 현재는 자동차, 일반 소비제품이나 기술집약적인 산업에서 B2B의 공급망 구축 소프트웨어(TradeMatrix)를 공급하고 있다. 또한 J. D. Edwards는 1977년에 설립되어 미국 덴버에 본사를 두고 있다. 이 회사는 오랫동안 ERP를 공급해 왔으며, 20년 이상을 공급망 설계와 최적화 소프트웨어를 공급해온 회사인 Numetrix를 1999년에 인수하였다.

이 외에도 다음과 같은 소프트웨어 벤더들이 있다. Distribution Sciences는 Base Rate, Carrier Select and Match Pay라는 이름의 소프트웨어를 개발하였는데, 이것을 통해 화물수송비용을 계산하고 비교하여 각종 수송수단의 비용과 서비스 효율성을 평가할 수 있다. Ross Systems가 개발한 Supply Chain Planning은 정확한 계획과 스케줄링에 필요한 수요, 결품보충, 각종 제조용 도구들을 계획하기 위한 기본적인 소프트웨어이다. Sabre Decision Technologies가 개발한 Transportation Network Optimization은 수송을 계획하고 있는 기업에게 각종 화물수송 수단의 비용과 운송방식을 비교해 줄 수 있는 소프트웨어이다.

(2) SCM 시스템 공급업체 선정

시스템을 도입하기로 결정한 후에 실제로 시스템 공급업체 선정에 들어갈 때 고려해야 할 사항들이 있다. 가장 중요한 것 중의 하나가 고객기업의 입장에서는 자사의 공급사슬구축에 필요한 소프트웨어 모듈을 구매하여 설치하고 통합하는 것이다. 대부분의 경우에 특정 시스템업체의 모든 모듈을 일괄적으로 구매하는 것은 아니며, 때로는 다른 시스템 공급업체의 특정 모듈도 함께 구매하여 결합시켜야 하는 경우가 발생한다. 기업들이 처한 상황에 완벽하게 맞는 시스템이 항상 준비되어 있는 것은 아니다. 이러한 경우에는 주계약을 한 시스템 공급업체는 고객기업이 부분적으로 원하는 사양을 적절하게 배합하여 제공해야 한다. 또한 경우에 따라서는 특정 용도로 개발된 모듈의 사용목적을 바꾸어서 설치하는 경우도 있다.

공급사슬관리시스템 구축업체 선정은 앞에서 열거하였던 과정들을 고려하면서 신중하게 수행되어야 한다. 그러나 우리나라의 기업현실에서는 앞서 열거되었던 그와 같은 절차를 거치는 경우도 있지만, 시스템 외부의 여러 가지 속성들에 의해 결정되는 경우도 있다. 이 중에서 가장 큰 영향을 미치는 것이 기업 내부의 정치적인 문제이다. 많은 경우에 있어서 구축업체의 과거실적을 평가하기보다는 그 업체와의 인맥관계에 의해 결정되는 경우가 많다. 이것은 공급사슬관리시스템을 구축하는 경우에 상당히 중요한 문제가 될 수 있다. 인간관계로 인해 선정된 업체는 회사 전체를 위한 업무수행보다는 추천인의 성향에 맞추는 경향이 강하다. 따라서 만약 이와 같은 인맥고리가 끊어지게 되면 그 회사가 수행한 업무 중의 상당수가 실제로 효과를 내지 못하는 경우가 비일비재하다. 실제로 시스템 구축에 들어가면 예상외로 많은 문제가 나타나기 시작한다. 따라서 동종산업에서 이미 구축경험이 있는 시스템 벤더를 선정하는 것이 바람직하다. 물론 여러 산업에 걸쳐서 구축경험이 많은 업체(Reference Sites)를 선정하는 것은 더욱 바람직하다.

시스템을 실제로 구축할 때에는 많은 요구사항들이 제시되어야 한다.

이러한 요구사항들은 적게는 수십 개에서 많게는 100개가 넘는 경우도 있는데, 이것들은 시스템의 기능적인 측면들에 대한 상세한 지침이라고 할 수 있다. 이렇게 많은 요구사항들을 그룹핑하여 몇 개의 소집단으로 만드는 것이 바람직하며, 이와 같은 요구사항들에 대한 시스템 벤더들의 잠재적인 능력을 정확히 평가하여야 한다. 이때 두 가지 방법이 사용된다. 첫째는 이러한 요구사항 리스트를 복수의 시스템 벤더들에게 나누어 주고 각 업체별로 자사의 시스템을 이 리스트에 맞추어서 평가하게 만드는 것이다. 이와 같은 방법은 아주 쉽고 상세한 방법이다. 둘째는 시스템 벤더들에게 자사의 시스템을 실제로 데모하도록 하는 것인데 이를 통해 그 시스템의 장단점을 평가하기가 쉬워진다.

3. SCM 시스템 구축과 통합

(1) SCM 시스템 구축

공급사슬관리시스템 구축시에는 기본 정보기술 환경과 결합시키는 것이 중요하다. 시스템 구축과정에서는 크게 다음 〈표 10-1〉의 내용들이 수행되어야 한다.

공급망을 구축하는 시스템 벤더들마다 서로 다른 테크닉과 방법들을 사용하기 때문에 일괄적으로 말하기는 힘들다. 공급사슬관리를 구체화시키는 과정에 실제로 필요한 여러 가지 모듈들(Modules) 중에는 상호간에 결합될 수 있는 것들이 있고 그렇지 않은 것들도 있다. 여러 가지 모듈들을 결합할 수 있는 모듈을 판매하는 공급사슬관리 업체를 선택하는 것이 바람직하다. 다시 말하면, 시스템 벤더들마다 기존 정보기술 환경과의

<표 10-1 공급사슬관리 시스템의 구축과정>

① 공급망의 설계(공급망에 참여하는 기업체의 위치, 자재흐름, 운영관리, 여유재고, 각종 자원을 고려)
② 계획과정을 특정 공급망에 적합하게 적용하면서 운영계획의 각종 통계적인 모수에 대한 최적화 알고리즘을 활용하여 최적화시키는 것
③ 내부 자료구조와 데이터베이스의 구축
④ 통합적인 원가관리시스템 구축

적합성이 다르므로 이러한 것을 고려하면서 탄력적으로 업무를 수행하여야 한다. 예를 들면, SAP의 ERP시스템은 SAP의 SCM시스템인 APO와만 결합을 한다. 즉, SAP의 SCM을 구축하려는 고객사는 SAP의 ERP도 동시에 구축을 하거나 아니면 이미 ERP시스템이 내장되어 있어야 한다. 이에 반하여, i2 Technologies의 SCM시스템 TradeMatrix는 이 회사의 시스템이 아닌 SAP의 ERP시스템인 R/3나 혹은 Oracle Database와도 통합이 된다. 현재는 i2 Technologies를 넘어서서 일반적으로 거의 모든 시스템에 통합이 가능한 테크닉들이 개발되고 있다. 예를 들면, CORBA(Common Object Request Broker Architecture)는 모든 기존 시스템에 맞게 표준화된 인터페이스가 가능하다.

물론 SAP의 경우처럼 오직 자사 시스템간에만 통합이 되는 경우는 구축하기가 쉬운 것은 사실이다. 그러나 기존 시스템과 맞지 않는 자료를 획득하여 사용하기 위해서는 또 다른 추가적인 인터페이스 프로그래밍을 개발해야 한다. i2 Technologies의 경우는 상당히 탄력적이기 때문에 자사의 시스템이 아닌 다른 벤더의 시스템과도 쉽게 통합이 될 수 있다

는 면에서 장점이 있다. 그러나 SAP의 경우든 i2 Technologies의 경우든 간에 표면적인 인터페이스가 중요한 것이 아니라, 실질적으로 동시에 연동을 하면서 기능적으로 통합이 가능한 것이 중요하다.

일반적으로 시스템을 구축할 경우에는 기존의 방식(그것이 수작업이건 정보기술을 활용한 방식이건 간에)에 익숙해져 있는 부문이나 조직원들이 새로운 시스템에 대해 반발하게 되는데 이것을 무마시키기 위해서는 약간의 억압이 필요하다. 조직의 최고경영층에서 기존 조직에게 압박을 가해야만이 시스템구축이 실제로 가능하게 된다.

(2) 공급망 구축후 통합 데이터베이스 구축

공급망이 구축되면 공급망에 참여하는 각종 조직들이 자료를 상호 교환하고 이를 활용하여 전체 공급망의 성과를 높이는 방향으로 노력해야 한다. 그러나 소극적으로 공급망에 참여하는 기업들은 공급망 구축의 기본적인 원칙이나 이념에는 동의하지만 공급망에 참여하면서 수행해야 하는 노력은 하지 않는 경향이 강하다. 다시 말하면, 공급망이 구축됨으로써 기대되는 각종 이득(공급망에 의존한 효율적인 공급라인의 구축, 공동운명체가 되면서 자신이 능동적으로 나서기보다는 수동적으로 방관하려는 성향, 공급망 전체의 관점보다는 구축된 공급망을 이용해 자기 조직의 이익극대화를 도모하는 경향 등)만을 얻기 위하여 공급망에 참여하는 조직들이 있게 된다.

이것은 공급사슬관리가 창시된 미국보다 우리나라에서 더 심한 것으로 알려지고 있다. 국내에 진입한 미국계 컨설팅업체와 정보업체에 의해 1995년경부터 공급사슬관리의 개념이 도입된 이후 현재까지 실제로 공급망을 효율적으로 운영하는 기업은 거의 없다. 몇몇 제조업체에서 생산량 조정업무로 약간의 성과를 얻었고, 몇 개 유통업체의 재고관리에서 일부 성과를 얻었다. 그러나 이것은 국내 수백만 제조업체와 유통업체간에 형성될 수 있는 수십만에서 수백만에 달하는 전체 공급망의 0.01%에도 못 미치는 아주 미미한 성과이다. 그 이유는 무엇일까? 필자가 제조업체와 유통업체의 CEO들에게 공급사슬관리의 개념을 다양한 각도에서 설명하면 그들은 아주 쉽게 미국식 공급사슬관리의 개념에 대한 우수성에는 표면적으로 동의한다. 그러나 그들은 공급사슬관리가 우리나라에서는 잘 되지 않을 것이라고 지적한다. 왜냐하면, 우리나라에서는 공급사슬관리를 실질적으로 사용하기 위해 가장 기본이 될 수 있는 데이터베이스의 통합과 활용이 거의 안 되고 있기 때문이다.

우리나라에서 상이한 조직간에 기본적으로 통합될 수 있는 데이터베이스를 구축하는 것이 절실하다. 조직간의 신뢰관계가 구축되면 조직들이 데이터베이스를 통합하면서 하나의 효율적인 공통시스템을 구축할 수 있게 될 것이다. 이에 대한 우리나라 기업들의 신중한 접근이 요구된다고 할 수 있다.

(3) 통합 원가관리시스템 구축

공급사슬관리가 구축되면 여기에 참여하는 각 조직들이 얻는 이득과 비용의 비교가 상당히 중요한 기준이 된다. 기업의 기본적인 목표는 최대의 수익을 올리는 것으로서 이것은 조직을 재활성화하고 성장시키기 위해 필요한 것이다. 이를 위해서는 공급사슬관리에 참여하는 조직들간의 비용과 수익을 비교할 수 있는 기준으로서 공통적인 원가관리시스템의 구축이 필요하다. 실질적으로 상이한 조직체간에 기본적인 재무제표와 각종 원가관리 자료를 공유하게 되면, 생산 및 판매되는 특정 제품의 생산원가와 판매원가 분석이 필요하다. 공급망을 통해서 생산·유통·판매되는 제품들의 각종 원가를 효율적으로 관리하는 것이 무엇보다도 필요하다.

시스템 구축의 성패는 시스템 구축시에 고객사나 시스템 벤더 혹은 컨설팅업체 중에서 누가 주도를 하느냐에 달려 있다. 보통은 시스템 벤더가 컨설팅을 겸하는 경우도 있으나, 경우에 따라서는 고객사 내부나 외부의 컨설팅 부문이나 컨설팅업체가 관여하게 된다. 이와 같은 것들은 다음의 〈표 10-2〉를 참조하는 것이 바람직하다.

〈표 10-2 공급사슬관리 시스템 구축시의 주도권 문제〉

① 만약 고객사 내부의 정치적인 문제가 시스템 구축에 중요하게 영향을 미친다면 고객사가 주도권을 가져야만 한다.

② 만약 고객사에서 현재 구축하려는 시스템을 과거에 실시해본 경험이 있다면 고객사에서 주도권을 갖는 것이 바람직하다.

③ 만약 벤더가 새롭게 출시한 새로운 시스템을 구축하는 경우라면 시스템 벤더 쪽에서 주도권을 갖는 것이 바람직하다.

④ 만약 별도의 컨설팅업체가 동종산업에서 비슷한 규모의 시스템을 구축해본 경험이 있다면 컨설팅업체가 주도할 수도 있다. 혹은 조직 내에 변화를 수행하는 것이 새로운 시스템 도입의 전제조건인 경우에는 특히 컨설팅업체가 주도를 하는 것이 바람직하다.

그리고 또 다른 중요한 것은 시스템 구축에 참여하는 내부 조직원에 대한 것이다. 내부 조직원은 시스템의 장단점과 특징 및 필요성을 명확히 인식한 후에 참여해야 한다. 그렇지 않으면 시스템 벤더나 컨설팅업체에게 끌려 다닐 수 있다. 만약 조직 내부에 시스템에 정통한 조직원이 없다면 신뢰할 수 있는 별도의 외부인(교수, 연구원, 프리랜서 등)에게 고객사와 시스템 벤더 그리고 컨설팅업체를 연결하는 기능을 맡길 수도 있다.

프로젝트 매니저는 실제 시스템 구축의 어려움을 인식하고 조직의 분위기와 시스템의 장단점을 잘 조화시키면서 시스템 구축을 관리해야 한다. 시스템구축 이전에 이슈를 파악하고 책임을 할당하고 분석하며, 해결하는 방식들에 대한 명확한 준비를 해야만 시스템 구축의 효과를 발휘할 수 있다. 또한 조직 내에서 야기될 수 있는 잠재적인 위험에 대해서도 사전에 준비를 해야 한다.

시스템 구축시에는 완벽한 비즈니스 솔루션이 준비되어야 하며, 이것은 고객사 내부에서 검증을 거치는 것이 바람직하다. 또한 조직 내부적으로 새로운 시스템의 장점과 활용에 대한 교육이 병행되는 것도 바람직하다. 시스템이 구축된 후에는 많은 업무가 자동화되고 책임과 권한이 새롭게 재편된다.

제 11 장 공급사슬관리의 실제 구축후 운영단계

I. 시스템 구축후 운영방식 – 힘의 논리

(1) 공급사슬관리상의 힘의 균형

공급사슬관리를 위해 시스템을 구축하는 목적은 공급사슬 업무를 효율적으로 수행하기 위한 것이다. 원재료 구매(Procurement)로부터 고객이 원하는 제품의 생산(Production) 그리고 고객에게 빠르고 정확하게 전달되는 배송(Distribution)의 문제가 원활하게 수행되어야 한다. 따라서 여러 기업들이 동시에 관여하는 공급사슬을 구축할 때에는 이들 업체들간의 원활한 의사소통과 업무협조가 필요하다. 이러한 업무협조는 참여업체들간의 힘의 균형(Balance of Power)에 의해 결정되는 경우가 많다. 일반적으로는 참여업체들이 모두 동일한 힘을 가지고 있는 것으로 알려져 있지만, 실제로는 그렇지 않고 힘이 어느 한쪽으로 쏠리는 경우가 많이 발생한다. 제조업체와 유통업체가 공급사슬 구축에 동의했을 경우에 이 두 업체의 매출액간에 상당한 차이가 날 경우에는 기본적으로 힘의 균형이 이루어지지 않는 경우가 많다. 이 때에는 힘이 센 업체가 주도하는 대로 힘이 약한 업체가 따라가야 하는 경우가 있다.

미국에서 1980년대와 1990년대에 공급사슬 구축이 많이 이루어지면서 참여업체간의 힘의 균형이 중요한 문제로 등장하였다. 힘에서 차이가 나는 경우에는 강한 업체가 유도하는 대로 공급사슬이 운영되면서 이미 구축된 시스템에 보완이 필요해지는 경우가 많다. 1990년대 중반부터 우리나라에 도입되기 시작한 공급사슬은 아직 구축 사례가 많지 않으므로 이러한 문제의 심각성이 부각되지는 않았다. 그러나 앞으로는 이러한 문제가 중요한 이슈로서 등장할 것이다. 힘이 어느 한쪽으로 쏠리는 경우에는 이에 대한 시스템적인 대비책 및 인간관계와 같은 비시스템적인 대비책이 필요해진다.

공급사슬 상에서 힘이 어느 한 쪽으로 쏠리는 경우를 통상적으로 단심적인 공급사슬(Unicentric Supply Chain)이라고 부른다. 예를 들어, 일년에 수천억 원에 달하는 매출을 올리는 국내의 식품제조업체들이 일년 매출액이 수 조원에 달하는 대형할인점 체인들과 거래를 할 경우에는 대형 할인점 체인 쪽으로 힘이 쏠리는 경우가 많다. 이에 반하여, 힘이 어느 정도 균형을 잡을 정도가 되는 경우를 보통 복심적인 공급사슬(Polycentric Supply Chain)이라고 부른다. 예를 들어, 일년 매출액이 2조원 정도 되는 국내 대형 가전제조업체들과 일년 매출액이 2조원 정도 되는 국내 대형 백화점업체들과의 거래는 어느 정도 균형을 잡은 상태에서 이루어지는 경우가 많다.

공급사슬의 운영에서 나타나는 힘에는 크게 다섯 가지가 있는데, 법률적인 힘(Legitimate Power), 강압적인 힘(Coercive Power), 보상적인 힘(Reward Power), 전문적인 힘(Expert Power) 그리고 준거적인 힘(Referent Power)이다. 이것들은 1980년대 중반에 미국에서 공급사슬관리의 핵심이론으로 등장했으며, 현재 우리나라에서도 나타나는 경우가 많다. 공급망에 참여하는 업체들간에 힘의 균형이 어느 정도 이루어진 Polycentric Supply Chain의 경우에는 보통 전문적인 힘(많은 고객정보를 가지고 있는 유통업체가 이 정보를 활용하여 제조업체에 영향력을 행사하려는 것)이나, 준거적인 힘(공급망에 참여하는 업체간에 공동운명체에 대한 명확한 신뢰관계를 가지고 영향력을 행사하는 것)이 주로 나타난다. 이러한 것들은 상당히 바람직한 현상이며 공급망의 장기적인 운영에 절대적으로 필요하다.

그러나 힘이 어느 한쪽으로 쏠리는 경우인 Unicentric Supply Chain의 경우에는 보통 강압적인 힘(일방적으로 거래를 중단하겠다고 협박하는 것)이나, 법률적인 힘(계약서의 준수사항에 대하여 법적으로 일방적인 밀어부치기를 하는 것)이나 경우에 따라서는 보상적인 힘(제조업체가 유통업체에게 제품을 고가로 떠넘기고 연말에 리베이트를 주면서 유통업체를 통제하는 것)을 주로 사용하고 있다. 이것은 단기적인 시각에서 나온 것으로 장기적인 공급사슬관리에서는 바람직하지 못한 것으로 미국에서 검증이 되었으며, 우리나라에서도 현실적으로 나타나고 있는 상황이다.

일년에 일조원 이상을 판매하는 국내 제조업체들이 일년에 수억 원에서 수십 억 원 정도 밖에 판매하지 못하는 주로 영세규모의 대리점인 국내 유통업체들에게 강압적인 힘, 법적인 힘, 혜택적인 힘을 행사하면서 지난 수십 년 간을 통제해왔다. 1990년대 중반 이후부터 할인점의 힘이 강해지기 시작하면서 국내 제조업체들은 할인점에게 현재 이와 같은 강압적인 힘, 법률적인 힘이나 보상적인 힘을 사용하지 못하는 상황에 처하게 되었다. 오히려 앞으로는 더욱 힘이 강해질 할인점들이 국내 제조업체에게 강압적인 힘, 법률적인 힘, 보상적인 힘과 같은 단기적인 수단들을 사용할지도 모른다.

국내 제조업체들이 그동안 중소대리점을 강압적으로 통제해온 것처럼, 앞으로는 할인점들이 역으로 국내 제조업체들을 강압적으로 통제하게 되면 이것은 할인점의 경쟁력 강화에 도움이 되지 않을 것이다. 그 이유는 국내 일류 제조업체들이 할인점의 가격인하 요구에 부응하지 못하여 할인점의 PB(Private Brand: 제조업체의 상표를 붙인 것이 아니라, 유통업체의 상표를 붙인 것)생산 요구를 거절하게 되면, 일류 제조업체가 아닌 이·삼류 제조업체의 제품을 PB화함으로써 품질이 저하되어 고객들의 호응을 받기가 힘들어질 것이다. 할인점의 입장에서도 국내 일류 제조업체와 공급망을 효율적으로 공동관리하면서 상호간의 전문적인 힘과 신뢰적인 힘을 활용하는 것이 장기적인 공급망 유지의 핵심사항이 될 것이다. 이에 대한 국내 제조업체와 유통업체들의 명확한 인식이 있어야만이 우리나라의 공급사슬관리가 현재와 같은 아주 초보수준에서 미국의 1980년대 초반의 수준으로 그나마 발전할 수 있을 것이다.

(2) 공급사슬관리상의 힘의 종류

공급사슬관리는 여기에 참여하는 주체간의 힘의 행사과정에 의해서도 영향을 많이 받는다. 공급사슬관리에 참여하는 업체들(공급업체-제조업체-도매업체-소매업체) 중에서 힘이 강한 업체는 공급사슬관리를 주도할 수 있다. 특정업체가 가지고 있는 힘이란 행사하지 않을 경우에는 별 영향력이 없으나, 행사를 하게 되면 상대방에게 강한 영향력을 줄 수 있는 것을 의미한다. 힘은 다음의 〈표 11-1〉과 같이 크게 5가지의 종류로 나눌 수 있다.

〈표 11-1 공급사슬관리에서 행사되는 힘의 종류〉

① 보상적 힘(Reward Power)
　공급사슬관리에 참여하는 업체에게 각종 금전적인 혜택(예: 가격인하, 리베이트 제공)이나 비금전적인 혜택(예: 빠른 제품배송)을 제공하는 것이다.

② 강압적 힘(Coercive Power)
　공급사슬관리에 참여하는 업체에게 각종 억압적인 강압(예: 물품공급을 중단하겠다는 것)을 수행하는 것이다.

③ 법률적 힘(Legitimate Power)
　공급사슬관리에 참여하는 업체에게 각종 법적인 요구사항을 준수(예: 계약서에 적혀있는 대로 수행)하기를 요청하는 것이다.

④ 준거적 힘(Referent Power)
　공급사슬관리에 참여하는 업체간에 오랫동안 쌓아온 각종 인연(예: 인간관계)을 활용하여 요청하는 것이다.

⑤ 전문적 힘(Expert Power)
　공급사슬관리에 참여하는 업체에게 각종 전문적인 사항(예: 전문적인 지식, 정보)을 제공하는 것이다.

이와 같은 여러 가지 힘을 공급사슬관리에 참여하는 업체 중의 리더격인 업체(제조업체나 혹은 소매업체가 되는 경우가 일반적임)가 행사하는 것이다. 이러한 힘을 행사하게 되면 이것에 영향을 받는 업체는 상대방으로부터의 힘의 행사에 맞추어서 적절히 대응하게 된다. 실제적으로 이와 같은 힘을 행사한 경우는 흔히 찾아 볼 수 있다.

다음은 이와 같은 힘의 행사에 대한 호주의 총공급망에서 생긴 사례이다. 호주의 어느 대형 소매상이 물품을 공급하는 제조업체나 벤더들에게 다음의 요청사항을 충실히 이행하는 공급업체의 제품만을 자사의 소매점포에서 취급하겠다고 통보하였다. 소매상은 EDI를 통해 ASN(Advanced Shipping Notices: 사전에 주문된 제품을 배송할 수 있도록 요청하는 통고)으로 요청을 한 제품을 24시간 이내에 가격표와 바코드를 붙이고 선반에 바로 올려놓을 수 있는 상태로 배달하는 공급업체의 제품만을 취급하겠다고 공급업체에게 통보하였다. 이 소매업체는 소비자에게 제품을 많이 판매하기 때문에 공급업체로서는 이 소매업체에게 공급을 중단하면 상당한 손해를 입게 된다. 다시 말해, 이 소매업체는 공급업체들에게 공급요청 중단과 같은 강압적 힘을 가할 수 있는 위치에 있었으므로 소매업체가 요청하는 것을 충족시키는 공급업체들만이 선정되었다. 이와 같은 과정을 거쳐 제품이 공급업체로부터 배송되자마자 바로 소매점포에 진열되면서 신속한 판매가 이루어지는 것이다. 결과적으로 소매업체와 공급업체들 양자가 모두 이득을 본 것이다.

2. SCM의 지속적인 혁신

공급사슬관리 업무를 효율적으로 수행한다는 것은 1990년대 초반에 유행하였던 BPR(Business Process Reengineering)에서 주장했던 것처럼 기업 내에서의 비효율적인 업무를 삭제하는 것이다. 공급사슬관리를 하다보면 전략적으로 업무를 함께 수행하는 공급업자와 제조업자, 도매업자, 소매업자간에 비효율적인 업무들이 내재되게 된다. 따라서 BPR적인 사고를 기반으로 기업 내에 있는 수많은 비효율적인 경영과정과 업무들을 가능하면 많이 제거함으로써, 기업과 그 기업의 공급업체들이 실제로 제품을 판매하고 서비스를 제공하는 데 있어서 효율화를 극대화할 수 있는 것이다. 또한 최적의 공급업자를 선택하여 가장 경쟁우위가 있는 제품을 운영할 수 있도록 노력해야만 한다.

공급사슬관리가 구매자-판매자 통합(Buyer-Seller Integration)을 통해서 최종소비자의 욕구를 동일한 비용에 더 저렴한 방식으로 충족시키는 방향으로 변모하고 있다. 이와 같은 통합은 소비자의 욕구가 보다 더 명확하게 알려지기 때문에 더욱 더 필요해지고 있다. 또한 POS 자료를 제조업체와 유통업체가 공유하면서 소비자의 욕구에 대한 보다 상세한 정보가 획득됨으로써 가능해지고 있다. 여기에서 상당히 중요한 개념이 있는데 그것은 과정통합(Process Integration)이다. 과정이란 가치가 창출되는 근본적인 방식들로서 신제품 개발, 배송주문의 달성, 공급자관리와 소비자관리를 의미한다. 공급사슬 내에서 진정한 의미의 과정통합을 이룩하기 위해서는 이와 같은 다양한 과정들이 모두 통합되어야 한다. 위로는 공급업자에게로 아래로는 소비자에게로 이러한 과정들이 통합되어야 한다. 예를 들면, 소비자의 욕구를 충족시키면서 공급업자가 제품공급을 원활하게 하게 되면 전반적인 공급사슬이 잘 운영되면서 모두에게 이득이 될 것이다.

실제로 공급사슬관리의 핵심사항은 제품의 조달과 지속적인 공급사슬관리의 혁신이다. 이와 같은 공급사슬관리와 관련된 업무들은 공급업자들에게 가장 좋은 업무수행 방침을 가르쳐 주려는 것이다. 이와 같은 최적의 공급업자를 선택하기 위해서는 각각의 공급업자들에게 적합한 전략을 개발하고 수행해야 하는데, 전략수립과 실행에 있어서 몇 가지 중요한 지침들은 다음의 〈표 11-2〉와 같다.

이와 같은 것들을 고려하면서 기술지향적인 공급사슬관리를 형성할 것인지 아니면 최소의 비용으로 유지가 되는 공급사슬관리를 형성할 것인지를 결정하여야 한다. 효율적인 공급사슬관리를 통해서 기업의 각종 자산을 활용하고 여러 가지 자원을 공급사슬상의 업체들과 공유하며 지속적으로 향상시켜야만이 공급사슬관리가 잘 운영된다. 미래의 이익이 안전하게 확보되고 중요 고객들의 이익도 향상되면서 적절한 비용으로 모든 업무가 수행될 수 있어야 공급사슬관리가 유지되는 것이다.

이와 같은 업무를 제대로 수행하기 위해서는 상상력과 결단력 그리고 기술이 필요하다. 상상력이 필요한 이유는 기업의 현재 상황을 통찰할 수 있는 능력이 요구되고, 주요 공급업자와 고객간의 강점들을 서로 보

〈표 11-2 공급사슬관리의 전략수립과 실행을 위한 지침〉

① 공급사슬관리에서 구매하는 제품과 서비스들이 고객들이 가장 원하는 것인가? 그렇지 않다면 그것은 우리가 공급사슬관리 활동을 수행하는 데 있어서 그저 단순히 하나의 인프라스트럭처를 제공하는 것이다.
② 공급사슬관리 업무를 수행하는 데 있어서 고객별로 적합한 제품과 서비스를 제공하는 것이 필요한가이다.

완할 수 있는 강력한 외부 네트워크를 구축하기 위해서이다. 결단력이 필요한 것은 총공급망에 관여하는 기업 내에서 과거부터 사용해오던 시스템의 계속적인 사용을 주장하면서 저항하는 사람들에게 대응하기 위해서이다. 마지막으로 기술이 필요한 이유는 전 세계적으로 기업들의 변화 속도에 발 맞추어 나가기 위해서이다. 이와 같은 기술은 오늘날에도 존재한다. 그것은 새롭게 개발된 것이 아니라 지도자들의 의지대로 그러한 목표에 맞추어서 새롭게 변모되는 것이다.

 공급사슬관리를 운영하기 위한 여러 가지 변화는 매일 매일의 업무수행에 맞추어서 시도하는 것이 필요하다. 소비자들은 아주 다양한 욕구를 가지고 있으며 이를 충족시킬 수 있는 제품과 서비스를 제공하는 기업을 원한다. 또한 소비자들은 점점 더 게을러지고 있다. 이와 같이 소비자들의 품질에 대한 욕구와 혁신적인 제품과 서비스에 대한 욕구에 대응하기 위하여, 공급자들은 단순히 각종 마케팅 지원을 통한 고품질의 제품을 공급하는 것에서부터 혁신적이고 독특하면서 이익을 낼 수 있는 제품을 공급하려고 노력한다.

 공급사슬관리 내의 조직간 관계를 저해시키는 상황들이 현실에서 종종 일어난다. 이것은 공급사슬관리의 수익성과 효율성에 문제를 일으키는 것으로서 다음과 같다. 첫째, 공급사슬관리를 기능간의 상호 관계에서 판단하는 것이 아니라 단순히 기능 면에만 초점을 맞추어서 판단하는 것이다. 둘째, 공급사슬관리의 조직간 업무수행에 있어서 시행착오를 허용하지 않고 완벽한 것을 원하는 것이다. 실제로 조직간의 업무에 있어서는 상대편이 있기 때문에 시행착오를 거치면서 조직간 거래가 발전해 나가는 것이다.

3. SCM 운영시의 결정사항

실제로 공급사슬관리를 운영할 때에는 네 가지 중요한 사항들에 대하여 수시로 결정을 해야 한다. 판매예측, 재고관리, 배송관리, 물류관리와 같은 이 네 가지 사항들은 각각 다른 특성을 가지고 있지만 상호간에 밀접하게 연결될 수도 있다. 이 네 가지 사항들에 대한 각각의 주요한 이슈들을 설명하면 다음과 같다.

(1) 판매예측과 발주시점의 선정

공급망에서 최종소비자 수요를 정확하게 미리 파악하는 경우에는 실질적으로 재고의 리드타임(Lead Time: 주문후 입고시까지 소요되는 시간)을 고려한 최소재고만 있어도 된다. 예를 들어, 어느 소매점에서 하루에 어떤 제품을 1천개씩 판매하고 리드타임이 이틀이라면, 발주할 당시에 정확하게 2천개의 제품만 보유하고 있으면 된다. 2천개의 재고가 있을 때 주문을 하면 첫날 1천개를 팔고 그 다음날 1천개를 판매하는 동안에 새로 주문한 제품이 입고되기 때문이다. 그러나 실제로 이와 같은 경우는 현실에서 많이 발생하지 않는데 그 이유는 다음과 같다.

첫째는 소비자들이 정확하게 사전에 주문한 제품만을 구매하는 경우가 많지 않기 때문이다. 물론 소비자 수요가 정확하게 요구되는 경우에는 이것이 부분적으로는 가능하다. 예를 들어, 국내 가전업체들이 여름에 에어컨을 열심히 판매하다가 8월 중순쯤 되면 더 이상 판매가 없게 된다. 그러나 공장의 에어컨라인은 계속 가동시켜야 한다. 물론 여름이 끝나고 가을이 되면 에어컨라인을 줄이고 겨울에 판매하기 위한 히터라인을 증대시키면 된다. 예를 들어, 에어컨 생산라인이 8개, 히터 생산라인이 4개, 에어컨과 히터를 교대로 생산할 수 있는 라인이 4개일 경우에, 가을이 되면 에어컨과 히터를 생산할 수 있는 라인을 히터라인으로 교체하게 된다. 그러나 나머지 에어컨 라인은 부분적으로 가동시키게 되므로 다음해 여름에 판매가 될 에어컨의 정확한 수량을 예측할 수 있다면, 생산라인을 가을부터 겨울 그리고 내년 봄까지 어느 정도 정확하게 배분할 수 있는 것이다. 이와 같은 경우에 국내 가전업체들은 겨울에 에어컨 가격인하를 광고하여 소비자들로부터 예약구매를 신청받으며, 이렇게 예약신청이 된 수량이 일정 수준이 되면 생산라인을 정확하게 할당하여 가동할 수 있다. 그러나 이와 같은 경우가 국내에서는 많지 않다.

둘째는 비록 소비자 수요가 정확하게 예측이 되었다고 하더라도, 각종 경제상황에 따라 소비자 수요가 갑자기 증대할 수 있다. 예를 들어, 경쟁업체가 갑자기 부도가 나서 생산량이 줄어들면 자사의 제품에 대한 수요가 늘 것이므로 당연히 재고보유량을 증대시키게 되는 것이다. 또한 정확한 양을 배송시키더라도 배송업체의 트럭이 고장이 나서 적시에 배송이 안 될 수도 있다. 이와 같은 경우에 대비하기 위하여 정확한 소비자 수요 예측이 중요하다. 소비자의 구매수요를 정확하게 예측하는 것은 도소매업체의 과다재고나 부족재고가 발생할 수 있는 상황을 줄이는 것이다. 이것은 장기적으로 공급망의 수익성을 증대시키게 된다.

(2) 재고관리와 비용절감

미국에서 공급망 구축의 효율적인 사례로 언급되는 것이 Dell Computer이다. 이 회사는 1984년에 설립되어 1998년에 연매출 약 15조원을 기록하였다. 1993년 이후로 매년 65% 이상의 수익률 제고를 기록하였다. 물론 21세기에 들어서서 Dell의 공급망 운영방식에 대해 미국에서 의문이

제기되기도 했지만, 1980년대와 1990년대에 상당히 효율적으로 공급망을 운영했다는 면에서는 우리나라에서도 참고할 필요가 있다. Dell은 소비자로부터 전화나 인터넷으로 직접 주문을 받고 그것을 기초로 제조업체에게 주문을 한다. 제조업체는 이에 기초하여 원재료공급업체에게 주문을 하는 것이다. 따라서 소비자의 주문상황에 대한 정확한 정보에 기초하여 공급사슬관리가 운영된다. 일반 소매점들이 약 80일에서 100일 정도의 재고를 보유하는 데 반하여, Dell은 약 10일 정도의 재고만을 보유하고 있다. 이것은 재고보유 비용을 대폭적으로 축소시켜서 자금회전에 상당한 탄력성을 제공하는 것이다.

Dell의 사례에서도 보았듯이 공급사슬관리에서 재고관리는 상당히 중요한 의미를 가지고 있다. 재고란 수요와 공급간의 차이를 의미한다. 수요가 공급을 초과하는 형태는 최근의 기업활동에서는 잘 나타나지 않는다. 원재료 파동 때문에 생산량이 단기적으로 축소되는 경우에서나 나타날 수 있는 것이다. 예를 들면, 국제원유가의 급등에 따라서 국내 생산시설을 50% 정도만 운영할 경우에 국내 총생산량이 국내 총수요량을 충족시키지 못하는 경우가 가끔 나타난다. 혹은 농산물의 경우에는 홍수로 인해 배추 공급량이 배추 수요량에 미치지 못하는 경우가 간혹 나타난다. 그러나 일반적인 공급망의 경우에는 공급이 수요를 초과한다. 이러한 경우에 생산은 되었지만 아직 소비자에게 완전히 전달되지 않고 공급망의 어딘가에 남아있는 것을 일반적으로 재고(Inventory)라고 부른다. 이러한 재고는 의도적으로 생길 경우도 있지만 마지못해서 생기는 경우도 있다. 의도적으로 생기는 경우는 예를 들어, 철강산업의 경우에 한번 생산에 들어가서 최소생산량을 생산하다 보면 총수요를 초과하는 경우가 나타난다. 혹은 유통업체의 경우에는 수요급등을 기대하면서 미리 재고량을 확보하는 경우가 있다.

우리나라에서 발생한 의도적인 재고의 경우는 다음과 같다. 첫째는 1999년 말에 소주사재기가 일어난 적이 있었다. 2000년 1월 1일부터 소주에 대한 세금이 대폭 인상될 것으로 예고되자, 소매업자들이 1999년 가을에 소주에 대한 세금이 오르기 전에 사재기를 하였다. 전국의 야적장에 소주박스들이 많이 쌓여있었는데, 이것은 1999년 가을에 판매할 것이 아니라 2000년 1월에 세금이 인상되어 가격이 오른 다음에 판매를 하려고 소주판매상들이 미리 재고를 확보한 것이었다. 이것이 심해져서 정부에서 도소매업자의 소주사재기에 대한 처벌을 강화하겠다고 발표하자 소주사재기가 약간 줄어들었다. 그러나 소주판매상들은 1999년 가을에 미리 구매하여 2000년 1월에 판매를 하면 많은 이득이 남으므로 재고의 의도적인 과다보유에 들어갔던 것이다.

재고는 일반적으로 많은 보관비용을 요구한다. 우리나라에는 전국적으로 8만여 개에 달하는 슈퍼마켓들이 있고 이들의 전체 영업면적과 각종 시설면적을 포함한 규모는 평균적으로 약 107평 정도가 된다. 이곳에 보유되고 있는 총 제품재고량을 금액으로 환산하면 약 1억원 정도가 된다. 이것은 다시 말해서, 한 평당 약 100만원 정도의 재고량을 보유한 것이라고 할 수 있다. 가전매장의 경우에는 한평당 약 2백만원 정도의 재고가 있다. 슈퍼마켓이나 가전매장의 평당 재고량은 엄청난 금액을 의미한다. 재고를 줄일수록 재고보유 비용이 줄어들게 되어 총공급망의 효율성이 높아지는 것이다. 물론 재고를 줄이게 되면 소비자가 찾을 경우에 판매를 못하는 결품현상이 나타날 수도 있다. 따라서 이때를 대비하여 재고가 충분하면서도 보유비용이 최소로 되는 재고량을 확보하는 것이 총공급망 효율성 증대의 첩경이라고 할 수 있다.

재고보유 비용은 크게 고정비와 변동비로 구성되는데, 이들 모두를 줄이는 방식을 모색하여야 한다. 고정비를 여러 제품과 여러 공급망 관련 업체에게 배분하는 방식이 있다. 예를 들어, 물류업체가 2천평 정도의 물류창고에 제품을 보관하고 있는데, 이것이 단 하나의 유통업체만을 위하여 준비된 것이라면 고정비가 상당히 높을 수 있다. 그러나 동일한 제품을 필요로 하는 여러 개의 유통업체들을(예를 들어, 백화점, 할인점, 슈퍼마켓, 편의점 등) 고려하여 준비를 하게 되면 이들이 필요로 하는 시기가 상호보완이 되어서 전체 고정비용이 탄력적으로 줄어 들 수 있는 것이다. 변동비를 줄이는 것도 중요하다. 예를 들어, 배송트럭을 자사가 직접 보유하면서 직원을 고용하는 경우에 비하여 외부의 물류 전문업체에게 배송을 의뢰하고 기본적인 업무만 자사 직원을 고용하게 되면 각종 변동비가 줄어들 수 있다. 이와 같이 재고와 관련된 고정비와 변동비의 총합계를 최소화시키는 것이 총공급망의 효율성을 증대시키는 것이다.

재고보유비용과 재고발주비용을 최소화하더라도 재고비용이 증대하는 경우가 있다. 제조업체들이 적극적으로 도소매업체를 상대로 프로모션을 하는 경우로서, 여기에는 여러 가지 이유가 있다. 예를 들어, 제조업체가 자금난에 허덕이게 되는 경우에는 제조업체에서 보유하고 있는 재고를 빨리 줄이거나 소진시키기 위하여 도소매업체에게 판촉프로모션을 걸게 되는 것이다. 혹은 경쟁업체와 매출경쟁을 하게 될 경우에는 매출증대를 목표로 각종 사은행사를 도소매업체에게 하는 것이다. 혹은, 특정지역에서 판매가 부진할 경우에 제조업체가 각종 프로모션에 나서게 될 때도 있다.

이와 같은 제조업체의 각종 판매촉진 행위는 도소매업체에서 자신들이 현재 필요로 하는 제품수량을 초과하여 구매하게 만든다. 현재 소비자에게 팔릴 수 있는 판매량 이상을 구매하였을 경우에 나타나는 초과구

입량을 일반적으로 선점구매(Forward Buying)라고 한다. 현재 미국에서는 유통업체가 제조업체로부터 구매하는 총 구매량의 약 25% 정도가 선점구매라고 알려져있다. 이와 같은 선점구매의 경우에 유통업체는 제조업체의 각종 판촉사은행품인 덤, 리베이트, 각종 사은행사들 때문에 필요 이상의 양을 구매하게 되며 이것은 총공급망상의 어딘가에 남아있게 된다. 이렇게 보유하고 있는 양이 크면 클수록 총공급망의 수익성은 떨어지게 된다. 총공급망의 효율적인 운영을 위해서는 이러한 선점구매의 양을 되도록 줄이는 것이 바람직하며, 선점구매를 하는 경우에는 소비자 수요와 연관시켜서 하는 것이 좋다. 예를 들어, 우리나라에서도 계절별로 소비자들의 구매하는 양이 차이가 난다. 2월 말의 졸업시즌과 가을에는 오디오가 많이 판매되지만 나머지 계절에는 별로 나가지 않는다. 여름에는 아이스크림과 맥주, 에어컨이 잘 판매되고, 겨울에는 우유, 정종, 히터가 잘 나간다. 일반적인 가전제품들은 5월에, 자동차는 9월에 가장 많이 나간다. 생리대는 여름에 잘 판매되고 겨울에는 잘 안 나간다. 반대로, 화장품은 여름에 잘 안나가고 겨울에 잘 나간다. 따라서 이러한 추세에 맞추어서 소비자들의 수요가 증대할 경우에는 이에 맞게 선점구매를 하고, 소비자의 수요가 감소할 경우에는 선점구매를 줄이는 것이 바람직하다.

(3) 배송조건과 가격조건

배송조건과 가격조건은 상당히 밀접한 관련을 가지고 있다. 미국에서 FedEx는 빠르고 신뢰할 수 있는 배송을 위해서 비행기를 여러 번 이용하여 운송한다. 이에 반하여 UPS는 배송시간이 약간 오래 걸리더라도 비용을 줄이기 위하여 비행기와 트럭을 겸용해서 운송한다. 이 두 가지 배송방식은 서로 다른 가격을 만들어 낸다. FedEx는 배송하는 제품의 크기에 따라서 가격을 부과하고, 반면에 UPS는 배송되는 제품의 크기와 목적지까지의 거리에 따라서 가격을 부과한다. 빠른 배송이 요구되고 가격이 배송 목적지와 상관없이 결정되는 경우에는 FedEx가 더 적절하다. 그러나 배송 목적지에 따라 가격이 변동되고 배달이 약간 지연되어도 상관이 없는 경우에는 UPS가 더 적절할 수 있다.

보통 배송시에는 Milk Run이 사용되기도 하는데, 이것은 트럭을 사용하여 하나의 공급업체에서 복수의 소매상에게 제품을 공급하거나 혹은 복수의 공급업체에서 하나의 소매상으로 제품을 공급하는 형태를 말한다. Milk Run을 통해 직접배송을 하는 경우에는 트럭을 이용해서 다양한 소매점으로 보내거나 혹은 같은 소매상으로 향하는 많은 공급업자들의 제품을 한 대의 트럭이 중간에 받아서 배송하게 된다. 이와 같은 경우에 공급사슬관리자는 각각의 Milk Run을 통해서 어떤 루트를 활용할 것인가를 결정하여야 한다. 직접배송을 하게 되면 중간의 창고를 제거하는 효과를 얻을 수 있으며, 하나의 트럭을 사용해서 다양한 점포에 배송하게 되므로 수송비 인하의 효과를 얻는다. 예를 들면, 한 대의 트럭 분량이 안 될 경우에 직접 보내게 되면 수송비용이 많이 든다. 이러한 경우에 Milk Run은 한 대의 트럭으로 다양한 점포에 공동배송을 할 수 있는 효과를 보여준다. 미국의 Frito-Lay와 일본의 Toyota자동차는 Milk Run을 통해서 배송비용을 줄이고 있다.

또한 재고를 집적시킬 수 있는지의 여부가 재고보유비용과 배송비용에 영향을 미친다. 만약 제품이 중량에 비례하여 가격이 올라가거나 수요불확실성이 높아지거나 소비자주문량이 많아지면 재고집적은 공급망 비용을 감소시키게 된다. 이와 반대로, 제품이 중량에 비례하여 가격이 내려가거나 수요불확실성이 낮아지거나 혹은 소비자주문량이 적어지면 오히려 재고집적이 공급망비용을 증대시키게 된다.

　보통 수송비용을 인하시키기 위하여 다양한 수송방식을 결합한 Tailored Transportation을 활용하고 있다. 이 방식은 소비자와 제품의 특성에 근거하여 여러 가지 수송방식을 공동으로 활용하는 것이다. 많은 기업들이 다양한 제품을 취급하고 있으며 또한 다양한 소비자 집단들에게 제품을 판매하고 있다. 예를 들면, 미국의 경우 W. W. Grainger는 20만 개 이상의 각종 소모용품을 대기업과 중소기업에 판매하고 있다. 제품의 크기와 가격, 소비자가 구매하는 양, 제품주문의 불확실성 그리고 W. W. Grainger의 지점에서 배송창고까지의 거리가 각각 다양하다. 이와 같이 다양한 모든 욕구를 충족시키기 위한 하나의 단일 배송체계를 갖추기는 힘들어진다. 고객과 제품의 특성에 맞는 적절한 수송방식을 최소의 비용으로 수행하는 것이 Tailored Transportation이다. 고객규모에 따른 Tailored Transportation은 다양한 형태를 보이고 있다. 대형고객의 경우에는 TL(Truckload)로 배송이 되고, 중소형고객의 경우에는 LTL(Less Than Truckload)로 배송이 된다.

　TL과 LTL 간에는 가격차이가 많으므로 가능하면 트럭을 가득 채워 배송하는 것이 비용 면에서 효율적일 수 있다. 예를 들면, P&G는 여러 소매상의 주문들을 전부 합해서 하나의 TL로 만들려고 노력하고 있다. 이러한 경우에 트럭에 실리는 제품은 모두 동일하거나 비슷한 제품이 아니어도 된다. 모든 제품을 합쳐서 하나의 트럭에 실리는 양만 충족되면 된다. 특히 제3자 물류(Third-Party Logistics)를 이용하게 되면 다양한 공급처의 제품들을 합쳐서 배송함으로써 제품단위당 배송비용을 대폭 절감시킬 수 있다. 물류바코드와 팔레트바코드를 붙이게 되면 배송시의 각종 처리비용을 줄일 수 있어서 도움이 된다.

공급사슬관리자들은 배송 네트워크 상에서 공급망 비용을 감소시키고 소비자구매 변화에 따른 대응력을 향상시키기 위해서 정보기술을 사용하며, 이와 관련하여 여러 시스템 납품업체들이 활동하고 있다. 예를 들면, i2 Technologies, CAPS Logistics 그리고 Logility와 같은 회사들이 배송계획과 모형선택 그리고 배송루트와 스케줄의 설계를 위한 시스템을 납품하고 있다. 이러한 회사들이 제공하는 기술을 활용하게 되면 각 수송차량은 배송루트 상의 현재위치와 배송상황에 대한 정확한 자료를 제공받을 수 있다. 물론 인공위성을 이용한 시스템도 사용되고 있다. 이와 같은 기술들은 소비자욕구에 잘 대응할 수 있고 가장 최적의 상황으로 고객이 필요로 하는 제품을 배송함으로써 가격을 낮출 수 있게 해준다. 또한 이와 같은 기술을 이용해 날씨나 다른 요인들의 변화 때문에 생기는 예측 못한 상황에 최적으로 대응할 수 있다.

배송창고의 위치선정은 상당히 중요하다. 위치를 잘못 선정하게 되면 공급망이 잘 작동하지 않을 수도 있다. 예를 들면, 예전에 Amazon.com이 미국의 서부 북쪽인 Seattle에 창고 한 개를 가지고 있을 경우에는 미국 전역에서 들어오는 주문에 대응하기가 힘들고 또한 비용도 많이 들었다. 그 결과 Amazon.com은 배송창고를 미국 여러 지역에 분산하여 설립하게 되었으며 이를 통해 배송의 효율성을 증대시켰다. 위치선정이 중요한 이유는 한번 위치를 선정하게 되면 다시 바꾸기가 그다지 쉽지 않기 때문이다. 실제로 국내에서도 위치가 잘못 선정된 물류창고와 배송창고 때문에 애를 먹는 경우가 많다. 적어도 십 년 이상을 내다보면서 물류창고 주변의 변화가능성을 면밀히 체크하고 교통량과 주문량들을 고려한 후에 배송창고의 위치를 선정하는 것이 절대적으로 필요하다.

이에 반하여, 창고의 크기를 결정하는 것은 위치를 결정하는 것에 비하여 무척 쉽다고 할 수 있다. 창고를 너무 크게 설계하게 되면 전체 면적을 사용하지 않을 경우에는 비용만 증대하게 된다. 반면에 너무 적게 설계하면 많은 주문이 몰릴 경우에 이것을 충족시키지 못해서 오히려 결품에서 생기는 기회손실이 크게 된다.

배송비용에는 두 가지가 있는데 하나는 Inbound Transportation Cost이고 또 다른 하나는 Outbound Transportation Cost이다. Inbound Transportation Cost는 제품을 창고나 도매점으로 가지고 오는 데 드는 비용이며, Outbound Transportation Cost는 창고나 도매점에서 내보내는 데 드는 비용이다. 일반적으로 단위당 Outbound Transportation Cost는 단위당 Inbound Transportation Cost보다 비싸다. 그 이유는 Inbound 되어서 오는 물량이 Outbound 되는 물량보다 큰 경우가 많기 때문이다.

예를 들면, Amazon.com의 경우에는 책이 트럭에 꽉 차는 물량으로 들어오는 경우가 대부분인데 반하여, 책이 소비자에게로 배송될 적에는 소비자들이 몇 권 단위로 책을 구매하므로 트럭이 꽉 차지 않는 경우가 태반이다. 창고 수를 늘리면 고객에게의 평균 배송거리를 단축시킬 수 있으므로 배송시설을 증대시키는 것이 배송비용을 단축시키는 데 도움이 된다. 그러나 배송시설을 너무 늘리게 되면 배송비용이 오히려 증대하므로 신중해야 한다. 또한 가공하는 과정에서 물량이나 중량이 상당히 줄게 되는 경우에는 창고를 원재료가 산출되는 장소 근처에 위치시키는 것이 중요하다. 예를 들면, 철광석을 캐어서 철을 만드는 경우에는 제철소를 철광석이 묻혀 있는 광산근처에 위치하는 것이 바람직하다. 그 이유는 광산에서 캐낸 철광석을 제철소에서 제련하게 되면 크기가 작아지므로 제철소를 광산에서 멀리 위치하는 것에 비하여 광산에서 제철소까지의 배송비용을 상당히 줄일 수 있기 때문이다.

배송창고나 생산창고의 위치를 결정할 적에는 장기적인 관점에서 신중하게 고려해야 한다. 예를 들어, 현재는 도시 외곽이 토지구입 비용이 저렴해서 더 나을 수 있으나, 생산시설의 자동화가 가능하게 되면 오히려 도시 외곽의 넓은 장소보다는 도심 내에 교통이 편리한 곳에 소형의 배송창고나 생산창고를 두는 것이 더 나을 수 있다. 이러한 상황을 무시한 채로 단순히 지가가 싸다고 도시외곽 지역의 넓은 땅을 구매하게 되면 나중에 이 땅을 처분할 경우에 힘들어진다. 실제로 미국과 한국에서 이와 같은 사례가 많이 벌어지고 있다.

(4) 외부물류의 활용

제3자 물류(Third-Party Logistics)에 대한 욕구가 늘고 있다. 최고수준의 총공급망이 형성되고 유지되기 위해서는 지속적으로 총공급망의 모든 활동들이 개선되고 보완되어야 한다. 최고수준의 활동이 유지되지 않으면 총공급망의 전체수준은 떨어지게 된다. 총공급망의 활동 중에서 외부와 밀접하게 연관되어 있는 것 중의 하나가 물류이다. 물류는 특정지역에서 다른 지역으로의 제품배송과 직접적으로 관련되어 있다. 내부적으로 원활하게 물류를 수행할 수 있다면 문제가 없지만 그렇지 않은 경우에는 외부의 물류전문기관의 도움을 받는 것이 바람직하다. 외부기관의 도움을 받아서 물류효율화를 도모하는 것을 제3자 물류라고 부른다. 20세기 말엽부터 언론의 각광을 받아오는 주제 중의 하나가 제3자 물류이다. 제3자 물류사업에 뛰어드는 업체들은 택배회사, 일반 창고보관회사, 도매물류업체, 심지어는 제조업체까지 있다.

제3자 물류는 단순히 배송을 외부에 위탁하는 것에서부터 외부업체에게 대금지불을 의뢰하는 형태까지 다양하다. 그런데 일반적으로 제3자 물류를 하게 되면 제품 수·배송과 조달에 있어서 통제를 하기가 힘들어진다는 것이 단점이 될 수 있다. 실제로 많은 최고경영자들이 이에 대한 우려를 하고 있는 것이 사실이다. 제3자 물류의 두 가지 핵심은 다음과 같다. 하나는 물류의 아웃소싱이 필요한지를 결정하는 것이고, 다음으로는 이러한 필요성이 있을 경우에 최적의 아웃소싱업체를 섭외하는 것이다.

아웃소싱을 할 경우에는 아웃소싱의 목적이 명확하게 정립되어 있어야 하며, 그 목적은 아웃소싱을 발주하는 업체의 전략과도 일관성 있게 연결되어야 한다. 그렇지 않으면 아웃소싱을 하는 효과가 반감되게 된다. 전략적인 대안을 검토하면 보통 세 가지로 분류되는데, 인소싱(Insourcing), 부분적인 아웃소싱(Partial Outsourcing), 완전한 아웃소싱(Total Outsourcing)이다. 인소싱이란 회사 내부에서 모든 업무를 처리하는 것을 의미한다. 세계 최대의 유통업체인 Wal-Mart는 현재까지 모든 물류업무를 인소싱하는 것으로 유명하다. 부분적인 아웃소싱은 업무 중의 일부만을 외부업체에게 맡기는 것이다. Ford자동차회사가 Roadway Logistics Services라는 외부업체에게 인바운드 물류의 업무를 위탁시킨 것이 이러한 사례라고 할 수 있다. 완전한 아웃소싱은 회사의 전반적인 목표달성과 비교해 내부의 업무능력이 떨어지는 경우에 일반적으로 수행된다. 이것은 물류전반의 성장이 너무나 급속하여 내부적으로 일일이 그것을 수행하는 것보다는 전문적인 외부업체에게 이 업무를 위탁시키는 것이 더 타당한 경우에 수행된다.

외부업체를 활용하기로 결정하면 보통은 다음의 네 가지 단계를 거쳐서 제 3자 물류업체를 선정하게 된다 (1) 필요한 핵심업무의 파악 (2) 능력 있는 외부업체의 리스트작성과 평가 (3) 가장 능력 있는 업체의 선정 (4) 제3자 물류 업무의 시행.

4. SCM의 목표달성 여부에 대한 평가시스템

(1) SCM 참여업체에 대한 활동측정과 보상체계 확립

공급사슬관리 업무를 실제로 수행할 경우에 가장 중요한 것 중의 하나는 이러한 업무들이 실제로 부가가치를 창출하느냐를 구분하는 것이다. 부가가치를 창출하는 업무들(Value-Added SCM Activities)은 공급사슬관리 업무상에 그대로 있어야 하지만, 부가가치를 창출하지 못하는 업무들(Non-Value-Added SCM Activities)은 공급사슬관리 업무에서 제외시키는 것이 바람직하다. 그렇지 않으면 공급사슬관리 전체로서의 총괄적인 업무수행이 능률적으로 진행되지 못하게 된다.

또한 이와 같이 부가가치를 창출하는 업무와 그렇지 못한 업무를 분리하기 위해서는 공급사슬관리의 업무성과에 대한 철저한 평가가 이루어져야 한다. 공급사슬관리의 업무성과 측정도 마치 공급망이 변화하는 것처럼 변화되어야 한다. 공급망상의 각 구성원들은 최종소비자의 요구조건과 기대수준을 얼마나 잘 충족시키느냐에 따라서 그 성과가 측정되어야 한다. 고객의 욕구가 변화하면 총공급망의 성과측정방식도 변화한다. 식품업체들은 이와 같은 변화를 매일매일 겪는다. 소비자들이 제품을 구매하면서 그들의 취향이나 좋아하는 스타일, 브랜드와 가격에 대한 평가를 매일 내리게 된다.

앞으로는 제품수명주기가 점점 더 짧아짐에 따라서 소비자들의 욕구의 변화와 동인을 이해하기 위한 각종 연구와 조사가 필요해진다. 최근 미국에서는 소비재식품의 경우에 새로운 컨셉개발에서 제품화까지 한 두달 정도 걸리는 것이 보통이며 기존제품의 제품계열 확장의 경우에는

2주에서 4주 정도밖에 안 걸린다. 이와 같이 짧은 기간 내에 신제품이 개발되어 총공급망에 올려지기 때문에 소비자의 욕구에 제대로 충족되었는지를 검토해야 한다. 소비자가 얼마나 이 제품을 최종적으로 구매를 했느냐에 따라서 총공급망의 효율성이 평가된다. 따라서 앞으로 더 경쟁력을 강화하기 위해서는 이보다 훨씬 짧은 기간에 제품이 개발되어야 한다. 예를 들면, 현재의 한 두 달 정도 걸리는 제품화 과정이 몇 주 내에 완성되고, 서너 주 걸리는 제품계열확장이 한 주 내에 끝나는 정도가 되어야 경쟁력이 있게 되는 것이다.

공급사슬에 참여하는 업체들의 공헌에 대한 보상시스템을 개발해야 한다. 과거에는 단순히 정찰가격을 기준으로 일정액을 할인하는 방법이 많이 사용되었는데 이것은 실질적으로 소비자들이 원하는 것과는 동떨어진 것이다. 또한 최종소비자 가격을 기준으로 참여하는 모든 업체들이 단순히 자신들이 원하는 정도의 이득을 보는 구조였다.

공급사슬관리를 수행하기 위해서는 활동원가회계(Activity-Based Costing)와 균형척도(Balanced Scorecard)에 근거하여 각 참여업체들의 공헌의 정도를 명확하게 파악하고 이에 따라 적절하게 보상하는 것이 절대적으로 필요하다. 참여업체들의 공헌의 정도에 적합한 보상이 수행되어야만 공급체인이 실질적으로 잘 운영된다.

총공급망의 목표달성 여부를 평가하는 방식은 그렇게 간단하지 않다. 그 이유는 참여하는 업체가 많고 그들의 상관습이 각각 다르며 지향하는 목표 또한 다르기 때문이다. 일반적으로 공급사슬관리의 목표달성 여부에 대한 가장 객관적인 평가기준으로 거론되는 것이 활동원가회계(Activity-Based Costing: ABC)이다. 총공급망 관리를 성공적으로 달성했는지의 여부는 전반적인 총공급망의 운영비용을 삭감하기 위해서 각 부문과 각 업체가 얼마나 협력하였는지와 밀접하게 관련된다. 총공급망의 부분적인 관점이 아니라 전체적인 관점에서 비용최소화가 되도록 노력해야 한다. ERP의 각종 모듈을 통해서 얻을 수 있는 여러 재무관련 자료들을 바탕으로 총공급망 전체의 효과측정을 할 수 있는 활동기반의 원가관리가 수행되어야 한다. ABC의 목표는 총공급망에서 발생되는 모든 비용을 이를 기반하여 산출되는 모든 생산활동과 직접 연결시키는 것이다.

ABC는 1963년에 미국의 General Electric사가 각종 간접비를 최소화 시키려는 목적으로 부문간의 각종 활동을 분석(Cross-Functional Activity Analysis)하기 위해 개발한 기법이다. 총공급망에서 발생되는 대부분의 비용은 간접비의 성격이 강하다. 예를 들면, 제품의 생산단계에서 발생되는 많은 비용들은 원재료 주문비와 재고유지비가 많은 부분을 차지하는데, 이 비용들은 생산 후에 다른 판매업체에게로 이전될 수 있는 간접비의 성격이 강하다. 총공급망을 구성하는 대부분의 활동들은 전부 연결되어 있다. 공급 전체 네트워크로서의 최적화를 지향하기 위해서는 공급사슬관리에서 가장 효율적인 의사결정을 하기 위한 정확한 비용정보가 미리 수집되고 개발되어야 한다.

총공급망에서는 비용과 비용 대비 수익에 대한 평가가 면밀하게 이루어지면 언제든지 총공급망을 구성하는 활동 상호간에 상쇄시킬 수 있는 것이다. 다시 말하면, 이러한 활동을 여러 기업들이 수행함으로써 비용 대비 수익성이 떨어지게 되면 이 활동을 포기하고 다른 활동을 할 수도 있다는 것이다. 예를 들어, 고객만족을 극대화하는 것이 제일의 목표라고 하자. 이러한 목표를 달성하기 위하여 긴급배송창고 시스템을 개발하고 심지어는 비행기로 배송을 해주는 시스템도 준비를 해 둘 수도 있다. 그러나 이것은 상당히 추가적인 배송비용을 야기시킨다. 이와 같이 고객만족 목표를 훼손시키지 않으면서 얼마만큼의 활동을 추가할 것인지에 대한 의사결정을 하기 위해서는 각각의 활동을 수행하는 데 소요되는 원가항목에 대한 면밀한 평가가 필요하다. ABC는 그러한 목적을 달성시켜 준다. ABC는 간접비 배분을 명확하고 잘 수행할 수 있도록 개발되었기 때문에 회계시스템이라기보다는 최고경영자들이 의사결정을 하는 데 도움을 주는 운영시스템이면서 재무시스템이다. 또한 조직을 변경하는 데도 적절하게 활용될 수 있는 시스템이다. 전통적인 회계시스템과 ABC시스템과의 차이는 다음의 〈표 11-3〉과 같다.

〈표 11-3 전통적인 회계시스템과 ABC 회계시스템의 차이〉

(단위 : K원)

전통적인 회계시스템		제품별 ABC시스템	
봉급과 각종 수당	50,000	주문처리비용	50,000
각종 간접비	150,000	수납관련비용	50,000
시설감가상각비	305,000	제품스케줄링비용	25,000
여행경비	10,000	제품관리비용	250,000
운영소모품비	50,000	포장비용	100,000
		창고보관비용	15,000
		배송비용	50,000
		일반관리비용	25,000
총합계	565,000	총합계	565,000

ABC는 총공급망에서 각종 비용이 어떻게 활용되었는가를 기준으로 분석하는 시스템이다. ABC를 활용하게 되면 여러 부문간의 활동에서 야기되는 각종 비용의 발생원인이 무엇이었는지를 쉽게 확인할 수 있다. ABC는 각 제품별로 총공급망에서 발생하는 모든 비용을 배분하기 때문에 어디에서 많은 비용이 발생하였고 어디에서 많은 절약이 있었는지를 쉽게 알 수 있다. ABC의 기본적인 목적은 제품포트폴리오를 적합하게 처리하고, 고객과 제품수익성을 향상시키며, 효율적인 마케팅과 투자전략을 개발할 수 있도록 하며, 비용낭비를 줄이고, 하나의 통일된 자료를 가지고 업무수행을 할 수 있다는 데 있다.

ABC를 통해서 비용에 대한 명확한 자료를 얻게 되면 총공급망의 생산성을 지속적으로 증대시킬 수 있도록 새롭게 출발하여야 한다. 총공급망이 장기적으로 성공하려면 총공급망에서 지속적으로 발생되는 중요한 업무와 2차적인 업무에 대한 각종 측정과 관리가 계속적으로 수행되어야 한다. 이와 같이 총공급망을 지속적으로 향상시킬 수 있도록 노력하는 것만이 고객의 욕구를 충족시키면서 총공급망 활동을 계속해서 발전시킬 수 있는 것이다. 이러한 지속적인 향상은 창고의 생산성 향상이나 수송비용의 절감과 같은 지속적인 업무발전을 통해서 가능하다. 최고수준의 공급사슬 관리자들은 변화를 위하여 기다리지 않는다. 그들은 스스로 최고수준을 유지하기 위하여 그들 자신을 변화시킨다.

ABC가 공급사슬관리에서 가장 중요한 개념 중의 하나로서 간주되는 이유는 공급사슬관리가 수많은 활동들로 구성되어 있다는 것이다. 이와 같은 수많은 활동별로 원가를 산정하여 각각의 활동들이 실제로 부가가치를 창출하였는가를 평가하는 것이다. ABC의 장점은 공급사슬관리에서 나타나는 수많은 활동들에 대한 비용을 정확히 산정하는 것이므로 실제 관리단위인 제품 카테고리별이나 제조업체별로 정확한 수익과 비용의 산정이 가능한 것이다. 이와 같은 분석을 수행함으로써 공급사슬관리상의 각 구성원들이 전체적으로 노력하여 수익이나 손실을 냈는지를 확인할 수가 있다. 또한 최종소비자에게 제품을 판매하는 데 있어서 장애가 되어 축소되거나 제거되어야 할 활동들에 대한 판단자료를 확보할 수 있는 것이다. 원가를 효율적으로 할당하기 위해서는 ABC의 활용 여부가 공급사슬관리의 중요한 성과판정 기준이 된다. 실제적인 수치로서 성과가 있었는지 여부를 판단하는 것이 공급사슬관리에서 상당히 중요하다.

(2) SCOR 모델의 개념과 활용

SCOR(Supply Chain Operations Reference) 모델은 기본적으로 공급사슬의 각종 용어들을 표준화하고 공급사슬의 구성요소들이 연계되는 과정을 표준화하며, 실제적으로 공급사슬의 효율성을 측정하고, 공급사슬을 활용해 가장 효과적인 성과를 내는 것들을 표준화하는 모델을 의미한다. 이것은 1996년에 69개의 회원사들이 참여하여 비영리단체로서 출발한 Supply Chain Council에 의하여 개발되었다. 최초에 참여한 회원사들은 Dow Chemical, Merck, Texas Instruments, Compaq, Federal Express 등이었다. 이 업체들이 6개월 이상 공동으로 노력하여 SCOR 모델을 만들었다. 이 업체들은 각각의 총공급망들의 공통요소, 이에 적합한 최적의 실천사례들(Best Practices), 각종 우수한 총공급망 관리업체들의 성과획득 과정의 벤치마킹자료, 공급사슬관리의 수익성 측정과 미래의 향상된 총공급망 관리기법을 테스트한 것들을 모두 조합하여서 SCOR 모델을 만들었다.

현재 전 세계에 약 650개 이상의 기관회원을 가지고 있는 Supply Chain

Council은 SCOR 모델을 공급사슬을 표현하고 분석하며 구조를 파악하는 기본적인 도구로서 개발하였다. 이러한 SCOR 모델은 기본적으로 공급사슬을 효율적으로 운영하기 위한 하나의 도구이다. 이것은 공급사슬의 각종 용어들과 구성조건들을 표준화하고 세밀화시키기 위한 하나의 도구로 개발된 것이며 수학적인 모형은 아니다. SCOR 모델을 기반으로 하게 되면 공급사슬을 구성하는 각종 요소들을 분석하여 하나의 통일된 체계하에서 표준화하는 데 도움이 된다.

SCOR의 성과를 측정하기 위하여 KPI(Key Performance Indicators)가 활용되고 있다. SCOR 모델을 개발한 Supply Chain Council은 다음의 〈표 11-4〉와 같은 다양한 KPI들을 제시하고 있다.

〈표 11-4 SCOR의 KPI〉

① 배달성과(Delivery Performance)
고객지향성이 공급사슬의 가장 기본적인 요소이기 때문에 배달성과는 가장 중요한 Supply Chain의 KPI의 하나이다. 배달성과는 주로 주문충족률(Order Fill Rate: 24시간 내에 주문된 양이 배달된 퍼센트)와 즉시배달율(On Time Delivery: 고객이 요구한 날 이전 혹은 그 날까지 배달된 양의 퍼센트)와 같은 두 가지 사항으로 측정된다.

② 공급망 대응성(Supply Chain Responsiveness)
시장환경의 변화에 대응하는 능력을 공급망 대응성으로 정의한다. 공급망은 공급망의 경쟁력을 확보하기 위하여 적절한 시간 내에 공급망에 대응하는 것을 의미한다. 공급망 대응성은 시장이 요구하는 대로 공급량을 적절히 조절할 수 있는 공급량 탄력성(Volume Flexibility)과 시장이 요구

하는 대로 제품을 적절하게 조절하여 생산하는 제품배합 탄력성(Product-Mix Flexibility)으로 측정된다. 공급망 대응성은 기본적으로 이와 같은 시장환경의 변화에 적절하게 대응하는 것이 공급망의 대응력을 측정한다는 의미에서 중요하다.

③ 총합적 로지스틱스 관리비(Total Logistics Management Cost)

로지스틱스의 효율성은 성공적인 공급망의 기본적인 전제조건이다. 그 이유는 여러 가지 다양한 조직들이 하나의 통일된 공급망에 관련되어 있기 때문이다. 총합적 로지스틱스 관리비와 전체 수익간의 비율은 적절하게 관리되는 것이 바람직하다. 그 이유는 공급망 전체의 수익성에 영향을 미치기 때문이다. 공급망에 관련되는 다양한 조직들간의 통합적인 데이테베이스 구축과 상호간의 원가회계적 관리시스템이 무척 중요하다.

④ 현금화 시간(Cash-To-Cash Cycle Time)

생산에 투여된 비용들이 수익으로 기업에 돌아오는 데 소요되는 시간을 현금화 시간이라고 정의한다. 이것은 기본적으로 세 가지 요소로서 결정된다. 그것들은 공급되는 제품이 재고로 남아있는 시간, 판매가 되는 데 걸리는 시간, 대금을 받는 데 걸리는 시간 등의 이 세 가지 사항들을 고려하면서 실제적으로 공급망의 전체적인 효율성을 유지하면서 현금화되는 데 걸리는 시간을 되도록 최소화시키는 것이 필요하다.

(3) SCOR 모델의 응용단계

SCOR 모델은 다양한 구성요소들로 이루어져 있다. 예를 들면, 행위(Activity)는 Supply Chain 상에서 나타나는 다양한 활동들을 수행하는 각 개별단위를 의미하고, 과업(Task)은 여러 가지 행위의 결합을 의미하며, 과정(Process)은 주어진 시간 내에 특정업무(예를 들면, 고객의 주문)를 달성하는 경제적 활동을 수행하는 순서를 의미한다. 이와 같은 것들을 감안하여 전체 SCOR 모델은 세단계로 구성된다. SCOR 모델은 크게 Supply Chain 상에서 공급업자로부터 소비자에게까지 제품이 생산되어 전달되는 것을 의미한다. 예를 들면, 공급업자에게서 원재료가 공급되는 단계(Source), 이것이 전달되어 제조업체에서 생산이 되는 단계(Make), 그리고 이것이 소비자에게 전달되는 단계(Deliver)로 이루어져 있다. 이 단계들 내에서 수행되는 각각의 업무에 대하여 앞에서 사용된 용어들(행위, 과업, 과정)을 가지고 여러 가지 활동들을 규정해 놓은 것이다. 그리고 각각의 활동들의 성과를 앞에서 열거되었던 배달성과, 공급망 대응성, 총합적 로지스틱스 관리비, 현금화 시간 등을 통해 측정하는 것이다. 그리고 각각의 과정에 가장 적합한 최적의 실제업무 사례들(Best Practices)을 가르쳐 주는 것이 SCOR 모델의 핵심사항이다.

SCOR 모델은 탑다운 방식으로서 네단계의 과정으로 구성되어 있다. 예를 들어, 전체 공급망을 계획하는(Plan) 과정 안에서 제조원을 발굴하고(Source), 생산하고(Make), 공급하는(Deliver) 과정으로 구성되어 있다. 실질적으로 SCOR 모델을 응용할 적에는 다음 〈표 11-5〉와 같은 네단계 과정을 통해서 수행한다.

〈표 11-5 SCOR의 응용단계〉

① 공급망간의 경쟁상황에 대한 분석
② 경쟁상황을 분석한 후의 적절한 공급망의 구성개념 설정
③ 이러한 공급망에 적절한 업무성과와 실행방안의 도출
④ 도출된 공급망의 실제 수행

이와 같은 SCOR 모델의 개념들을 미국과 전 세계에서 650여 개가 넘는 Supply Chain Council의 기관회원들이 활용하여 공급망 구성에서 많은 효과를 본 것으로 알려지고 있다. SCOR 모델의 기본적인 장점은 여러 참여 희망업체들 상호간에 총공급망에 관여함으로써 어떠한 이득을 얻을 수 있는지에 대한 구체적인 자료를 얻을 수 있게 해준 것이다. SCOR 모델을 통해서 여러 다른 기업들과 조직 그리고 부문들이 동일한 개념을 가지고 상호 의사소통을 할 수 있게 해주었다. 그리고 총공급망에서 필요한 기능들은 세분화시키고 참여업체들이 실질적인 문제를 파악하고 총공급망의 생산성을 향상시킬 수 있도록 해준 것이다.

ABC는 회계 위주의 공급사슬관리의 평가기준임에 반하여, SCOR는 공급사슬관리 특유의 여러 가지 사항들을 측정하는 평가기준이다. ABC나 SCOR의 두 가지의 평가기준에서 어느 한쪽의 평가기준이 다른 한쪽의 평가기준보다 훨씬 우월하다고 주장하기는 쉽지 않다. 두 개의 기준이 각각의 다른 관점을 가지고 있으므로 양자를 보완하여 사용하는 것이 바람직하다고 볼 수 있다.

5. SCM 운영상의 문제해결

공급사슬관리를 실제로 구축하기가 어려운 것은 공급사슬관리의 가장 큰 두 축인 제조업체와 유통업체와의 차이 때문이다. 물론 공급사슬관리에 참여하는 원재료 공급업체가 제조업체와 잘 짜여진 연결고리를 유지해야 하는 것도 중요하다. 그러나 실제적으로 공급사슬관리의 핵심은 제조업체와 도매배송업체 그리고 소매업체이다. 경우에 따라서 소매업체의 규모가 커지게 되면 도매배송업체의 역할을 제조업체가 수행하는 경우도 많다. 예를 들면, 우리나라의 경우에도 1993년에 국내에 할인점이 처음 생겼을 때에는 제조업체들이 할인점에 제품을 직접 공급하지 않았다. 할인점들은 많은 제조업체들이 그들의 1차 대형대리점에 제품을 제공하면 이곳으로부터 제품을 공급받았다. 제조업체들은 할인점이 성장하는 것을 방해하기 위하여 1차 대형대리점들이 할인점에 제품을 공급하는 것을 중단시켰다. 이것이 1994~1995년대 중반의 일이다.

이에 따라 할인점들은 1차 대형대리점에서 2차 중형대리점으로 제공된 제품을 공급받았다. 이것이 1996~1998년의 상황이다. 1998년 말부터 IMF라는 어려운 상황에 들어서자 소비자들이 일반 소형대리점이나 각종 전문점 혹은 백화점으로부터 할인점으로 몰리게 되자 할인점들이 대규모로 성장하였다. 할인점들은 어느 정도 취급물량이 많아지자 제조업체 본사와 직접거래를 하게 되었다. 그리고 1999년 초반부터 2000년도 이후에는 제조업체가 할인점에 직접 납품을 하는 경우가 늘었다. 물론 이 경우에도 계약은 제조업체와 할인점이 직접하고 1차 대형대리점들은 중간 배송만 하고 약 5~8% 정도의 물류비를 받은 것은 사실이다. 이와 같이 소매업체의 취급물량이 커지게 되면서 중간에 도매배송업체의 역할이 줄어든다.

또 다른 현상은 독립적인 제 3자 물류업체들이 대규모로 성장하게 되면 이 업체들이 제조업체와 대형 소매업체의 중간에서 물류를 담당하게 된다. 현재 국내에는 제 3자 물류업체들의 수가 대형은 서 너 개이고 중소형은 수백 개에 달하는 열악한 실정이다. 게다가 대부분의 제 3자 물류업체가 현재는 적자이다. 그러나 앞으로는 제 3자 물류업체의 취급물량이 늘어나면서 어느 정도 수익을 남기는 업체가 나타날 것으로 보여진다.

소매업체와 제 3자 물류업체가 커지면서 제조업체와 대형 소매업체가 직접 연결되는 공급사슬관리를 하게 되어도 실제로는 양자간에 자주 문제가 생긴다. 그것은 양쪽의 시각에 차이가 있기 때문이다. 현재 미국에서 활용되는 각종 현대화된 공급사슬관리의 제품보충시스템들(CRP, ECR, QR, CFAR, CPFR)이 개발되기 이전에는 일반적으로 미국에서도 AFR(Aggregate Forecasting and Replenishment)가 사용되었다. 이것은 제조업체와 소매업체와의 정보교류를 통해서 미리 상호 합의된 방식으로 제품수요를 예측하고 이에 적합한 물량을 보충하는 것이 아니다. 이것은 단지 제조업체가 스스로 적절하다고 생각되는 제품을 생산하고 이를 알아서 도매배송업체나 혹은 소매업체의 물류센터로 배송을 하는 것이다.

　이에 반하여, 소매업체가 알아서 적정물량을 발주하게 되면 제조업체가 직접 혹은 도매배송업체를 통해서 소매업체의 물류센터로 발주한 물량을 공급하는 것이다. 여기에서는 양자간에 면밀한 협업(Collaboration)이 거의 없다. 제조업체는 자사의 기존 판매데이터에 근거하여 생산을 하고 소매업체는 자사의 기존 판매데이터에 근거하여 주문을 하기 때문에 양자간에는 차이가 생길 여지가 많다. 여기에는 몇 가지 이유가 있는데, 첫째는 제조업체가 소매업체에게 공급을 한 물량 중에서 소매업체가 아직까지 판매하지 못하고 유통재고로 가지고 있는 물량이 있다. 제조업체가 1,000 박스를 공급하였는데 소매업체가 700 박스를 판매하고 300 박스를 자체 점포나 물류창고에 보관하고 있을 수 있다. 그런데 소매업체에 정보화 시설이 잘 되어 있지 않으면 소매업체는 자체 보유한 물량이 300 박스인지를 잘 모르는 경우가 많다. 따라서 일정 시간이 흐른 후에 제조업체는 이 소매업체에게 1,000박스를 공급하려고 하고, 소매업체는 1,000박스보다 적은 양을 주문하려고 하는 것이다.

또 다른 이유로는 제조업체에서 판매부진 제품을 판촉행사를 통해 판매하기를 원하거나 혹은 신제품의 홍보차원에서 대규모 판촉행사에 들어가는 경우가 있다. 소매업체는 여름이나 추석 같은 경우에 소비자를 위한 판촉행사에 들어가는 경우도 있다. 이러한 경우에는 제조업체가 소매업체에게 공급하는 기존의 양과는 별개로 특별히 판촉물량에 대한 제조업체의 생산과 소매업체의 주문이 필요해진다. 이 경우는 기존에 제조업체가 생산해서 소매업체에 제공하던 앞의 AFR의 방식과는 별개로 제조업체의 담당자와 소매업체의 담당자가 의사소통을 통해서 별도로 제품을 생산하고 공급하게 된다.

또한 제조업체와 소매업체가 상호간의 입장을 잘 이해하지 못해서 협업이 안 되는 경우도 태반이다. 예를 들면, 제조업체는 소매업체가 필요할 때마다 주문하게 하는 것보다는 제조업체에서 알아서 신속하게 생산하여 소매업체에 납품하는 것을 원한다. 소매업체는 자신들이 주문만 하면 제조업체들이 바로 이 주문에 응답할 것으로 생각한다. 다시 말하면, 많은 소매업체들은 제조업체들이 자신들을 위하여서 항상 재고를 보유하고 있는 것처럼 생각하는 것이다. 그러나 제조업체의 입장에서도 항상 소매업체를 위하여 많은 재고를 보유하게 되면 엄청난 재고부담이 되어서 원가상승의 원인이 된다. 따라서 이와 같이 제조업체와 소매업체간의 입장의 차이에서 생기는 문제도 있다. 이때까지 언급한 전통적인 AFR 방식의 제품보충에서 벗어나 제조업체와 소매업체가 상호 밀접한 관계유지를 통해서 정보를 교환하고 신속하게 제품보충에 들어가는 시스템을 구축하는 것이 바람직하다.

공급사슬관리의 문제를 해결하는 가장 좋은 방법은 공동으로 문제를 해결하는 것이다. 각 참여업체들이 모여서 상호간에 문제에 대해 허심탄

회한 논의에 들어가는 것이다. 문제를 면밀하게 조사해 가면서 현재 중요한 문제가 무엇이고 앞으로 중요하게 논의될 문제가 무엇인지에 대해 논의를 한다. 문제가 명확하게 해결되도록 노력하여야 한다. 또한 문제가 생기면 믿을 수 있는 제 3의 기관이나 정부에 요청하여 중재나 조정을 요구하는 것이 바람직하다. 현재 우리나라에는 정부(산업자원부)와 각종 제조·유통업체(제일제당, LG화학, 유한킴벌리, 현대백화점, LG유통, 까르푸, 이마트 등), 물류업체(CJGLS, 한국물류), 정보업체(Oracle, IBM) 등이 공동으로 참여한 한국SCM민관합동추진위원회가 있다. 여기에서는 SCM에서 발생하는 각종 문제의 조정과 중재가 이루어지고 있다. 많은 노력을 들여서 갈등을 해결하기 위해 노력해도 해결되지 않으면 청산절차에 들어가는 것이 바람직하다.

제12장 공급사슬관리의 실제 구축후 확대단계

I. e-Marketplace의 의의와 중요성

(1) 기업전략으로서의 중요성

 e-Marketplace(E-MP) 혹은 Digital-Marketplace(D-MP)는 제조업체와 유통업체들이 공동으로 발주와 배송을 할 수 있도록 연계된 가상의 전자상거래 시장을 의미한다. 인터넷의 급속한 발전에 힘입어 기업간의 통신수단이 획기적으로 발전함에 따라 관련업체간에 하나의 가상시장(Virtual Market)을 형성하여 이를 통해 제품의 수발주를 원활히 하게 되었다. 국내에서는 2000년 12월 기준으로 약 190여 개의 E-MP 시장이 형성되어 전체 매출액이 5천 억원을 넘는 것으로 알려지고 있다.

 이러한 190여 개의 국내 E-MP는 무역관련(35개), 화학(18개), MRO(17

개), 기계 및 산업용자재(15개), 전지전자(15개), 섬유(14개) 등으로 분류되고 있다. E-MP의 핵심은 표준화된 하나의 가상시장에서 기업간의 협업을 통하여 수·발주와 대금지불 등을 신속하고 정확하게 수행할 수 있도록 만든 것이다. 물론 국내에 구축된 대부분의 E-MP가 현재는 이것을 유지하는 데 필요한 매출액을 올리지 못하는 것으로 나타나고 있다. 100개를 훨씬 넘는 상당수의 E-MP가 조만간에 도산할 것으로 예견되고 있는데 이것은 전 세계적인 추세와도 관련이 있다. 현재 미국에서 개설된 E-MP 중에서도 약 10~20% 정도만이 계속적으로 발전하고 있고, 나머지는 거의 모두 도산할 것으로 예견되고 있다.

인터넷을 통해 실시간 통신을 저렴한 비용으로 할 수 있게 되자 우후 죽순으로 생성된 수많은 E-MP는 기술적인 성장은 가능하였지만 실질적으로는 아직도 해결해야 할 수많은 난제들이 산적해 있다. 아직까지 온라인에 비해 오프라인의 뒷받침이 잘 되어 있지 않으며 E-MP 운영에 필요한 노하우도 그다지 많이 축적되어 있지 않다. 따라서 앞으로는 보다 많은 오프라인의 뒷받침과 온라인 노하우의 개발을 통해서, 각 관련 산업별로 한 두개의 E-MP만이 생존하여 성장하면서 시장을 지배할 것으로 보인다.

모든 새로운 경향들이 그러하듯이 E-MP에서도 초기진입자 우위(First-Mover Advantage)가 나타날 것이 확실시되므로, E-MP 추진의사가 있는 기업들은 가능하면 빨리 시장에 진입하는 것이 미래의 경쟁력 확보 차원에서 바람직할 것으로 보여진다. E-MP는 전통적인 오프라인 중심의 공급사슬관리에서 온라인을 주축으로 오프라인과 병행한다는 측면에서는 가장 진화된 형태의 공급사슬망이 될 것이다.

(2) 산업정책적인 중요성

21세기가 되면서 디지털시대로 접어들고 있다. 전 세계에서 가장 강하다고 할 수 있는 미국이 무서류의 전자정부를 지향하면서 우리나라도 전자정부로서의 기치를 앞세우고 있다. 2000년도부터 시작된 전자정부로의 움직임의 일환으로 우리나라 산업자원부는 산업부문의 전반적인 경쟁력 향상을 위해 E-MP를 적극 추진하고 있는데, 현재까지는 산업표준과 기업간 특히 경쟁기업간의 협업이 미비한 상태이므로 잘 진행되고 있지는 않다. 우리나라 산업 전체적으로 E-MP를 제대로 수행하기 위해서는 기업간에 정보를 교환하고 공유하는 방식이 적어도 특정산업 내에서는 표준화나 통일화가 이루어져야 한다. 그러나 이와 같은 표준화의 첫 단계인 EDI의 경우만 하더라도 현재 표준화가 잘 되어 있지 않다. 현재 우리나라의 대형 유통업체들인 롯데백화점, 현대백화점, 신세계이마트, LG슈퍼 등에서 전체 수발주업무 중에서 약 90% 정도를 EDI를 통해 수행하고 있는 것으로 알려지고 있고, 그 외 대부분의 중소형 유통업체의 경우는 EDI가 거의 사용되지 않고 있다. 또한 차세대 EDI로 떠오르고 있는 XML의 활용은 현재 롯데백화점에서 별도로 추진중에 있다.

이와 같은 것을 감안해 볼 때 유통산업 전체적으로 하나의 통일된 EDI나 XML이 유지되어야 제조업체와 유통업체간의 정보공유가 제대로 수행될 수 있다. 산업 전반의 표준화는 하나의 미들웨어(Middleware)로서의 역할을 수행할 수 있다. 현재 선진국은 OASIS 등을 통해서 표준화 작업을 추진중이고, 우리나라는 한국유통정보센터를 통해서 표준화를 추진하고 있다. 이와 같은 표준화 작업의 일환으로서 현재 산업자원부와 한국유통정보센터는 EPC(Electronic Product Catalogue) 구축을 활발히 추진하고 있다. EPC란 모든 거래되는 제품에 주민등록번호와 같은 고유의 인식코드를 부여하고 이것을 전자적으로 활용할 수 있도록 만든 가상 거래공간을 의미한다. 각 제품의 고유한 인식코드를 통하여 해당 제품에 대한 제조원, 성능, 규격 등을 인터넷상에서 쉽게 파악할 수 있는데, 이것은 은행에 구좌를 개설하게 되면 구좌명이 주어지는 것과 같다. 즉 각 구좌를 조회하면 예금주의 이름과 금융거래 실적 그리고 현재의 잔고가 바로 파악되는 것과 동일하다. 이와 같이 제품의 각 구좌명을 인터넷 상에 올려놓은 것이 바로 EPC라고 할 수 있다.

2. e-Marketplace의 종류와 운영방식

(1) e-Marketplace의 종류

E-MP는 두 가지 종류로 분류될 수 있는데 하나는 Private E-MP이고 다른 하나는 Public E-MP이다. Private E-MP는 특정 대형업체와 여기에 관련을 맺고 있는 다수의 중소형 업체들이 공동으로 형성하는 일종의 폐쇄된 형태의 E-MP이다. 이에 반하여, Public E-MP는 경쟁관계에 있는 대형업체들간에 공동으로 형성하는 일종의 개방된 형태의 E-MP이다. 현재 미국이나 우리나라에서는 많은 수의 Private E-MP가 활발한 데 반하여, Public E-MP들은 그다지 활발하지 못한 실정이다. 그 이유로는 Private E-MP의 경우 이미 오프라인에서 일종의 거래관계를 맺고 있던 것을 온라인화시킨 것에 불과한 경우가 대부분이기 때문이다. 예를 들면, 우리나라의 어느 홈쇼핑업체는 약 2천여 개에 달하는 공급업체들(대부분이 중소형업체이고, 일부가 대형업체임)과 수년 동안 오프라인 상에서 거래를 해온 경우이다.

1990년대 말기에 인터넷 보급이 확산되기 시작하면서 그때까지 전화나 팩스로 주문하던 것을 온라인화시키기 시작하여 현재는 세금계산서도 온라인을 통해 자동으로 발급받을 수 있게 되었다. 이것은 일종의 Private E-MP라고 할 수 있으며, 우리나라의 많은 산업에서 점차로 확산되고 있다. 이에 반하여, Public E-MP는 특정 산업의 여러 경쟁업체들이 공동출자하여 독립법인을 설립하거나 혹은 기존의 법인체를 유지하면서 협약관계를 맺어 공동으로 발주하는 것을 말한다. 현재 미국의 3대 자동차메이커들이 공동으로 운영하는 Public E-MP가 있다. 우리나라의 경우에는 대형 자동차메이커들이 공동으로 Public E-MP 설립을 시도하였으나 잘 안 된 것으로 알려지고 있으며, 이외에도 가전메이커와 조선메이커들이 공동 Public E-MP를 추진하였으나 거의 안 되고 있는 것으로 알려지고 있다.

(2) e-Marketplace의 운영방식

E-MP의 운영방식에서 가장 중요하게 대두되는 것이 관련 당사자들간의 관계에 대한 위험이다. E-MP는 기본적으로 다수의 공급자와 다수의 수요자가 하나의 가상공간에서 결합되는 형태로서 단일의 공급사슬관리 네트워크와는 성격이 다르다. 물론 초대형 유통업체를 중심으로 수많은 공급업자들이 연결되는 형태의 E-MP도 가능한 것은 사실이다. 전 세계 최대의 유통업체인 Wal-Mart는 1991년부터 현재까지 7천여 개를 넘는 공급업체들과 강력한 연계관계를 유지하고 있는데, 현재 이들 공급업체들과 'Retail Link'를 통해 인터넷으로 수발주를 하고 있다. 또한 국내 최대의 할인점인 Emart는 현재 1천여 개를 넘는 공급업체들과 강한 공급관계를 유지하고 있다. 이와 같이 Wal-Mart와 그 공급업체들로 구성된 것이나, Emart와 그 공급업체들로 구성된 것도 하나의 E-MP라고 부를 수 있

다. 그러나 이것은 단일 유통업체와 그 업체의 공급업체라는 측면에서는 단순한 형태의 E-MP라고 볼 수 있다.

본격적인 의미의 E-MP에는 다수의 제조업체들이 하나가 되어 다수의 유통업체들과 거래를 하거나(예: 52개의 규격공산품 제조업체들이 주축이 된 Transora), 다수의 유통업체들이 하나가 되어 다수의 제조업체들과 거래를 하는(예: 53개의 대형유통업체들이 주축이 된 WWRE, 11개의 대형 유통업체들이 주축이 된 GNX) 형태들이 있다. 예를 들면, 다수의 제조업체들이 단일 법인을 형성하여 다수의 유통업체들과 전자 수발주를 수행하는 것이거나, 혹은 다수의 유통업체들이 단일 법인을 형성하여 다수의 제조업체들과 전자 수발주를 수행하는 것이다. 이와 같이 다수의 제조업체와 다수의 유통업체간의 관계나, 다수의 유통업체와 다수의 제조업체간의 관계를 E-MP의 순수형태로 볼 수 있다. 물론 이와 같은 것들은 인터넷이 상업적인 용도로 활용되기 시작한 20세기 말엽부터 추진되어 선진국에서는 2000년도부터 본격적으로 추진되고 있다.

Transora는 규격공산품 제조업체들이 합쳐서 구성한 E-MP로서 미국의 대표적인 제조업체인 P&G, Nestle, Unilever, Bestfoods, Kraft 등이 참여하고 있다. 이들 업체들의 전체 매출액은 100조를 훨씬 넘는 것으로 알려져 있고, 현재는 각종 중소형 공급업체들과 인터넷을 이용해 거래하고 있다. 이것은 식품제조업체들의 업무효율성을 향상시키기 위한 목적으로 형성되었다.

WWRE(World Wide Retail Exchange)는 미국의 유명 유통업체들인 Kmart, Target, Safeway, Walgreens, J. C. Penney, Best Buy 등이 주축이 되어 현재는 영국의 Kingfisher, Marks & Spencer, Tesco, 네덜란드의

Ahold, 프랑스의 Auchan, Casino, 벨기에의 Delhaize, 일본의 Jusco와 한국의 롯데백화점이 참여하고 있다. 여기서는 각종 식품, 의류, 약품등을 취급하고 있는데, 전체 참여 업체들의 오프라인 매출규모는 600조에 달하며 E-MP를 통한 거래규모는 약 1조원 이내인 것으로 알려지고 있다. 또한 GNX(Global Net Exchange)는 프랑스의 Carrefour, 미국의 Sears, Kroger, 독일의 Metro와 같은 유통업체들이 하나의 독립법인을 형성하여 수익성을 목표로 운영되고 있는 것으로 알려지고 있다. 식품, 가전, 의류, 잡화류를 취급하는데 참여업체들의 총매출 규모는 약 200조원에 달하지만 E-MP를 통한 거래규모는 1조원이 훨씬 안 되는 것으로 알려지고 있다.

이와 같이 다수의 업체들이 공동투자로 단일법인을 설립하여 이를 통해 온라인 상으로 전자발주(e-Procurement)를 하면서 기존에 있던 오프라인의 제조공급 라인이나 유통매장을 그대로 운영하게 된다. 따라서 신규법인이 성장하면서 온라인과 오프라인간의 갈등도 생길 수 있다. 예를 들면, 공동발주를 하게 되면 기존의 오프라인 매장에서 특정 제조업체로부터의 매입조건인 매입가격, 반품조건, 배송방식, 판촉여부 등에 대한 정보가 상호간에 어느 정도 노출되면서 갈등이 발생할 수 있다. 물론 이러한 갈등발생과 같은 부정적인 측면 이외에도 공동으로 법인을 운영하면서 상호간에 각종 공급사슬관리 노하우를 학습하거나 교환하고 표준화시키면서 비용절감의 효과도 커지게 된다.

이와 같은 E-MP의 설립과 운영에서 여러 가지 위험들이 나타날 수 있다. 경제적으로 이득이 될 것인지에 대한 위험, 어느 업체에서 독단적으로 운영을 하면 그쪽으로 힘이 쏠리게 되는 위험(구체적으로는 사장의 선임조건과 사장의 재임기간), 기술적으로 각종 시스템간의 인터페이스를 적합하게 해야하는 위험들이다. 물론 이러한 것들도 중요하지만 가장 중요한 것은 업체간의 관계유지에 대한 위험이다. 관계가 지속되지 않고 단절됨으로써 기존의 관계유지에 투입되었던 비용들의 회수가 불가능하게 되는 경우가 생기는 것이다.

기업체간의 관계를 형성하려면 여러 가지 비용이 든다. 초기의 만남에 들어가는 각종 시간과 경제적 비용 그리고 이러한 관계를 일정기간 유지하게 되면서 각종 의사소통이나 경제적인 수발주 활동과 관련된 비용들이 발생하게 된다. 이러한 관계가 지속된다면 별 문제가 없으나 예를 들어, 특정업체가 E-MP에서 탈퇴하거나 혹은 E-MP 전체가 붕괴되거나 해서 이러한 관계가 단절된다면 관계를 형성하고 유지하는 데 들었던 비용들은 거의 회수 불가능하게 된다. 경우에 따라서는 E-MP 자체가 수익성이 없어 파산되는 경우도 발생한다. 이와 같은 각종 관계의 단절에 대한 위험에 대비하여 기대되는 보상이 상당히 커야한다는 것이 E-MP 설립의 기본적인 전제 조건이 된다.

3. e-Marketplace의 성공요인

2000년대에 접어 들면서 폭발적으로 성장한 E-MP는 현재 전 세계에 약 1천개 이상이 형성되어 있는데 수년 내에 80% 이상이 도산할 것으로 예견되고 있으며, 현재 우리나라의 150여 개를 훨씬 넘는 E-MP 중에서 80% 이상이 도산할 것으로 예견되고 있다. 80% 이상의 예측파산율은 상당히 큰 문제일까? 실제적으로는 그렇지 않다고 볼 수 있다. 어떠한 형태의 신규사업이건 전 세계와 한국에서 실제로 도산되는 비율이 80%를 넘어서고 있다. 새로운 형태의 신규사업은 항상 그 정도는 파산되고 있다. 전체에서 5% 이내의 법인만이 크게 성장하고, 약 15% 정도는 약간의 수익을 남기면서 유지를 하고, 나머지 80%는 도산하게 된다. 할인점과 전자상거래 그리고 E-MP도 모두 마찬가지이다.

성공을 할 수 있는 가장 근본적인 요인은 구매자와 판매자를 상당수 확보할 수 있느냐(Critical Mass의 확보 여부)에 있다. 인터넷이 오프라인에 비해서 확실하게 가지고 있는 장점은 정보의 전달속도가 무척 빠르다는 점이다. 그러나 정보가 온라인을 통해서 순식간에 공간을 초월하여 전달되더라도, 실제적으로 물건의 배송이나 판매는 오프라인을 통하므로 많은 시간을 요한다. 인터넷은 기존 오프라인의 정보전달과 의사소통에 소요되는 시간을 크게 단축시켜서 신속한 의사결정을 돕고 있지만, 기존의 오프라인에서 생기는 각종 제품의 배송과 판매에는 실제적인 도움을 거의 못 준다. 따라서 이와 같은 측면을 고려하게 되면 신속한 정보전달과 관련된 이점을 E-MP에서 얻을 수 있는 업체들 즉, 오프라인 상에서의 수발주 비용이 엄청나게 많은 업체들은 기존 오프라인의 단점을 보완하기 위해 여기에 참여하게 된다.

또한 다른 업체들과 공동으로 작업을 하면서 새로운 시장경쟁력을 키울 수 있다고 판단하는 업체들만이 E-MP에 참여하게 된다. 그러나 E-MP 법인운영의 비용을 만회할 수 있을 정도의 자체 수익을 E-MP에서 남길 수 없게 되면 문제가 발생한다. E-MP 설립 초기에는 각종 정보관련 투자비용이 엄청나게 소요되므로 E-MP에 참여해서 얻는 이득보다는 손실이 당연히 커진다. 따라서 참여하는 업체들이 기존의 오프라인의 각종 업무 중에서 온라인화 할 수 있는 것들을 E-MP 법인으로 얼마나 빨리 그리고 많이 이전시키느냐 하는 것이 E-MP의 기본적인 성공요인이 된다.

E-MP에 참여하는 구매자와 판매자의 수가 어느 정도 확보되고 나면 여기에서 생기는 각종 정보가 외부로 누설되지 않도록 철저한 보안장치가 강구되어야 한다. 물론 E-MP에 참여하기 위해서는 당연히 기존의 서로 다른 문서들이 참여업체들간에 통합되어야 한다. 그러나 이것은 현실적으로 수십 년 동안 쌓아온 상관행을 타파해야 하기 때문에 상당히 힘든 일이다. 일반적으로 미국에서도 같은 회사 내의 일반할인점과 회원제 창고형 할인점간의 각종 서식이 통일되지 않고 있으며, 국내에서도 마찬가지이다. 현재 이와 같은 유통관련 각종 문서와 표준을 제정하는 우리나라의 유일한 기관인 재단법인 한국유통정보센터에서는 19개의 각종 관련서식을 표준화해서 우리나라의 제조업체와 유통업체들이 공통으로 활용할 수 있도록 노력하고 있다. 이와 같이 우리나라 산업전체의 표준화가 어느 정도 이루어져야 본격적인 의미의 E-MP가 제대로 수행될 수 있다.

　E-MP의 실질적인 성공요인은 참여하는 구성원들에게 달려 있다고 할 수 있다. 일반적으로 특정산업을 이끄는 시장주도자가 여기에 참여하게 되면 시장추종자들도 참여를 선언하게 된다. 그러나 시장점유율 1위인 업체가 빠져있는 상태에서는 시장점유율 2, 3위 업체들간의 결합은 잘 안 된다. 미국에서 1999년 가을에 자동차 선두업체인 Ford와 GM이 각각의 E-MP를 형성하게 되자 자동차부품 공급업체들이 각각의 E-MP에 참여하기 위해서는 비용이 많이 들기 때문에 반발을 하였으며, 이에 따라 Ford, GM, Chrysler들이 모두 합쳐서 E-MP를 구축한 경우가 있었다. 시장점유율 1, 2위인 업체들 혹은 1, 2, 3위인 업체들이 모두 모이게 되면 어느 정도는 진전이 되지만 이것 또한 문제에 봉착할 때가 있다. 예를 들면, 이들이 모두 합쳐서 산업을 지배하게 되면 미국과 같은 경우에는 정부에서 반독점법을 적용하려고 하는 경우도 있다. 실질적으로 시장점

유율 1, 2, 3위인 업체들이 합쳐서 움직이게 되면 대부분의 경우에 그들의 의사에 따라서 모든 것이 진행되므로 가격이 올라가게 된다. 그러나 반독점의 문제와는 다른 시각에서 시장점유율 1, 2, 3위인 업체들이 모여서 각종 생산과 유통표준화를 통해 비용을 절감하게 되면 시장가격을 그대로 유지하더라도(일반적으로 제품가격을 내리는 경우는 거의 없으므로) 이 업체들의 수익이 증대하게 된다는 측면이 있다. 해당 정부가 어떠한 시각을 가지고 있느냐에 따른 것이라고 볼 수 있다.

자본주의가 상당히 정착된 미국에서는 투하자본에 대한 확실한 수익만 보장되면 경쟁업체간에도 공동으로 사업을 하는 것이 쉽다. 금전적인 보상이 확실하면 자신의 회사를 경쟁사에 매각하거나 합병을 당하거나 합병을 시도하는 경우가 비일비재하다. 금전적인 것이 모든 것에 가장 우선하는 것이다. 그러나 자본주의의 역사가 얼마 되지 않는 우리나라에서는 금전적인 수익보장만으로는 부족하다고 할 수 있다. 실제 법인체의 소유주들간의 자존심 유지와 이에 걸맞는 예우가 보장되지 않고서는 공동업무가 실제로 안 되는 경우가 많다. 현재 미국에서는 어느 정도 Public E-MP가 시도되고 있는 것에 반하여, 우리나라에서는 참여하는 대형업체 소유주들의 자존심을 어느 정도 유지시켜 주지 않는 경우가 많으므로 미국에 비하여 Public E-MP가 잘 안 되고 있는 실정이다. 이것은 우리나라 특유의 상황으로 어쩔 수 없는 현실이므로 이것을 잘 감안하면서 공동법인을 추진해야 만이 실제적으로 Public E-MP가 가능해진다.

4. e-Marketplace의 미래

E-MP가 어느 정도 진전이 되어서 성장을 하게 되면 E-MP간에 흡수,

합병 혹은 제휴의 움직임이 나타나게 된다. 그것은 자연적인 형태로서 규모의 경제를 이루기 위한 것이다. E-MP의 대부분의 초기형태는 인터넷 기업들이 공동의 장을 만들어 여기에서 공동판매와 구매가 이루어지도록 했으나 대부분이 실패하였다. 실질적으로 산업 전반의 주요업체들이 참여하는 일종의 Consortium이나 Collaboration이 되지 않으면 실패를 하게 된다. Consortium 형태가 되면 단순 중계를 통하여 비용을 받는 형태(Commission Fee Acquisition)보다는 거래에 참여하여 판매와 관련된 비용을 받는 형태(Transaction Fee Acquisition)가 더 많은 수익성을 보장하게 된다. 그러나 교환기능의 거래를 통하여 수익을 남기기 위해서는 당연히 제품을 잘 선별하여 구매하고 이의 재고비용을 부담하는 형태가 되면서 위험이 증가하는 것이다.

Consortium에는 단순히 참여업체들간의 일종의 조합식의 지분을 가지고 운영되는 하나의 형태(World Wide Retail Exchange: WWRE)와 참여하는 업체들이 공동의 수익을 창출하려는 목적하에 수익사업을 하는 또 다른 형태(Global Net Exchange: GNX)가 있을 수 있다. WWRE와 같은 형태의 E-MP에는 경쟁관계에 있는 업체들도 서로 참여하면서 진행이 되지만 GNX와 같은 형태의 E-MP에는 전혀 경쟁관계가 없는 업체들 예를 들면, 지역적으로 완전히 차이가 나는 비슷한 유형의 업체거나 지역적으로 중복되더라도 상이한 유형의 업체만이 참여하는 것이 일반적이다.

E-MP가 어느 정도 성공을 하게 되면 다른 E-MP와 관계를 설정하여 시장 전체를 통제하려는 움직임이 나타나게 된다. 이러한 E-MP에 참여하지 못하는 업체들은 여러 가지로 상대적인 박탈감(정보, 운영, 제휴)을 느끼게 된다. 순수한 측면에서 볼 때 앞으로 수십 년이 흐르고 나면 전

세계의 중요한 E-MP들이 모두 합쳐져서 산업별로 하나 정도의 E-MP가 형성되어 시장의 대부분을 차지하는 형태가 될 것으로 예견된다. 그러나 현실적으로는 '돈의 논리'가 '감정의 논리'와 상충되는 측면도 있으므로 시장통합 형태가 그렇게 쉽지는 않을 것으로도 예견된다. 시장을 주도적으로 움직이는 E-MP가 나타나면 그들의 최첨단의 각종 서비스를 제공하게 될 것이다. 현재는 정보기술의 발전으로 각종 서비스를 저렴한 가격에 판매하는 ASP(Application Service Provider)들이 증대하고 있다. 그러나 앞으로 E-MP가 발전하면서, NSP(Network Service Provider)나 CSP(Collaboration Service Provider)가 등장하게 될 것이다.

현재 미국의 어느 정보업체는 전통적인 공급사슬관리(원재료 공급업체-제조업체-도매업체-소매업체-소비자)의 구조를 바꿀 수 있는 솔루션을 개발했다. E-MP의 개념에 근거하여 개발된 미래형 공급사슬관리로서 원재료 공급업체가 제조업체뿐만 아니라 소매업체와도 직접 연결되게 하였다. 또한 제조업체도 도매업체뿐만 아니라 소매업체와도 직접 연결되게 하였다. 물론 도매업체는 소매업체와 직접 연결이 된다. 이와 같은 구조는 정보기술적인 측면에서는 현재도 활용이 가능하지만, 현실적인 측면에서는 적어도 5년 이상의 기간이 앞으로 더 소요될 것으로 판단된다. 이것은 미국이나 한국이나 모두 마찬가지일 것이다.

앞으로 전통적인 일자형 공급사슬구조로부터 미래형인 원형 공급사슬구조가 되면 공급사슬관리에 참여하는 모든 업체들이 자유롭게 의사소통 할 수 있게 된다. 따라서 공급사슬에서 부가가치를 발휘하지 못하는 업체는 자연히 도태될 것이다. 더 나아가서, 공급사슬에서 일정 기간 부가가치를 발휘하더라도 원형으로 구성된 공급사슬구조에서는 거의 모든 참여업체간에 자유로운 의사소통이 가능하므로 언제든지 자연적이든 인

위적이든 퇴출될 가능성이 생기는 것이다. 미래형 공급사슬이 가능해지게 되면 최후에는 제조업체나 유통업체 모두 다 필요 없는 세상이 올 것이다. 20, 30년 후의 공급사슬구조의 전반적인 지배자가 제조부분 혹은 유통부분이건 간에 단 하나의 초강력업체들(Mega-Powers)만 남게 될 것이다. 미래는 바로 온다.

● 참고문헌

Ayers, James B. (2001), *Handbook of Supply Chain Management*, The St. Luice Press.

Chopra, Sunil and Peter Meindl (2001), *Supply Chain Management*, Prentice Hall.

Copacino, William C. (1997), *Supply Chain Management*, The St. Luice Press.

Dornier, Philippe-Pierre, Ricardo Ernst, Michel Fender and Panos Kouvelis (1998), *Global Operations and Logistics*, Wiley.

Fredendall, Lawrence D. and Ed Hill (2001), *Basics of Supply Chain Management*, The St. Luice Press.

Gattorna, John (1998), *Strategic Supply Chain Alignment*, Gower.

Handfield, Robert B. and Ernest L. Nichols, Jr. (1999), *Introduction to Suplpy Chain Management*, Prentice Hall.

Kuglin, Fred. A. (1998), *Customer-Centered Supply Chain Management*, Amacom.

Mentzer, John T. (2000), *Supply Chain Management*, Sage.

Poirier, Charles C. (1999), *Advanced Supply Chain Management*, Berrett-Koehler Publishers.

Poirier, Charles C. and Michael J. Bauer (2001), *E-Supply Chain*, Berrett-Koehler Publishers.

Riggs, David A. and Sharon L. Robbins (1998), *The Executive's Guide to Supply*

Chain Management Strategies, Amacom.

Sculley, Arthur B. and William A. Woods (2001), *B2B Exchanges*, Harper Business.

Shapiro, Jeremy F. (2001), *Modeling the Supply Chain*, Duxbury.

Simchi-Levi, David, Philip Kaminsky and Edith Simchi-Levi (2000), *Designing and Managing the Supply Chain*, McGraw-Hill.

Stadtler, Hartmut and Christoph Kilger (2000), *Supply Chain Management and Advanced Planning*, Springer.

한국유통정보센터 (1999), *SCM과 핵심기술*.

한국유통정보센터 (1999), *ECR과 통합 EDI*.

한국유통정보센터 (2000), *EAN/UCC 시스템과 ECR/SCM 응용기술*.

한국유통정보센터 (2001), *CPFR 가이드라인*.

한국유통정보센터 (2001), *EAN/UCC 시스템 사용자 매뉴얼*.

한 동 철

서울대학교 경영학 석사
Saint Louis University 경영학 박사
서울여대 경영학과 교수
한국 SCM민관합동추진위원회 추진위원

약력

현대그룹 경제연구소 경영실장
NCR 미국 본사 Retail Advisory Committee 위원
국내외 수십 개 대기업체의 자문, 컨설팅, 프로젝트 수행
중소유통단체, 협회, 기관, 기업들의 자문교수
㈜풀무원내추럴홀푸드 및 ㈜TasTech 상임고문
㈜Emaul 상임고문

저서

「소매관리」/ 영풍문고 / 1997
「전략적 소매경영」/ 영풍문고 / 1998
「마케팅」/ 서울여대 출판부 / 1999
「상품학총론」/ 삼영사 / 2001
「고객관계관리CRM」/ 우용출판사 / 2001

공급사슬관리 SCM

초판 1쇄 발행 2002년 2월 7일
초판 7쇄 발행 2009년 5월 12일

발행자 김혜련
발행처 (주)시그마인사이트컴
　　　 서울특별시 마포구 대흥동 276-1 경총회관 3층 (우) 121-726
　　　 전화 : (02)707-3330, 팩스 : (02)707-3185
　　　 http : //www.sigmainsight.com
등　록 1998년 2월 21일 (제10-1549호)

값 15,000원

※ 기업·개인 직접주문 : 시그마인사이트컴(전화 : 707-3330)으로 주문 하십시오.
※ 독자 여러분의 의견을 기다립니다(e-Mail : book@sigmainsight.com).

ISBN 89-88092-14-7　03320